Alpinwandern Wallis
Von der Forclaz bis zur Furka

D1696271

Alpinwandern Wallis

Weit- und Rundwanderungen

Bernhard Rudolf Banzhaf

Von der Forclaz bis zur Furka

2. vollständig überarbeitete und ergänzte Auflage

Ausgewählte Weit- und Rundwanderungen
in den Walliser Alpen

Mit 110 Fotos und 65 Kartenskizzen

SAC-Verlag

Schweizer Alpen-Club SAC
Club Alpin Suisse
Club Alpino Svizzero
Club Alpin Svizzer

Fotonachweis:

Ludwig Weh   Seiten 75, 99, 123, 222, 302
Alle Bilder: Bernhard Rudolf Banzhaf, Saas Fee

Die Angaben in diesem Buch wurden mit grösstmöglicher Sorgfalt und nach
bestem Wissen und Gewissen der Autoren zusammengestellt. Eine Gewähr
für deren Richtigkeit wird jedoch nicht gegeben. Die Begehung der vorgeschlagenen Routen erfolgt auf eigene Gefahr. Fehler, Ergänzungen oder
Änderungswünsche sind zu richten an: SAC-Geschäftsstelle, «Alpinwandern
Wallis», Postfach, 3000 Bern 23.

2. Auflage 2003
© 1999/2003 SAC-Verlag
Alle Rechte beim Schweizer Alpen-Club SAC

Satz: TransfoTexte SA, Lausanne
Druck: Kürzi Druck AG, Einsiedeln
Bindung: Schlatter AG, Bern

Printed in Switzerland
ISBN-Nr. 3-85902-217-2

Inhaltsverzeichnis

Routen

A   Haute Route Forclaz – Furka

Zum Geleit

Wer einmal im Wallis in den Ferien war, meint die Region zu kennen. Aber dieser Kanton ist so vielfältig, dass man immer noch Neues entdecken kann. Wer hätte spontan gedacht, dass der Höhenunterschied zwischen dem Genfersee und der Dufourspitze über 4200 Meter beträgt? Dieses inneralpine Tal ist ringsum von Bergen umgeben und umfasst damit die trockensten Teile der Schweiz! Ein Kurort (der von zwei Routen berührt wird) wirbt mit 299 Sonnentagen pro Jahr...

Das Wallis ist anders, sagt der Autor. Nicht nur das Wallis ist anders, jedes seiner Seitentäler hat besondere Eigenheiten, hat Landschaften und Aussichten vorzuweisen, die man teilweise schon in Kalendern gesehen hat, andere gilt es immer noch zu entdecken.

Und gibt es einen besseren Weg, eine Landschaft zu entdecken, als zu Fuss? Beim Wandern legen wir die Hektik des Alltags ab, wir erleben die Natur mit allen unseren Sinnen, wir setzen Schritt vor Schritt und haben Zeit, unseren Gedanken nachzuhängen. Wir spüren die Sonne, den Wind, die Kälte, den Regen- und lernen so auch, wieder Respekt zu haben vor den Gewalten, die wir nicht beeinflussen können.

Das Wallis ist anders, sagt Bernhard Rudolf Banzhaf. Er ist ganz besonders berechtigt, ein Urteil abzugeben, lebt er doch schon geraume Zeit in der Region. Seine Empfehlungen basieren auf eigenem Erleben, als erfahrener Trecking-Leiter und Autor kennt er zudem die Anforderungen der Wanderer (oder modern eben: der «Trecker») genau.

Der Verfasser hat es zudem verstanden, die Wegbeschreibungen mit zusätzlichen Informationen zu bereichern. Diese Texte zur Natur, zur Geschichte, zu den Bewohnern, usw. machen aus dem Wanderführer ein richtiges Lesebuch. Die Verlagskommission dankt ihm im Namen aller zukünftigen Benützer ganz herzlich für seine Arbeit.

Der SAC-Verlag gibt rund 100 Werke heraus. Das sind in erster Linie die flächendeckenden Clubführer. Dazu kommen Lehrbücher und die Reihen für Kletterer und Skialpinisten. Die neue Reihe der regionalen SAC-Wanderführer hat ihren Ursprung in einem Band «Wandern alpin», der eine Auswahl aus der ganzen Schweiz brachte. Die SAC-Mitglieder und weitere bergbegeisterte Wanderer erhalten jetzt wertvolle Anregungen für lohnende Touren in einer Region. Die Palette reicht vom gemütlichen Schlendern entlang einer Suone bis zum anstrengenden Passanstieg.

Wer die ganze Wander-Haute Route von der Forclaz bis zur Furka zu Fuss begangen hat, darf mit gutem Recht behaupten, er habe das Wallis kennengelernt.

Ich wünsche Dir, lieber Leser, viel Vorfreude und unfallfreie Touren!

Oberwichtrach, Ende Mai 2003
Martin Gurtner
Verlagskommission SAC

Vorwort: Das Wallis ist anders

Es muss in einem Sommer in den sechziger Jahren gewesen sein, wenn ich mich genau erinnere, war es an jenem Tag, als Senator Barry Goldwater in den USA zum Präsidentschaftskandidaten erkoren wurde. Mit meinem Vater wanderte ich von der Engstligenalp bei Adelboden über das Chindbettihorn auf die Gemmi. Dabei betrat ich bei der Roten Chumme zum ersten Male in meinem Leben Walliser Boden. Es war ein wunderschöner, sehr klarer und deshalb auch heisser Tag. In den Geröllhalden flimmerte unruhig die Luft, die einen würzigherben und sehr trockenen Geschmack hatte. Von der Gemmi schauten wir in die Tiefe, diesen schroffen Schlund, der am weiten Horizont von einem sehr hohen Bergkranz mit grossen und glänzendweissen Gletschern abgeschlossen wurde. Das Vieux Pays lag zu meinen Füssen.

In Leukerbad sassen wir im Vorgarten eines Holzhauses, dessen Fassade von der Sonne beinahe schwarz gebrannt war. Eine ältere Frau mit einem Kopftuch und furchigem, sehr braunem Gesicht, das von einer markanten Hakennase beherrscht wurde, brachte uns Getränke. Und sie redete mit meinem Vater in einer Sprache, die ich damals noch nicht verstehen konnte. Es war Walliserdeutsch. Im Schatten eines Sonnenschirms schwitzte ich vor mich hin, der aromatische Geruch von Gras und beinahe staubtrockenen Lärchennadeln wurde mit einem Windlein hergetragen, der mich an jenen Heissluftschwall erinnerte, der einem aus dem Backofen entgegenströmt. Die Frau redete viel und laut und gestikulierte mit den Händen und Armen. Die Walliser sind anders.

Wir nahmen den damals noch verkehrenden kleinen Zug, der uns rumpelnd nach Leuk brachte. Hier unten, im Rhonetal, war die Hitze unerträglich. Wir bestiegen den Schnellzug nach Brig. Bei offenen Fenstern raste dieser mit einer Geschwindigkeit durch die Ebene, die ich vorher noch nie erlebt hatte. Felsen, staubige Erde, olivgrüne Wiesen, Rebberge bis an den Himmel, heisse, würzige, trockene Luft. Einerseits war ich müde, dennoch sehr aufgeregt, denn alle diese neuen Erfahrungen faszinierten mich auf eine Weise, die ich noch nie verspürt hatte. Wir waren zwar in der Schweiz, aber alles war anders. Das Wallis ist anders.

Nach dieser ersten Begegnung mit dem Wallis bin ich sehr oft dorthin zurückgekehrt, immer gerne und mit der gleichen Freude. Heute lebe ich hier.

Das Wallis ist anders. Sein trockenes inneralpines Klima unterscheidet sich stark vom Rest der Schweiz, die Vegetation erinnert an mediterrane Vorbilder, seine Menschen strahlen einen berechtigten Stolz, eine grosse Unabhängigkeit und eine schon südliche Lebensart aus. Sie sprechen immer noch den sehr alten, unverkennbaren und sehr sympathischen Dialekt, im

Unterwallis teilweise noch das franko-provenzalische Patois. Und das Wallis besitzt einen sehr alten, reichen Kulturschatz, sehr alte und dennoch Frische versprühende Traditionen.

Mit diesem Buch möchte ich Sie ermutigen, sich dieser Andersartigkeit und dieser inneralpinen Kulturwelt zu nähern, sie selbst intensiv zu erleben. Es sind darin eine grosse Weitwanderung quer durch das Wallis südlich der Rhone, fünf Rundwanderungen um bekannte Bergmassive und einige Wandervorschläge in den Vispertälern enthalten. Die Zusammenstellung dieser Routen, die daraus folgenden vielen Wanderungen und Bergbesteigungen, die Arbeiten am Schreibtisch und die Kontakte mit Informationsträgern waren eine sehr intensive und äusserst bereichernde Tätigkeit. Allen, die mir mit nützlichen Hinweisen und mit Rat und Tat geholfen haben, möchte ich hier meinen Dank aussprechen. Besonders erwähnen möchte ich dabei Louis Weh, der schöne Bilder für diesen Band beigesteuert hat; Filippo Zolezzi, mit dem ich regelmässig korrespondiere und der mich laufend über Entwicklungen im Ossola und im Aostatal informiert; Hans-Martin Ott, den umsichtigen Verlagsleiter des SAC; Marco Volken, der die Überarbeitung dieses Führers begleitete und dem ich wertvolle Hinweise verdanke. Ferner danke ich allen jenen, die mich auf meinen zahlreichen Wanderungen und Recherchen begleiteten, vor allem Chhatra Bahadur Gurung und Damian Bumann.

Saas Fee, im Juni 2003
Bernhard Rudolf Banzhaf

Zum Gebrauch des Führers

Aufbau

Der Führer ist in eine Haute Route quer durch das südliche Wallis, vier Rundwanderungen um bekannte Walliser Massive und in den südlichen Vispertälern und insgesamt 65 Tagesetappen eingeteilt.

Hauptgebiete und Teilgebiete

A	**Haute Route Forclaz – Furka**	
I	Col de la Forclaz – Bagnes	Routen 1 – 6
II	Bagnes – St. Niklaus	Routen 7 – 12
III	St. Niklaus – Rosswald	Routen 13 – 19
IV	Rosswald – Furkapass	Routen 20 – 25
B	**Rundwanderungen**	
V	Tour des Combins	Routen 101 – 105
VI	Tour Matterhorn	Routen 111 – 119
VII	Rund um Zermatt und Saas Fee	Routen 121 – 129
VIII	Tour Monte Rosa	Routen 131 – 137
IX	Tour Fletschhorn	Routen 141 – 145
X	Tour Blinnenhorn	Routen 151 – 155

Die Seite «Teilgebiet» enthält eine kurze Charakterisierung der Region. Ein Teilgebiet umfasst zwischen fünf und neun Tagesetappen (Routen).

Tagesetappen

Die Tagesetappen (Routen) enthalten folgende Informationen:

Oberzeile

Nennt Ausgang- und Endpunkt sowie die wichtigsten Stationen einer Tagesetappe.

Geographische Namen entsprechen der Schreibweise der Landeskarte 1 : 25 000, bei gewissen Abschnitten auf italienischem Gebiet auch der Landeskarte 1 : 50 000. Bei letzteren Gebieten können auch Abweichungen zwischen dieser Nomenklatur und italienischen Karten oder gebräuchlichen lokalen Bezeichnungen festgestellt werden. Es werden konsequent die Flurnamen in der entsprechenden Landessprache wiedergegeben, teilweise sind dies auch Bezeichnungen aus dem Dialekt oder dem Patois, die mit den Bezeichnungen in der Schriftsprache nicht übereinstimmen müssen.

Routen-Nummer

Der Führer beschreibt 25 Tagesetappen innerhalb der Haute Route Forclaz-Furka (1-25) und 40 Tagesetappen innerhalb der Rundwanderungen.

Titel

Auf einen Satz gebrachte Charakterisierung der Tagesetappe.

Beschreibung

Subjektive Beschreibung einiger prägender Faktoren entlang der Tagesetappe sowie Kurzbeschreibung des Routenverlaufes.

Routencharakter und Schwierigkeit

Schwierigkeiten und Verhaltensregeln für das Wandern, siehe Kapitel «Bergwandern, aber sicher!» (Seite 22 ff.).

Schwierigkeitsbewertung (SAC-Wanderskala)

Für die Bewertung ist die neue SAC-Wanderskala massgebend (Seite 17).

L   Leicht (niedrigste Bewertung für Gletschertouren)
Bis max. 20 Grad geneigte Firn- oder Eisfelder und schwach geneigte Felsen. Keine Spalten, kein Bergschrund. Breite Rücken, nicht ausgesetzt. Übersichtliches Gelände. Sicherungsmöglichkeiten gut.

WS Wenig schwierig
Bis max. 30 Grad geneigte Firn- oder Eisfelder und wenig geneigte Felsen. Einzelne Spalten, kein Bergschrund, abgeflachte Grate. Recht übersichtliches Gelände. Sicherungsmöglichkeiten recht gut.

Zeit

Gesamtzeit für normal trainierte Wanderer mit allen üblichen Pausen. Die Totalzeit ist in wichtige Abschnittszeiten aufgeteilt. Die angegebenen Zeiten müssen nicht immer genau mit den Vorgaben der Wegweiser übereinstimmen.

Ausgangspunkt

Informationen zum Einsteigen in eine Tagesetappe, mit Angaben über dessen Erreichbarkeit mit öffentlichen Verkehrsmitteln und Adresse und Telefonnummer des Tourismusbüros oder Verkehrsvereins. Wir empfehlen, Unter-

Die SAC-Wanderskala

Grad	Weg / Gelände	Anforderungen	Referenztouren
T1 Wandern	Weg gut gebahnt. Falls nach SAW-Normen markiert: gelb Gelände flach oder leicht geneigt, keine Absturzgefahr	Keine, für Turnschuhe Orientierung problemlos, auch ohne Karte möglich	Col de la Forclaz – Bisse Trient-Combe; Randa – Täsch; Simplon-Dorf – Simplon Hospiz; Ulrichen – Oberwald
T2 Bergwandern	Weg mit durchgehendem Trassee und ausgeglichenen Steigungen. Falls markiert: weiss-rot-weiss Gelände teilweise steil, Absturzgefahr nicht ausgeschlossen	Etwas Trittsicherheit, Trekkingschuhe sind empfehlenswert Elementares Orientierungsvermögen	Col de la Forclaz – Mont de l'Arpille; Col de Mille – Mont Brûlé; Gspon – Gebidumpass; Saas Almagell – Almagellerhütte SAC; Zwischbergen – Furrgu – Simplon Dorf
T3 anspruchsvolles Bergwandern	Am Boden ist meist noch eine Spur vorhanden, ausgesetzte Stellen können mit Seilen oder Ketten gesichert sein, evtl. braucht man die Hände fürs Gleichgewicht. Falls markiert: weiss-rot-weiss Zum Teil exponierte Stellen mit Absturzgefahr, Geröllflächen, weglose Schrofen	Gute Trittsicherheit, gute Trekkingschuhe Durchschnittliches Orientierungsvermögen Elementare alpine Erfahrung	Les Haudères – Col du Tsaté; Cabane de Moiry CAS – Zinal; Zinal – Turtmannhütte SAC; Saas Fee – Gspon; Simplonpass – Rosswald; Rosswald – Binn; Unterwassern – Furkapass
T4 Alpinwandern	Weg nicht überall sichtbar, Route teilweise weglos, an gewissen Stellen braucht es die Hände zum Vorwärtskommen. Falls markiert: weiss-blau-weiss Gelände bereits recht exponiert, heikle Grashalden, Schrofen, einfache, apere Gletscher	Vertrautheit mit exponiertem Gelände, stabile Trekkingschuhe Gewisse Geländebeurteilung und gutes Orientierungsvermögen Alpine Erfahrung	Cabane de Louvie – Cabane Prafleuri; Cabane des Dix CAS – Arolla; Grächen – Saas Fee; Cabane Bagnoud – Bourg-St-Pierre; Zermatt – Mettelhorn; Saas Fee – Mittaghorn; Breuil – Theodulpass – Zermatt
T5 anspruchsvolles Alpinwandern	Oft weglos, einzelne einfache Kletterstellen bis II. Falls markiert: weiss-blau-weiss Exponiertes, anspruchsvolles Gelände, Schrofen, wenig gefährliche Gletscher und Firnfelder	Bergschuhe Sichere Geländebeurteilung und sehr gutes Orientierungsvermögen Gute Alpinerfahrung und elementare Kenntnisse im Umgang mit Pickel und Seil	Ferpècle – Cabane Dent Blanche; Gasenried – Bordierhütte SAC; Jazzilücke – Jazzihorn; Arolla – Praz Raye; Praz Raye – Breuil
T6 schwieriges Alpinwandern	Meist weglos, Kletterstellen bis II, meist nicht markiert Häufig sehr exponiert, heikles Schrofengelände, Gletscher mit Ausrutschgefahr	Ausgezeichnetes Orientierungsvermögen Ausgereifte Alpinerfahrung und Vertrautheit im Umgang mit alpintechnischen Hilfsmitteln	Col de Valcournera – Bivacco Manenti CAI; Bivouac des Bouquetins CAS – Col Collon – Rif. Nacamuli CAI

kunftsarrangements dort zu erfragen. Weiter Angaben finden sich zudem unter Stichwort «Endpunkt» der vorangegangenen Etappe.

Endpunkt

Die Endpunkte vieler Touren bilden bekannte Stützpunkte und Dörfer. Die Dörfer und Kurorte werden kurz charakterisiert. Es folgen Angaben über An- und Abreisemöglichkeiten mit dem öffentlichen Verkehrsmittel sowie der wichtigen Auskunftsstellen (Tourismusbüro, Post, Bahn). Die Tourismusbüros stehen zu Ihrer Verfügung für sämtliche Auskünfte über den Ort und helfen Ihnen bei der Suche nach einer geeigneten Unterkunft. Bei sehr kleinen Orten sind auch Informationen über Unterkunftsmöglichkeiten enthalten.

Einige Touren enden bei einer SAC-Hütte, einem Berggasthaus oder einer Hütte des CAI (Club Alpino Italiano). Dort sind immer die Koordinaten gemäss Landeskarte erwähnt, sowie die Telefonnummer der Hütte.

Spezielles zu den Unterkünften

Eine Reservation, wenn möglich einige Tage im voraus, empfiehlt sich in jedem Fall. Es kann sowohl bei SAC-Hütten als auch bei privaten Unterkünften vorkommen, dass sie wegen verzögerter Schneeschmelze oder zu frühem Einschneien usw. noch nicht geöffnet sind oder kurzfristig geschlossen werden. Schon deshalb lohnt sich eine Voranmeldung. Die Wirtsleute geben Ihnen auch zusätzliche und aktuelle Informationen über die Beschaffenheit des Wegs, was für Ihre Planung und Sicherheit unter Umständen von grösster Bedeutung sein kann. Zu einer Reservation gehört, dass man sie absagt, wenn man sie nicht einhalten kann.

Hütten des SAC und des CAI

Die Clubhütten sind saisonal bewartet. Ist ein Hüttenwart anwesend, erhält man Getränke und einfache Mahlzeiten. Halbpension ist meist in Absprache mit dem Hüttenwart möglich. Alle SAC-Hütten weisen einen ganzjährig offenen Winterraum (Selbstversorgerraum) auf, wo man Ofen, Holz und Lager mit Wolldecken findet. Reservation nimmt man beim Hüttenwart oder Hüttenchef der Besitzersektion vor.

Andere Unterkünfte

Hotels und Pensionen in den Dörfern sind in der Regel ganzjährig geöffnet. Private Berghäuser haben saisonale Öffnungszeiten, diese verfügen über keine Selbstversorgerräume.

Einfachster Abstieg ins Tal

Der entsprechende Talort mit Höhenangabe ist in der Kopfzeile erwähnt. Darunter folgt die einfachste und schnellste Route von einer Bergunterkunft in den genannten Talort.

Talort

Informationen über An- und Abreisemöglichkeiten (öffentlicher Verkehr inkl. Fahrplanfeld) und die Auskunftsstellen (Tourismusbüros, Post) helfen Ihnen, bei einem Abbruch der Tour schnell nach Hause zu gelangen.

Karte

Vierstellige Nummer und Name der für die entsprechende Route notwendige Landeskarte der Schweiz, Massstab 1 : 25 000. Für einige Abschnitte in Italien ist lediglich eine Karte im Massstab 1 : 50 000 verfügbar (dreistellige Nummern). Wo dies zutrifft, wird dies noch besonders erwähnt und präzisiert.

Verschiedenes

Hinweise über Unterkunfts- und Verpflegungsmöglichkeiten unterwegs.

Sehenswürdigkeiten

Hinweise auf interessante Orte, Museen, Gegenstände, Personen oder Dienstleistungen.

Die Route

In der Kopfzeile wird der Ausgangspunkt, wichtige Stationen unterwegs und Endpunkt der Tagesetappe genannt. Darunter folgt die detaillierte Routenbeschreibung mit vielen Höhenangaben und Zwischenzeiten. Diese Zeitangaben sind auf ganze Viertelstunden aufgerundet worden. Wo die Route klar ersichtlich verläuft, ist der Text kurz, an neuralgischen Stellen kann er ausführlich sein. Die kumulierten Abschnittszeiten sind unter Rubrik «Zeit» detailliert aufgeführt. Die Richtungsangaben «links», «rechts» und «geradeaus» beziehen sich auf die Marschrichtung. Dies gilt auch bei Wegen, bei denen Gewässer, Gletscher oder deren Moränen eine Orientierungshilfe sind (z.B. «links» des Bachs). Diese Angaben werden, wo sinnvoll, mit den Himmelsrichtungen (N, S, E, W) kombiniert.

Länge der Routenbeschreibung
Die Routenbeschreibung wurde nach dem Grundsatz «so viel wie unbedingt nötig, so wenig wie möglich» verfasst.

Varianten

Hier werden Alternativrouten, «Abkürzungen» mit Seilbahnen oder zusätzliche interessante Wandervorschläge mit deren Schwierigkeitsskala erwähnt.

Gipfel

Kurze Hinweise auf lohnende, in der Nähe der Route liegende Gipfel mit Angabe von Schwierigkeit, Besteigungszeit und Charakter des Auf- und Abstiegs.

Abkürzungen

APT	Azienda di Promozione Turistica
BLS	Bern-Lötschberg-Simplon-Bahn
CAI	Club Alpino Italiano
CAS	Club Alpin Suisse, Club Alpino Svizzero
E	Osten
L	leicht (siehe Schwierigkeitsbewertung)
LK	Landeskarte
m	Meter
MGB	Matterhorn-Gotthard Bahn
Min.	Minuten
N	Norden
P.	Punkt (kotiert)
PW	Personenwagen
UIAA	Union Internationale des Associations d'Alpinisme
s.	siehe … (Hinweis auf …)
S	Süden
SAC	Schweizer Alpen-Club
SBB	Schweizerische Bundesbahnen
Std.	Stunde
Tel.	Telefon
W	Westen
WS	wenig schwierig (siehe Schwierigkeitsbewertung)

Öffentlicher Verkehr

Um sich schnell über die An- und Abreisemöglichkeiten informieren zu können, sind bei Ausgangs- und Endpunkten sowie Talorten die Fahrplanfelder des Schweizerischen Kursbuches angegeben. Man beachte beim Kursbuch das Kleingedruckte über Fahrzeiten, eingestellte Linien, die Notwendigkeit der Reservation usw. Sehr einfach und schnell ist der Abruf der schnellsten Verbindung über die Homepage der SBB (http://www.sbb.ch).

Telefonnummern

Wetterbericht: 162
Spezialwetterbericht SMA Zürich: 01 252 76 44 (täglich ab 17 Uhr)

SAC Geschäftsstelle Bern:
031 370 18 18, Fax 031 370 18 00, info@sac-cas.ch
Notruf der Schweiz. Rettungsflugwacht (Rega): 1414

Thematische Texte

Texte und Informationen im Reportagestil zu kulturellen Themen, geschichtlichen und zeitgenössischen Ereignissen. Diese sollen dazu beitragen, eine Verbindung des Besuchers mit der Landschaft herzustellen, die über das rein sportliche Element hinausgeht.

Bergwandern, aber sicher!

Allgemeines zu den Touren dieses Führers

In diesem Führer sind insgesamt 65 Tagesetappen beschrieben, die in eine grosse Weitwanderung (vom Col de la Forclaz zum Furkapass), in fünf schöne Rundwanderungen um bekannte Walliser Massive und in einige herrliche Wandervorschläge in den Vispertälern unterteilt sind. Die Weitwanderung Forclaz – Furka ist zudem in vier Hauptabschnitte gegliedert. Dieses Konzept kommt jenen entgegen, die gerne Wanderungen über mehrere Tage oder sogar Wochen unternehmen möchten. Die meisten Routen bewegen sich oberhalb der Baumgrenze bis auf rund 3000 Meter über Meer – sie führen also durch alpines Gelände. Oft folgen sie markierten Wander- oder Bergwegen, einige wenige Abschnitte führen über Gletscher oder sogar durch wegloses Gelände. Erfahrung im Finden von Wegen und im Umgang mit der Karte (in der Regel im Massstab 1:25 000) werden vorausgesetzt. Leider verunglücken jedes Jahr sehr viele Wanderer in den Bergen, was nicht a priori heisst, dass Wandern die gefährlichste Bergsportart ist, denn es gibt wesentlich mehr Wanderer als z.B. Hochtouristen oder Kletterer. Aber der Gefahren gibt es viele, die Sie auf Ihrer Tour unbedingt genau beobachten müssen. Die nachfolgenden Hinweise sollen Ihnen helfen, die geplante Wanderung uneingeschränkt zu geniessen.

Etappeneinteilung, Marschzeiten, Erreichbarkeit

Die einzelnen Etappen sind mitunter recht lang und anstrengend, sie werden aber teilweise von kürzeren Tagen aufgelockert. Eine gründliche konditionelle Vorbereitung ist deshalb unabdingbar. Bei der Etappeneinteilung liessen wir uns von folgender Philosophie leiten: für Tages- oder Wochenendtouristen sollten die Routen in einem Tag gut zu bewältigen sein, für solche, die lieber mehrere Tage unterwegs sein wollen, können einzelne Vorschläge etwas lang erscheinen. Bei Weitwanderungen spielt der haushälterische Umgang mit den Kräften eine sehr grosse und ausserordentlich wichtige Rolle. Deshalb sind bei den meisten Vorschlägen sogenannte «Abkürzungen» (Postauto, Bus, Seilbahn, Taxi) erwähnt, derer man sich bei Bedarf bedienen soll. Allzu sehr sollte man sich auch nicht von den Vorschlägen beeinflussen lassen. Oft besteht die Möglichkeit, eine andere Etappeneinteilung zu wählen oder eine lange Tagesetappe in zwei, oder zwei lange Tage in drei Tagen zu bewältigen. Natürlich ist es dem Weitwanderer auch jederzeit freigestellt, an einem schönen Ort oder in einer schönen Hütte einmal einen Ruhetag einzuschalten, was den Erlebniswert einer solchen Reise wesentlich steigern kann.

Die Marschzeiten entsprechen im allgemeinen den Angaben auf den Wegweisern. Zur Vereinheitlichung wurden sämtliche Zeiten generell auf ganze Viertelstunden aufgerundet. Sie enthalten die üblichen kurzen Marschpausen, jedoch nicht die Verpflegungshalte oder die Einkehr in Hütten und Gasthäusern unterwegs. Oft haben wir auch eigene Erfahrungswerte benutzt und eingestreut. Lassen Sie sich aber von den Zahlen nicht allzusehr leiten. Jeder Mensch geht in der Regel «sein» Tempo, das nicht unbedingt haargenau mit den Angaben in den Wegbeschreibungen oder auf den Wegweisern übereinstimmen muss. Zudem hat jeder Mensch auch ein anderes Zeitgefühl, das je nach Kondition, Tagesform, Belastung, Temperaturen, Wetterverhältnissen, Dauer der Weitwanderung etc. nochmals verschieden sein kann. Es ist auch nicht so wichtig, ob man nun für eine Tagesetappe individuell z. B. 5 ¼ Std. oder 6 Std. braucht, jedoch ist es wichtig zu wissen, welche Strecke *unter normalen Umständen in einem Tag* bewältigt werden kann. Der Tag sollte bei diesen Weitwanderungen das kleinste Zeitmass bilden. In diesem Sinne wurden die Etappen auch eingeteilt, nebst der Verfügbarkeit von Übernachtungsmöglichkeiten.

In den Vorschlägen finden Sie zahlreiche Verweise über die Erreichbarkeit der Etappenorte mit dem öffentlichen Verkehrsmittel. Dies hat folgende Gründe: erstens sind Wanderer in der Regel sehr umweltbewusste Menschen und benutzen das Angebot des öffentlichen Verkehrs gerne, zweitens handelt es sich bei den allermeisten Vorschlägen um Touren, die an einem Ort beginnen und an einem ganz anderen enden. Man kommt also oft nicht mehr an den Ausgangspunkt zurück, was den Einsatz des Autos natürlich einschränkt. Sinnvoll ist auch die Kombination des eigenen Autos mit dem öffentlichen Verkehr. Man kann so z. B. den Wagen in einem grösseren Ort im Rhonetal (z. B. Martigny, Sion, Sierre, Visp, Brig, Fiesch, Oberwald) abstellen, um von dort mit dem Zug und Postauto zum Ausgangspunkt zu gelangen. Vom Endpunkt erreicht man den Parkplatz wieder problemlos mit den sehr zuverlässigen lokalen Reisemöglichkeiten. Den grössten Erholungswert bietet aber erfahrungsgemäss die Benutzung der Bahn. Verbindungen in den Ossola-Tälern sind übrigens im «Fahrplan Ossola» der BLS ersichtlich. Dieses handliche Nachschlagewerk ist gratis auf den Bahnhöfen zwischen Bern und Brig erhältlich sowie beim Reisezentrum BLS, Genfergasse 22, 3001 Bern (Tel. 031 327 27 27) oder beim Ufficio Turistico, in der Bahnhofshalle, I-28845 Domodossola (Tel. 0039 0324 248 265).

Ihre Fähigkeiten

Wandern soll immer Spass machen. Deshalb ist wichtig, dass Sie sich und Ihre Fähigkeiten (Kondition, Kraft, Trittsicherheit, Schwindelfreiheit, psychische Verfassung, Orientierungsvermögen) nicht überschätzen. Beginnen Sie die Saison mit kurzen Wanderungen und steigern Sie sich langsam. Starten Sie Ihre Tour immer so früh am Morgen wie immer möglich. Bauen Sie bei Ihren Wanderungen *eine genügende Zeitreserve* ein, die auch Pausen enthält. Es ist wichtig, stets eine gewisse Reserve an physischer und psychischer Kraft zu haben, damit man «zulegen» kann, wenn es die Situation (Schlechtwetter, Notfall usw.) erfordert.

Beginnen Sie die Wanderung nie, wenn das Wetter für das gewählte Ziel zu unsicher oder zu schlecht ist. Wenn das Gelände für Ihre Begriffe nicht oder nicht ausreichend sicher begehbar ist oder Sie im Zweifel über den Weiterweg sind, dann kehren Sie um. Entscheiden Sie sich im Zweifelsfall immer für den Rückweg auf der Ihnen bekannten Route, statt einem Pfad ins Unbekannte zu folgen: den Weg, den Sie gekommen sind, kennen Sie nämlich bereits. Nehmen Sie keine (vermeintlichen) Abkürzungen, die Sie nicht kennen, sondern bleiben Sie auf der Route. Fragen Sie im Zweifelsfall andere Wanderer, Einheimische und Hüttenwarte, aber vertrauen Sie ihnen nicht blindlings. Auch Spuren im Schnee können unter Umständen trügerisch sein. Lassen Sie sich nicht dazu verleiten, Geländepartien zu begehen, die Ihre physischen und psychischen Fähigkeiten übersteigen. Schon mancher Wanderer wurde an ausgesetzter Stelle plötzlich von Schwindel oder Unsicherheit befallen, und er konnte weder vorwärts noch zurück.

Ihre Vorbereitung

Gehen Sie wenn möglich nicht allein in die Berge, sondern suchen Sie sich erfahrene Begleiter, oder schliessen Sie sich einer Gruppe an. Studieren Sie die Karte und den Wanderführer genau, und machen Sie sich mit der Umgebung vertraut, bevor Sie loswandern. Tragen Sie die geplante Route zu Hause in die Karte ein.

Hinterlassen Sie eine Nachricht über Ihr Ziel und die beabsichtigte Zeit der Rückkehr bei Verwandten und Bekannten, Wohnungsvermieter, Hoteliers oder Hüttenwarten. Ein genauer Eintrag ins Hüttenbuch kann bei einer Suchaktion den Suchenden entscheidend weiterhelfen. Erkundigen Sie sich auf jeden Fall beim Hüttenwart über den Zustand von Wegen und Routen.

Ihre Ausrüstung

Für die in diesem Wanderführer beschriebenen Touren benötigen Sie eine gute Wanderausrüstung, aber im allgemeinen keine spezielle Ausrüstungsgegenstände – Ausnahmen sind bei den Routen erwähnt. Gute, stabile und eingelaufene Berg- oder Wanderschuhe mit griffiger Sohle sind unbedingt notwendig.

Tragen Sie strapazierfähige Bekleidung und packen Sie einen guten Wind- und Regenschutz, einen warmen Pullover oder eine Faserpelzjacke, Handschuhe und eine gute Mütze ein, denn auch im Sommer kann es im Gebirge beispielsweise während eines Gewitters empfindlich kalt werden oder sogar schneien. Die grellen oder knalligen Farben der Berg- und Wanderbekleidung sind nicht nur ein «Modegag»; solche Kleider werden auch besser gesehen. Im Frühsommer und im Herbst sind Gamaschen angenehm.

Stabile Wander- oder Skistöcke schonen die Gelenke und bieten eine Gleichgewichtshilfe beim Begehen von Schneefeldern. Man kann mit ihnen auf kurzen Strecken Trittstufen in den harten Schnee ritzen – einen Sturz aufhalten kann man damit allerdings nicht. Denken Sie ausserdem an Sonnenbrille und Kopfbedeckung. Auch eine kleine Apotheke und eine Stirn- oder Taschenlampe sind im Notfall hilfreich. Als Orientierungsmittel empfehlen wir dringend die angegebenen Karten im Massstab 1:25 000, Höhenmesser und Kompass. Diese können bei Nebel und schlechter Sicht äusserst hilfreich sein. Vergessen Sie Speis und Trank nicht, denn ein Schwächeanfall wegen mangelnder Verpflegung kann – zusammen mit einem Schlechtwettereinbruch – unangenehm bis sehr gefährlich werden. Achten Sie darauf, dass Sie immer alles dabei haben. Ihr Rucksack sollte aber nicht zu gross und vor allem nicht zu schwer werden.

Die Berge

Die Berge haben ihre eigenen Gesetze. Wir müssen uns ihnen anpassen und nicht umgekehrt. Wenn Sie den markierten und beschilderten Wanderwegen folgen, werden Sie kaum ernsthafte Probleme haben.

Im Frühsommer muss in Höhen von 2000 Meter und darüber in schattigen Lagen und an Nordhängen mit Restschnee, Lawinenschnee und Schneefeldern gerechnet werden. Die meisten der beschriebenen Touren sind in der Regel erst Mitte Juli weitgehend schneefrei. Der Winter setzt in den Bergen auch wesentlich früher ein als im Tal. Sie müssen deshalb schon im Oktober auf weiten Strecken mit einer geschlossenen Schneedecke rechnen, die alle Wege und Pfade verdeckt. Eine solche Schneedecke ist auch deshalb trügerisch, weil sie Steine und Löcher nur überdeckt und die Gefahr von Fehltritten besteht. Im Bereich der bestossenen Alpen, die sehr häufig von nicht asphaltierten Fahrstrassen erschlossen sind, müssen die Zäune und Gatter nach Benutzung wieder geschlossen werden, da sonst das Vieh entweichen kann.

Die Gletscher

Für die Begehung der Gletscher empfiehlt sich ein mindestens 25 bis 30 Meter langes und mindestens 10 Millimeter dickes Seil in Kombination mit einem Anseilgurt sowie ein leichter Eispickel. Beim Anseilen gilt grundsätzlich: bei Spaltensturzgefahr so lang wie möglich, bei Absturzgefahr so kurz wie möglich. Wichtig für die Begehung von Gletschern im Sommer ist auch die Tageszeit: Frühmorgens tragen Schneebrücken eher als am Nachmittag, wenn der Schnee aufgeweicht ist. Auf völlig aperen Gletschern ist das Gehen im allgemeinen recht einfach, wenn das Eis nicht steil ist. Für steilere Abschnitte auf Firn und Eis ist ein Eispickel sehr nützlich.

Es versteht sich von selbst, dass jeder Ausrüstungsgegenstand, sei es Seil und Pickel oder Karte, Höhenmesser und Kompass, nur etwas nützt, wenn der Mensch, der ihn trägt, mit ihm umgehen kann.

Wege und Routen

Wanderwege (gelbe Tafeln) sind im Sommer normalerweise ohne alpintechnische Probleme begehbar.

Wanderwege im Gebirge (Bergwege) sind weiss-rot-weiss markiert.

Auf hochalpinen Routen (weiss-blau-weiss markiert) betritt man das Hochgebirge. Entsprechende Erfahrung, Kondition und Ausrüstung sind unbedingt erforderlich. Achtung: die Markierung sagt nichts über eventuelle alpine Schwierigkeiten und Gefahren aus! An einigen Stellen (aber lange nicht an allen!) sind zusätzliche Gefahrensignale aufgestellt worden, um die Menschen auf Steinschlag, Eisschlag, stark schwankende Pegelstände der Bäche etc. aufmerksam zu machen. Beachten Sie diese Tafeln unbedingt.

Führt der Weg über Schnee (Altschnee, Neuschnee, Firn, Lawinenschnee etc.) so tun Sie dies mit der nötigen Vorsicht. Solche Wegabschnitte können sehr gefährlich sein, besonders wenn der Schnee hart und das Gelände steil ist. An steilen und besonnten Hängen besteht auch bis in den Frühsommer hinein die Gefahr von Nassschneerutschen. Ein gewisses Risiko bei einer Weitwanderroute besteht darin, dass man unterwegs den Druck verspürt, den nächsten Endpunkt unbedingt erreichen zu «müssen». Das darf aber niemanden dazu verleiten, gefährliche Passagen unüberlegt anzugehen. Im Zweifelsfall kehrt man besser um und geht zum Ausgangspunkt oder ins Tal zurück. Das schwächste Glied einer Gruppe soll zudem der Massstab für alle sein.

Die meisten Wanderer gehen leider viel zu schnell. Meiden Sie deshalb unbedingt hastige Bewegungen und schlagen Sie einen sehr gemächlichen, ruhigen Gang ein. Atmen Sie sehr regelmässig und gleichmässig. Veranstalten Sie keine Wettrennen mit anderen, oder versuchen Sie nicht um jeden Preis, die Zeitangaben der Wegweiser oder der Beschreibung zu «schlagen». Geniessen Sie vielmehr die Ruhe, die Natur, die Menschen und ihre Kultur, die würzige Luft, die Aussicht... aber: gehen Sie, wenn Sie gehen, sehen Sie, wenn Sie stehen!

Die in diesem Führer gebrauchte Nomenklatur entspricht den vorgeschlagenen Kartenwerken des Bundesamtes für Landestopographie. Die lokal benutzten Namen und deren Schreibweisen (besonders auf jenen Abschnitten, die durch Italien führen), können jedoch davon abweichen.

Das Wetter

Bei schönem und trockenem Wetter ist das Wandern in den Bergen wunderschön. Blitzschnell kann an einem sonnigen Tag jedoch ein Gewitter aufziehen, dichte Wolken verdunkeln dann die Sonne, und Nebel raubt dem Wanderer die Sicht. Es wird kalt, beginnt zu regnen oder – das ist auf Höhen über 2500 Meter auch im Sommer möglich – zu schneien. Hören Sie vor Ihrer Wanderung zu Hause den Wetterbericht, und planen Sie eine Tour, bei der Sie rechtzeitig wieder im Tal oder in einer Hütte sein können, wenn z.B. Gewitter angesagt sind. Starten Sie morgens so früh wie möglich, und treten Sie den Rückzug an, wenn Sie der Wetterentwicklung nicht mehr trauen.

Werden Sie trotzdem von einem Gewitter überrascht, verlassen Sie exponierte Punkte wie Grate, Gipfel und freie Flächen oder einzelne Bäume. Am sichersten sind Sie im Wald oder in Kauerstellung an einem trockenen Ort. Meiden Sie aber Felsnischen und einzelne Felsblöcke.

Es ist wichtig, dass Sie jederzeit wissen, wo Sie sind, denn Nebel und dichte Wolken können sehr schnell einfallen. Bei schlechter Sicht ist es noch wichtiger, den Weg nicht zu verlassen. Befinden Sie sich bereits abseits der markierten Route, warten Sie erst einmal ab, bis die Sicht besser wird. In dichtem Nebel dürfte es reine Glückssache sein, einen verlorenen Weg wieder zu finden.

Geologie

Toni Labhart, Bern

Diese Übersicht möchte im Sinne einer Anregung die grossen Züge der Geologie und der Entstehungsgeschichte eines Gebietes aufzeigen, welches geologisch gesehen eines der faszinierendsten, aber auch kompliziertesten der Alpen ist.

Es ist in diesem Rahmen aber nicht möglich, einzelne Routen oder Rundwanderungen im Detail zu beschreiben. Wer mehr Informationen haben will, wird nicht darum herumkommen, sich anhand geologischer Karten und der Fachliteratur vorgängig einzuarbeiten. Einige Hinweise finden sich im Anhang.

1. Ein Blick zurück in die Erdgeschichte

Vor 250 Millionen Jahren, am Ende der Permzeit, bildeten alle Kontinente der Erde noch eine einzige, riesige Landmasse. Im Bereich des heutigen Mitteleuropas bestand die Erdkruste aus Gneis und Granit, teilweise überdeckt mit in Seebecken abgelagertem Erosionsschutt des variszischen Gebirges. In der Triaszeit begann dieser Grosskontinent als Folge von Plattenverschiebungen zu zerbrechen. Im Verlaufe der nächsten hundert Millionen Jahre (Jura- und frühe Kreidezeit) öffnete sich zwischen den voneinander wegdriftenden Kontinentblöcken «Ureuropa» und «Urafrika» sukzessive ein West-Ost orientiertes Meeresbecken von den Dimensionen des heutigen Mittelmeeres, das Urmittelmeer oder die Tethys.

In diesem tropischen Meer wurden nun je nach Wassertiefe unterschiedliche Sedimentgesteine abgelagert: Sandstein, Kalkstein, Dolomit, Mergel (tonhaltiger Kalk), Ton und Gips. Den Untergrund- das Grundgebirge- dieser mesozoischen* Sedimente bildeten im Bereich der überfluteten Kontinentalränder die oben erwähnten Gesteine der kontinentalen Erdkruste. Im zentralen tiefsten Meeresbecken, dem sog. Piemont-Trog, waren es die magmatischen Gesteine Basalt und Gabbro**, die typischen Bestandteile der ozeanischen Erdkruste, verknüpft mit Serpentinit, Umwandlungsprodukt des aus Olivingestein (Peridotit) bestehenden darunterliegenden Erdmantels.

---

   * Das Mesozoikum – Erdmittelalter – ist der Zeitraum zwischen 250 bis 70 Mio Jahren vor der Gegenwart. Er wird in die Abschnitte Trias, Jura und Kreide unterteilt.

** Bei der Öffnung eines Ozeans steigt an mittelozeanischen Rücken basisches Magma auf. Es erstarrt am Meeresboden zum feinkörnigen vulkanischen Gestein Basalt, in wenigen km Tiefe zum grobkörnigen, aber chemisch gleich zusammengesetzten Tiefengestein Gabbro.

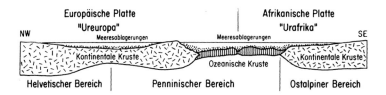

Man bezeichnet diese Vergesellschaftung ozeanischer basischer Gesteine als Ophiolithe.

Die Skizze auf S. 29 zeigt einen schematischen Querschnitt durch die Tethys zu diesem Zeitpunkt. Eingetragen ist die Dreiteilung des Ablagerungsraums in einen helvetischen, penninischen und einen ostalpinen Bereich, eine Unterteilung, die man auch für das spätere Gebirge übernommen hat.

Zur mittleren Kreidezeit (vor rund 100 Mio Jahren) beginnen sich die beiden Kontinentalblöcke wieder einander zu nähern. Diese Umkehr der Bewegung steht in Zusammenhang mit der einsetzenden Öffnung des Südatlantiks. In einem langen, bis heute andauernden Vorgang entstehen nun durch eine enorme Einengung – von vielleicht 1000 auf etwas über hundert Kilometer – die Alpen. Der Ablauf soll vereinfacht am Beispiel der Walliseralpen erläutert werden (Skizze S. 31). A zeigt die Ausgangslage mit der auch in den nächsten Abschnitten verwendeten Feinunterteilung des Penninikums. In einer ersten Phase wird der Piemont-Ozean zwischen den Kontinentblöcken unterdrückt (B). Sein südlicher Teil (die Zone Zermatt-Saas Fee) wird in die Tiefe der Erde verdrängt («subduziert»), so wie dies heute am Ostrand des Pazifiks geschieht. Später, zu Beginn der Tertiärzeit im Eocän, kollidieren die Kontinentblöcke (C). Ursprünglich nebeneinander liegende Gesteinspakete werden dabei als Späne unterschiedlicher Dicke – in der Fachsprache Decken – übereinandergeschoben und mehr oder weniger verfaltet. In der Regel wird bei dieser nach Nordwesten gerichteten Bewegung *Südlicheres auf und über Nördlicheres* geschoben. Das gilt penninikumsintern, aber auch für den Grossbereich: gesamthaft liegen die penninischen Decken über den helvetischen, werden aber selber vom Ostalpin überfahren (hier vertreten durch die Dent Blanche-Decke, ein gewaltiger Span afrikanischen Kristallins). In dieser Phase der Deckenbildung wird ein grosser Teil der mesozoischen Sedimentbedeckung des Walliser Penninikums und der Dent Blanche-Decke vom kristallinen Untergrund abgeschürft und weit nach Norden auf die helvetischen Sedimente verfrachtet. Dort liegt dieser Komplex noch heute: es sind die Kalkberge des Alpennordrandes zwischen Thuner- und Genfersee. In einer jüngsten Phase (D) bohrt sich in der Tiefe ein Sporn der afrikanischen Platte keilförmig in die tiefere europäische Erdkruste. Dadurch wird die Monte Rosa-Decke mitsamt der Zone Zermatt-Saas Fee und dem rückwärtigen Teil der Siviez-Mischabel-Decke zu einer gewaltigen (Rück-)Falte aufgewölbt. Die Nordfront dieses Keils konnte kürzlich mit seismischen Methoden 40 km unter dem Theodulgebiet lokalisiert werden.

Der gesamte Zusammenschub ist enorm: wer von Norden her ins südliche Mittelwallis kommt, durchquert zwischen den Zentralmassiven und der Dent Blanche-Decke auf 50-60 km einen Gesteinskomplex von ursprünglich etwa 700 km Breite.

Erst in der jüngsten Phase setzt die Heraushebung des Deckenstapels zum Hochgebirge ein, ein Vorgang, der auch heute noch mit 0,8 bis 1,4 mm pro Jahr andauert. Im Gegenzug wirken von der Oberfläche her abtragende Kräfte.

Eine zentrale Rolle haben dabei die Eismassen gespielt, welche während den Eiszeiten fast eine Million Jahre lang und bis vor einigen zehntausend Jahren die ganzen Alpen bis unter die höchsten Gipfel bedeckt haben. Die Gletscher der Seitentäler des Wallis haben sich damals im Rhonetal zu einem gewaltigen Ur-Rhonegletscher vereinigt, welcher zu verschiedenen Zeiten über das Genferseegebiet weit ins Mittelland hinaus vorstiess. Diese eiszeitlichen Gletscher und ihre Schmelzwässer sind es, welche das Talnetz in den Deckenstapel eingegraben haben, zum Teil bis in unglaubliche Tiefen. So ist der Fels im Rhonetal bei Martigny/Saxon vom Gletscher bis auf 400 Meter unter Meeresniveau ausgeschürft worden. Heute ist dieses Becken durch eine kilometermächtige Schicht jüngerer Gletscherfluss-Ablagerungen und Moränen gefüllt.

Seither sind die Gletscher fast dauernd im Rückzug begriffen. Die markanten erhöhten Seitenmoränenwälle beidseits der heutigen Gletscher, auf denen viele Anstiegsrouten verlaufen, markieren den Gletscherstand der Mitte des 19. Jh. (der sogenannten *Kleinen Eiszeit*). In den letzten 150 Jahren sind wiederum fast 50% des damaligen Eisvolumens weggeschmolzen. Klimaerwärmung und Eisschwund setzen sich heute verstärkt fort, beschleunigt durch die Aktivitäten des Menschen. In wenigen hundert Jahren werden die Walliseralpen eisfrei sein.

Die Abtragung ist auch heute aktiv. Der Bergsteiger schätzt ihre Erscheinungen meist wenig: verwitterter, brüchiger («schlechter») Fels, Steinschlag, Geröllhalden und Moränenfelder. Aber man darf nie vergessen, dass Abtragung trotz ihrer zerstörenden Kräfte ein konstruktiver, gestaltender Vorgang ist. Sie es ist, die aus dem Deckenstapel das reich in Ketten und Täler, Gipfel und Pässe gegliederte Relief herauspräpariert, die jedem Gipfel, je nach Art und Struktur des Gesteins, seine individuelle, einzigartige, unverwechselbare Form gibt.

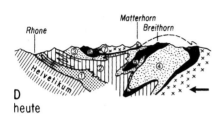

① Zone Sion-Courmayeur,
   Karbonzone und Pontis-Decke
② Siviez-Mischabel-Decke
③ Mont Fort-Decke
④ Monte Rosa-Decke
⑤ Zone Zermatt-Saas Fee
⑥ Tsaté-Decke
⑦ Dent Blanche-Decke

D
heute

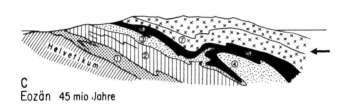

C
Eozän 45 mio Jahre

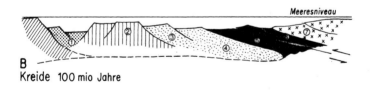

B
Kreide 100 mio Jahre

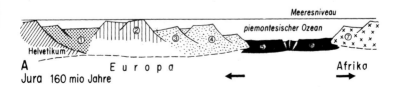

A
Jura 160 mio Jahre

2. Der Gebirgsbau

In diesem Abschnitt sollen die Bauelemente und soweit möglich die Gesteine der südlichen Walliseralpen kurz beschrieben werden.

Als Basis dient die Kartenskizze auf den Seiten 34/35. Es handelt sich im wesentlichen um eine *tektonische Karte*, das heisst eine Darstellung der Gebirgsbaueinheiten im Sinne der nachfolgenden Beschreibung. Bei den Gesteinsarten wurde eine einzige, allerdings wichtige Differenzierung vorgenommen: mit hellblau bzw. hellgrün sind mesozoische Meeresablagerungen markiert, mit grünen Punkten und Flächen die Ophiolithe des Piemont-Trogs*. Alle übrigen, nicht näher bezeichneten Gesteine, ganz überwiegend Gneis, Glimmerschiefer und Granit, gehören zur alten kontinentalen Kruste.

Der **Grossbau** ist einfach: Die südlichen Walliseralpen liegen in einer mächtigen penninischen, von der ostalpinen Dent Blanche-Decke überlagerten Deckenmasse. Sie grenzt im Norden und im Westen ans Helvetikum, zwischen dem Col Ferret und dem Simplon in einem gewaltigen, 100 km langen, nordwestgerichteten Bogen. Entlang dieser wichtigen tektonischen Grenze verläuft zwischen Visp und Saillon das Rhonetal.
Im Detail ist die Sache natürlich komplizierter:

Die **helvetische Region** ist deutlich zweigeteilt: Die *Massive* (oder *Zentralmassive*), *Mont Blanc-Massiv* und *Aiguilles Rouges-Massiv* im Westen, *Gotthard-Massiv* und *Aar-Massiv* im Nordosten, stellen das von der Alpenfaltung recht wenig betroffene kristalline, überwiegend aus Gneis und Granit bestehende Grundgebirge des Helvetikums dar. Die mesozoischen Sedimente – die nördlichsten Ablagerungen der Tethys; Skizze S. 29 – liegen den Massiven zum Teil noch direkt auf. Gut zu sehen ist dies etwa auf der Ostseite des Rhonetals zwischen St-Maurice und Martigny. Zum grösseren Teil sind sie aber bei der Gebirgsbildung abgeschürft und zum Faltenstapel der helvetischen Decken zusammengestaucht worden. Diese bilden die geschlossene Kalkgebirgsmasse nördlich der Rhone zwischen Dent de Morcles und Lötschental.

Einige Routen dieses Führers berühren das **Mont Blanc-Massiv**. Praktisch alle seine Gipfel bestehen aus dem Mont Blanc-Granit, ein kompaktes, oft grobkörniges, vom Kletterer hochgeschätztes Gestein. Entstanden ist er

---

* Infolge der Überlagerung durch höhere Decken liegen diese Gesteine in mehr oder weniger verändertem (metamorphem) Zustand vor. Gut erkennbar ist etwa die Neubildung von Marmor aus Kalkstein und Dolomit, von Tonschiefer aus Ton, von Kalk-Tonschiefer aus Mergel, von Quarzit aus Sandstein oder Konglomerat. Basalte sind oft in lagig/schiefrige Grüngesteine umgewandelt (sog. «Prasinite»). Gabbros zeigen trotz starker Umwandlung der Einzelmineralien oft noch das recht gut erhaltene grobkörnige Gefüge des Tiefengesteins.

vor 300 Mio Jahren, am Ende der variszischen Gebirgsbildung, als in ganz Europa gewaltige Magmamassen in die alten Gneise eingedrungen und in einigen km Tiefe erstarrt sind. Am Ostrand des Granits findet sich ein Zug etwas jüngerer vulkanischer Gesteine, sog. Rhyolithe, welche u.a. den Mont Catogne und die Region um die Bergstation der Breyabahn aufbauen. Die starke junge Heraushebung des Mont Blanc-Massivs erkennt man an der Lage seiner (ursprünglich horizontalliegenden) Sedimentbedeckung, welche heute in Form auffälliger Kalkplatten 45 Grad steil in die Talachse Sembrancher-Orsières-Val Ferret-Combe des Fonds abfällt.

Im westlichen Teil des **Penninikums** liegen die Deckeneinheiten (zum Teil traditionellerweise als *Zonen* bezeichnet) dachziegelartig übereinander; s. Skizze S. 31/D. Dieser Baustil äussert sich vor allem in den grossen Quertälern Val de Bagnes, Val d'Hérens, Val d'Anniviers, Turtmanntal und Mattertal.

Die *Zone Sion-Courmayeur*, die *Karbonzone (Zone houillère)* und die *Pontis-Decke* sind drei dünne und extrem langgestreckte Deckeneinheiten am Nordrand des penninischen Deckenkomplexes. Für den Alpinisten sind sie von geringer Bedeutung. Mesozoische Sedimente der *Zone Sion-Courmayeur* bauen beispielsweise die Pierre Avoi sowie die Hügel von Sion und diejenigen nördlich von Sierre auf. Die *Karbonzone* enthält, neben anderen, typische Gesteine der Karbonzeit: dunkle Schiefer mit Steinkohleflözen. Diese sind in den Weltkriegen bei Bramois, Chandoline u.a. Orten abgebaut worden. Aus Kalkstein und Dolomit der *Pontis-Decke* bestehen die hohen gelben Wände, auf denen die Dörfer Vex, Nax und Vercorin stehen, ferner die nördlichen Teile des Illgrabens.

Die *Siviez-Mischabel-Decke* ist eine mächtige Falte, die aber im Gelände wegen ihres isoklinalen («zusammengeklappten») Charakters nicht als solche erkennbar ist. Schmächtig im Südwesten, wird sie vom Raum Nendaz-Süd (Siviez) gegen Osten immer mächtiger. Sie bildet viele Höhenzüge mit mittelhohen Bergen beidseits des Val d'Hérens (bis Evolène), des Val d'Anniviers (bis Moiry/Zinal), des Turtmanntals und des Mattertals (südlich von St. Niklaus bis nördlich von Zermatt). Östlich des Mattertals werden die Berge dieser Decke immer höher und erreichen ihre Kulmination in den Massiven Mischabel / Alphubel und Fletschhorn / Lagginhorn / Weissmies. Die Gesteine sind sehr vielfältig. Im Westen gibt es viel Schiefer, permische Quarzite und Konglomerate, sowie eine Häufung interessanter Erzvorkommen; im Osten, ab Mattertal / Randa dominieren Gneise aller Art.

Gesteine der *Mont Fort-Decke* bauen vor allem Berge beidseits des mittleren Val de Bagnes und des oberen Val d'Hérémence auf, von SW nach E Mont Vélan, Grand Combin/Combin de Corbassière/Petit Combin, die Kette Mont

Geologische Kartenskizze der südlichen Walliseralpen

0   10   20 km

Helvetikum

Mesozoische Sedimente der helvetischen Decken und der Bedeckung der Massive

Massive (helvetisches kristallines Grundgebirge)
Gneise und andere metamorphe Gesteine
Grössere Granitkörper
Vulkanite

Helvetische Decken

Wildhorn ▲
Diablerets ▲
Sierre
SC
Po
Sion
Rhone
Dt. de Morcles ▲
K
Siviez-Mischa
Dents du Midi ▲
Val d'Anniviers
Aig. Rouges Massiv
V. d'Hérens
Zinal
SC
Val
Mt. Fort ▲
Evolène
Martigny
Bagnes
Mont Fort Decke
Forclaz
Mont-Blanc-Massiv
Orsières
Arolla
Dt. Blar
V. d'Entre
Matterho.
Val Ferret
T
Dent Blanche De
Gd. Combin
SC
Valpelline
K
Valtournanche
Gd. St. Bernard
Po

Penninische Decken

Mesozoische Sedimente
do. schmale Züge

Basalt und Gabbro
ozeanische Erdkruste

Serpentinit
ozeanischer Erdmantel

ozeanische Gesteine

SC   Zone Sion-Courmayeu

K   Karbon-Zone (Zone houillère)

Po   Pontis-Decke

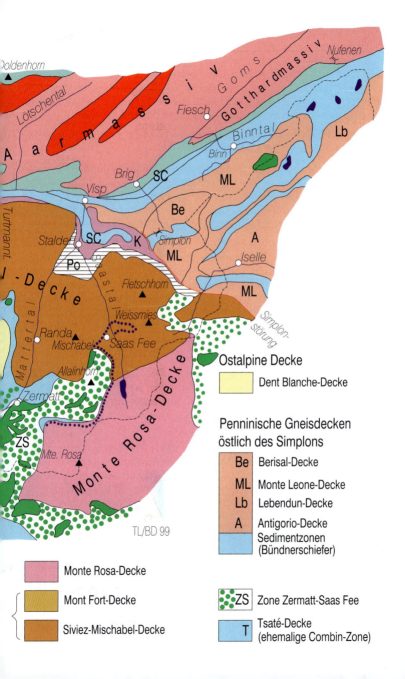

Ostalpine Decke

- [ ] Dent Blanche-Decke

Penninische Gneisdecken östlich des Simplons

- **Be** Berisal-Decke
- **ML** Monte Leone-Decke
- **Lb** Lebendun-Decke
- **A** Antigorio-Decke
- [ ] Sedimentzonen (Bündnerschiefer)

Monte Rosa-Decke

- Mont Fort-Decke
- Siviez-Mischabel-Decke

ZS Zone Zermatt-Saas Fee

T Tsaté-Decke (ehemalige Combin-Zone)

TL/BD 99

Gelé-Mont Fort- Rosablanche, sowie die Massive des Métailler und des Pic d'Artsinol. Östlich davon keilt diese Decke aus. Die Gesteine sind Gneise und Schiefer, deren Mineralien (etwa die blauviolette Hornblende *Glaukophan*) auf tiefe Versenkung bei der alpinen Gebirgsbildung hinweisen.

Mont Fort-, Siviez-Mischabel- und Pontis-Decke sowie die Karbon-Zone sind Teile der ehemaligen *Bernhard-Decke*.

Die *Tsaté-Decke* (früher *Combin-Zone*) ist eine der auffallendsten Einheiten des südlichen Wallis. Der Wechsel von den eher montonen Glimmerschiefern der obigen zwei Einheiten zu den Kalkschiefern und grünen Ophiolith-Gesteinen im hinteren Teil der Täler bei Mauvoisin, Grande Dixence/ Cabane des Dix, Evolène, Moiry und Zinal ist auch für den Amateur unübersehbar.

Die Gesteine sind einerseits gutgeschichtete, monotone mesozoische Sedimente; marmorisierte Kalkschiefer und Kalktonschiefer herrschen vor. Herkömmlicherweise werden sie als *Bündnerschiefer* bezeichnet; die französische Bezeichnung *schistes lustrées (Glanzschiefer)* ist weniger irreführend. Charakteristisch sind anderseits als Bänder und Lagen zwischengeschaltete, aber auch in grösseren Massen auftretende Ophiolithe: Basalt (Prasinit), Gabbro und Serpentinit. Bei dieser Gesteinsassoziation handelt es sich um die Überreste des südpenninischen Piemont-Troges (S. 28).

Die Bündnerschiefer sind weiche, erosionsanfällige Gesteine. Nicht von ungefähr sind darin die natürlichen Becken grosser Stauseen wie Mauvoisin, Grande Dixence und Moiry eingetieft. Markante Bündnerschiefergipfel sind u.a. Combin de Tsessette – der höchste Sedimentberg der Alpen – Mont Pleureur und La Luette.

Die **ostalpine** *Dent Blanche Decke* liegt der Tsaté-Decke zwischen dem oberen Val de Bagnes und dem Mattertal als mächtige zusammenhängende Gneismasse auf. Dieser überschobene afrikanische Krustenblock ist gleichermassen geologische, topographische und alpinistische Krönung des südlichen Wallis. In ihm liegen mindestens 30-40 markante Gipfel aus oft recht festem Gneis. Die höchsten und bekanntesten sind Matterhorn, Dent d'Hérens, Weisshorn, Zinalrothorn, Obergabelhorn und natürlich die namengebende Dent Blanche.

Verbreitetstes Gestein ist der Arolla-Gneis, ein Gneis mit auffallend grünlichem Glimmer. Eingelagert ist der dunkle kompakte Gabbro des Mont Collon und des Petit Mont Collon. Fast nur auf italienischem Gebiet kommen schiefrige Gesteine der sogenannten Valpelline-Serie vor.

Mit dem Verschwinden der Dent Blanche Decke treten im hinteren Matter- und Saastal neue Deckeneinheiten auf:

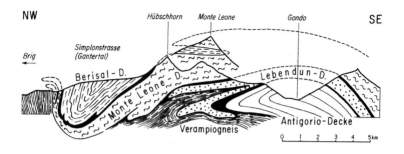

Als *Zone Zermatt-Saas Fee* wird eine mächtige Masse von Ophiolithen bezeichnet, welche sich von Zermatt bis oberhalb Saas Fee und über das Theodulgebiet bis nach Italien erstreckt, und hier einige sehr hohe Berge aufbaut (Breithorn, Pollux, Allalinhorn, Rimpfischhorn und Strahlhorn). Die Serie stammt wie die Tsaté-Decke aus dem Untergrund des Piemont-Trogs (Abb. 31); Sedimente sind hier aber ganz untergeordnet. Ferner zeigen die Gesteine Merkmale einer Tiefenmetamorphose. Spektakulär sind grössere Komplexe von Gabbro (etwa am Allalinhorn), von Basalt (an der Pfulwe noch in der für die Bildung am Meeresboden typischen Kissenform) und von Serpentinit (im Dorf Zermatt, am Gornergrat, an den Lichenbrettern und der Längfluh).

Über die besondere Entstehungsgeschichte der *Monte Rosa-Decke* wurde schon berichtet (S. 29). Ihre Gneise, zum grösseren Teil metamorphe variszische Granite, bauen im Hintergrund des Matter- und Saastals die hohen Gipfel des gleichnamigen Massivs, aber auch Lyskamm und Castor auf.

Im Simplongebiet und östlich davon dominieren flach übereinander gestapelte Gneisdecken, Wie aus dem Profilschnitt durch das Gebiet des Simplonpasses auf S. 37 ersichtlich folgen sich von unten nach oben *Antigorio-, Lebendun-, Monte Leone* und *Berisal-Decke.* Sie sind durch schmale Bündnerschiefer- und Triaszonen getrennt (im Profil dicht gestrichelt bzw. schwarz). Solche deckentrennenden Sedimentzüge erkennt man beispielsweise am Helsenhorn und am Cherbadung, die beide eine kleine Kappe von Berisalgneis tragen. Die berühmte Mineralfundstelle Lengenbach im Binntal liegt in einem weissen zuckerkörnigen Trias-Dolomitmarmor an der Nordfront der Monte Leone-Decke. Am Geisspfadsee ist dem Gneis dieser Decke eine mächtige Serpentinitmasse eingelagert. Vom östlichen Binntal bis zum Nufenen dominieren mesozoische Sedimente; Rappenhorn, Hohsandhorn, Blinnenhorn und Grieshorn bestehen aus verwitterungsanfälligen Bündnerschiefern.

Weiterführende Literatur:

Einen ausgezeichneten Überblick über die Geologie des Kantons Wallis vermittelt der Band Die Gesteine aus der Reihe *Erkenne die Natur im Wallis* von M. Burri / E. Witzig. Editions Pillet Martigny (1992).

Vom *Geologischen Atlas der Schweiz* 1:25000 sind folgende Blätter für das Gebiet des jeweiligen Landeskartenblattes verfügbar und im Buchhandel käuflich (mit einem Erläuterungsheft in der Landessprache der Region): Sembrancher (1983), Orsières (1992), Grand Saint-Bernard (1958), Chanrion/ M. Vélan (1998), St. Niklaus (1978), Randa (1964), Zermatt (1953, Nachdruck 1991), Brig (1993), Simplon (1972), Saas (1954).

Empfehlenswert sind ferner:

P. Bearth: Geologie von Zermatt. Verkehrsverein Zermatt.

P. Bearth: Geologie von Saas Fee. Verkehrsverein Saas Fee.

Als Gesamtübersicht eignet sich *Geologie der Schweiz* von T. Labhart. Ott Verlag Thun (4. Auflage, 1998). Sonderpreis für Mitglieder im SAC-Verlag.

Alpines Rettungswesen

Der Schweizer Alpen-Club, SAC, und die Schweizerische Rettungsflugwacht, REGA, besorgen gemeinsam den alpinen Rettungsdienst.

Die rund um die Uhr in Betrieb stehende Alarmzentrale der REGA dient der Koordination und gewährleistet eine rasche und zweckmässige Hilfeleistung.

Der Einsatz der Flugrettung bzw. der Rettungsmannschaften kann infolge schlechter Witterung oder Nacht verzögert oder gar verunmöglicht werden.

Alpine Gefahren und Risiken

Die meisten Bergunfälle sind eine Folge von risikobehafteten Entscheidungen und Handlungen im Umgang mit den spezifischen Gefahren der Gebirgswelt.

Die wichtigsten Gefahren sind:

– Sturz
– Lawinen
– Spalteneinbruch
– Steinschlag
– Eisschlag
– Blitzeinwirkung
– Wächtenabbruch

Bei einem Wetterumschlag können sich diese Gefahren vervielfachen, oder sie können nicht mehr rechtzeitig erkannt werden.

Die hauptsächlichsten Risikofaktoren sind:

– Selbstüberschätzung
– mangelnde Vorbereitung
– fehlende Ausbildung
– Gruppendynamik
– unzureichende körperliche Verfassung
– mangelhafte Ausrüstung

Vorbeugen ist besser als Heilen:

Gute Kenntnisse und ständiges Beobachten der Berge sind die besten Voraussetzungen, um Unfälle zu vermeiden.

Diese Kenntnisse muss man sich selbst aneignen, indem man:

– Fachliteratur liest und studiert,
– fachspezifische Kurse besucht,
– das Gelernte in die Praxis umsetzt und ständig übt.

Tourenvorbereitung:

– Wetterbericht **Tel. 162**
  oder Spezialwetterbericht abhören **Tel. 0900 552 138**
– Tourenplanung auf LK 1: 25 000 vornehmen.
– Zeitplan unter Beachtung der Jahreszeiten und Schlüsselstellen (Umkehr) aufstellen.
– Tourenziel und Route den eigenen Fähigkeiten und denen der Teilnehmer anpassen.
– Im Zweifelsfalle stets einen Bergführer engagieren.
– Tour evtl. mit Bergführern, Hüttenwarten u. a. besprechen.
– Beabsichtigte Tour mit Rückkehrsort und -zeit einer Kontaktperson bekanntgeben bzw. im Hüttenbuch vermerken.

Tourenbeginn:

– Ausrüstung kontrollieren
– Lokale Beurteilung der Verhältnisse
– Routenwahl: den Verhältnissen und den einzelnen Teilnehmern anpassen.

Während der Tour:

– Wetterentwicklung beobachten (Wind, Temperatur, Nebel, usw.)
– Teilnehmer beobachten
– Mögliche Gefahren und gefährliche Stellen frühzeitig erkennen und umgehen
– Zeitplan einhalten – evtl. Umkehr vor Schlüsselstelle.

Verhalten bei Bergunfällen:

– Ruhe bewahren
– Lage beurteilen
– Verunfallte(n) vor weiteren Unfällen schützen
– Eigene Sicherheit
– ERSTE HILFE leisten.

Alarmieren:

- Alarmierungsmittel: Eigene Funkgeräte (evtl. Notfunk)
  SAC-Hüttentelefon (evtl. über 111)
  SOS-Telefone bei Kraftwerkanlagen usw.
  Meldung zu Fuss zum nächsten Telefon stets zu zweit, Meldung schriftlich.

- Alarmstellen: REGA   Tel. 1414 / 01 654 33 11
                       Polizei   Tel. 117

- Inhalt einer Meldung:

WER	Name, Standort, Verbindungsmittel
WAS	Art, Umfang und Wichtigkeit des Unfalles
WO	Koordinaten, Höhe ü.M. und Ortsbezeichnung
WANN	genaue Zeit des Ereignisses
WIEVIELE	Verletzte – Verletzungsart
WETTER	Sichtweite, Wind, Niederschläge usw.
HINDERNISSE	Kabel, Leitungen usw.
EIGENE MITTEL	Funk, Rettungsmaterial usw.
GETROFFENE MASSNAHMEN	Was wurde bereits unternommen?
ACHTUNG	Bei SOS-Telefonen Rückruf verlangen
	Telefon nicht verlassen
	Sich bei schlechter Funkverbindung etwas verschieben.

Alpine Notsignale:

Zeichengebung für die Flugrettung:

 NO
Hilfe nicht
notwendig

 YES
Hilfe
notwendig

Internationales Notrufzeichen:

Sechsmal in der Minute ein Zeichen geben (blinken, rufen, pfeifen), eine Minute warten, Zeichen wiederholen. Antwort: dreimal in der Minute ein Zeichen geben, eine Minute warten, Zeichen wiederholen.

Helikopter-Rettung

– Helilandeplatz ausserhalb Lawinenfeld vorbereiten:
  Hindernisfreier Platz, 25 auf 25 m festtreten
  Horizontale Aufsetzfläche 4 auf 4 m
  Keine losen und aufrechtstehenden Gegenstände am Platz
  Hindernisfreier Anflug, in zwei Richtungen mit 45°
  Bei diffusem Licht Umgebung markieren

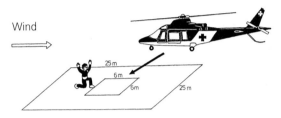

25×25 m = hindernisfreier Raum
6×6 m = Aufsetzfläche

– Verhalten am Landeplatz:
  Ausser Einweiser alle mindestens 20 m vom Landeplatz weg
  Einweiser mit Rücken zum Wind, Arme erhoben
  Beim Einschweben des Helis Standplatz halten, evtl. kauern
  Annäherung zum Heli erst bei stehendem Rotor und von vorn
  Achtung mit Skis, Stöcken und Sonden

Keine losen Gegenstände liegen lassen

Achtung auf Antennen, Skis, Sondierstangen usw.
Sich nur von vorn und in gebückter Haltung dem Heli nähern

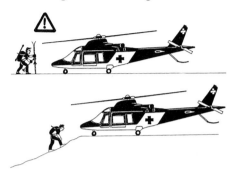

Nur von der Talseite herangehen

Augenkontakt zum Piloten behalten
Bei laufenden Rotoren sich dem Helikopter immer nur von vorne und erst
auf Zeichen der Besatzung nähern

ERSTE HILFE

Frage	Zeichen/Symptome	Zustand	Lebensrettende Sofortmassnahmen
1. Bewusstsein	• nicht ansprechbar • nicht weckbar (in den Arm kneifen, nie schütteln, um bestehende Verletzungen nicht zu verschlimmern) • reagiert nicht	bewusstlos Erstickungs-gefahr	Kopf nach hinten, Mund nach unten 1. Wenn Atmung ausreichend: Seitenlagerung 2. Vor Kälte (auch von unten), Nässe und Hitze schützen 3. Ununterbrochen überwachen Äusserste Sorgfalt: Wirbelsäulenverletzung immer möglich
2. Atemwege frei? Beatmung nötig?	• Atmung rasch, oberflächlich, unregelmässig, röchelnd oder schnappend • Gesicht (vor allem Lippen) und Fingernägel blau verfärbt • keine Atembewegung sicht- und fühlbar • Ein- und Ausströmen der Atemluft weder hör- noch spürbar (mit Ohr an Nase und Mund des Patienten prüfen)	Atemstillstand oder ungenügende Atmung Akute Erstickungs-gefahr	Sofort beatmen (Mund zu Nase, notfalls Mund zu Mund) 1. Kopf schonend nach hinten strecken, Unterkiefer gegen Oberkiefer, Unterlippe gegen Oberlippe pressen 2. Vorsichtig Luft in die Nase einblasen, Ausatmen beobachten (sehen/hören), dann 12–15 Beatmungsstösse pro Minute 3. Bei starkem Widerstand und/oder fehlendem Ausatmen Kopfhaltung verbessern, Fremdkörper entfernen

Frage	Zeichen/Symptome	Zustand	Lebensrettende Sofortmassnahmen
3. Kreislauf? (Circulation)	• Venenblutung: flächenhaft sickernd bis stark fliessend • Schlagaderblutung: entsprechend dem Pulsschlag spritzend oder strömend • Mischblutungen (Venen- und Schlagaderblutungen) sind häufig • an innere Blutungen denken • auf Blut achten, das von den Kleidern aufgesogen wurde • rascher, nur schwach fühlbarer Puls • blasse, nasse (feucht-klebrige) und kühle Haut • Teilnahmslosigkeit oder auch auffallende Unruhe, Erregung • flache, beschleunigte Atmung	Blutversorgung lebenswichtiger Organe gefährdet Kreislaufversagen Schockgefahr Schock Kreislaufversagen	1. Patienten flach lagern 2. Blutenden Körperteil (wenn möglich senkrecht) hochhalten 3. Bei ungenügender Blutstillung Fingerdruck herzwärts 4. Druckverband mit weichem Druckpolster (Stoff, möglichst hoch und schmal) und Binde anlegen, notfalls doppelt 5. Falls Druckverband ungenügend: Finger- oder Faustdruck direkt in die Wunde (eventuell mit Druckpolster) 6. Verletzte Gliedmasse hochlagern und ruhigstellen 7. • In der Regel und bei unbekannter Ursache horizontale Lagerung • Ist die Schockursache mit Sicherheit eine starke Blutung oder ein grosser Flüssigkeitsverlust (z.B. bei Verbrennungen): Beine etwa 30 cm anheben • Nichtbewusstlose Schockpatienten mit Atemnot, Brustverletzung (ohne Blutung in den Luftwegen), Schädelverletzung, Herzinfakt: Oberkörper hochlagern 8. Schutz vor Kälte, Nässe, Hitze: Zuspruch, Überwachung

Schutz der Gebirgswelt

Hilf die Alpenwelt bewahren
Als Alpinisten und Wanderer möchten wir uns in einer ursprünglichen, naturnahen Landschaft bewegen. Infolge vielfältiger Nutzung durch den Menschen steht die Natur aber auch in den Alpen von vielen Seiten her unter Druck. Jeder kann zum Schutz der Alpen beitragen, indem er sich in den Bergen als Gast und Bewahrer verhält und nicht als Eindringling, Störer oder gar Zerstörer.

Schone Tiere, Pflanze und Stein
Nimm Rücksicht auf Tiere aller Art. Wir ängstigen Tiere am wenigsten, wenn wir uns an Wege und Routen halten und nur disziplinierte Hunde mit uns führen. Besonders schädigend für Wildtiere ist es, sie aus Winterstandorten aufzuscheuchen; in tieferen Lagen ist dies der Wald, oberhalb der Waldgrenze sind es Strauchpartien, Einzelbäume und Blockgruppen.
Blumen und andere Pflanzen, seien sie nun gesetzlich geschützt oder nicht, sind am schönsten an ihrem ursprünglichen Standort. Der Bergwald ist heute durch mancherlei Einflüsse geschwächt und gefährdet; er benötigt besonderen Schutz. Verzichte auf das jungwaldschädigende Variantenskifahren! Meide auf Abfahrten von Skitouren nach Möglichkeit den Wald.
Halte Mass beim Mineraliensuchen. Orientiere Dich über Einschränkungen und Verbote sowie über den Kodex der Mineraliensucher.

Lass nichts zurück
Die Sauberhaltung der Berge muss uns Selbstverständlichkeit und Ehrensache zugleich sein.
Nimm alle Abfälle von der Tour und von der Hütte mit zurück ins Tal. Vermeide Proviant mit aufwendigen und unnötigen Verpackungen aus Glas, Blech, Aluminium oder Kunststoffen.
Verlasse Rast-, Biwak- und Notdurftplatz sauber und im ursprünglichen Zustand.
Mit dem Auto bringen wir Abgase, Gestank und Lärm in die Berge. Benutze wo immer möglich öffentliche Verkehrsmittel. Wenn Du nicht auf das Auto verzichten kannst, dann
– nutze die Kapazität durch gemeinsames Fahren voll aus,
– stelle den Wagen auf tiefgelegene Parkplätze und
– halte Dich an Fahrverbote auf Alp- und Forststrassen.

Auch Du bist Konsument
Wenn Du Dich im Gebirge gelegentlich über zu viele Seilbahnen, über Pistenplanien, verschandelte Siedlungen, Staudämme, wasserlose Bäche oder Fluglärm ärgerst, bedenke, dass vieles davon mit unseren Konsumgewohnheiten in der Freizeit und im Alltag zusammenhängt.

Willkommen als Gast in der Natur

Du kannst als Gast in der Natur deinen eigenen Weg, dein Tempo und deinen Rhythmus selbst bestimmen. Diese Freiheit ist ein kostbares Gut. Sie ist jedoch nicht grenzenlos, denn Freiheit setzt Verantwortung gegenüber Natur und Mitmensch voraus.

Der Lebensraum Alpen ist reichhaltig und vielfältig. Viele Pflanzen und Tiere sind spezialisiert auf einen engen Lebensbereich und reagieren sensibel auf Störungen. Mit deiner Rücksicht hilfst du, diesen Lebensraum intakt zu halten.

Foto: Eugène Hüttenmoser, Leysin

Unsere Verantwortung gegenüber Natur und Mitwelt ist nicht auf das Verhalten auf der Tour selbst beschränkt. Auch das Vorher und Nachher, die Planung, das Material, die Verkehrsmittelwahl, die Hüttenübernachtung und die Abfallentsorgung sind darin eingeschlossen. Lies dazu bitte die Hinweise auf den folgenden Seiten.

Optimale Tourenvorbereitung

Berücksichtige bei der Tourenvorbereitung auch Natur- und Umweltaspekte

Achte beim Einkauf von Material und Lebensmitteln auf ökologische Gesichtspunkte (z.B. Anbaumethoden, Transportwege, Verpackung, Entsorgung). Kann ein Teil der Verpflegung im Tourengebiet selbst aus regionaler Produktion besorgt werden? Was weisst du über die Natur und Landschaft deines Zielgebietes? Gibt es spezielle Führer dazu, einen Lehrpfad oder andere Angebote, mit denen du deine Tour bereichern könntest? Gibt es Naturschutz- oder Schongebiete mit speziellen Regeln?

Energiefresser Anreise

Auch dein Beitrag zur Reduktion des überbordenden privaten Freizeitverkehrs zählt! Benutze wenn immer möglich den öffentlichen Verkehr

Der Freizeitverkehr macht in der Schweiz mit über 60 Milliarden Personenkilometern mehr als die Hälfte des gesamten Verkehrsaufkommens aus.

Bergsteiger und Kletterer legen für ihr Hobby jährlich grosse Distanzen zurück. Eine durchschnittliche Anreise zur Bergtour braucht rund 35mal mehr Energie als eine Hüttenübernachtung. Deine Ausgestaltung der «Reise zum Berg» ist somit besonders umweltrelevant. Der SAC stellt Billettvergünstigungen, Informationen und Planungshilfen zur Verfügung.

Die simple Abfallregel

Lass nichts zurück als Deine Fussspuren, nimm nichts mit als Deine Eindrücke

Nimm diese alte amerikanische Wildnisregel zum Nennwert! Achte dabei auch auf Details, nimm vielleicht auch einmal Abfall von andern mit. Nur so können wir unsern Nachfolgern das gleiche Naturerlebnis ermöglichen, wie wir es schätzen.

Innehalten – Sehen – Staunen

Halte ab und zu inne, schaue hin, staune!

Die alpine Natur, in der du dich bewegst, ist unendlich vielfältig. Du kannst von diesem Reichtum mehr oder weniger sehen. Je mehr du wahrnimmst, desto mehr wirst du ins Staunen geraten, desto achtsamer wirst du dich verhalten, desto mehr wirst du auch bereit sein, die Natur und Umwelt vor übermässigen Eingriffen zu schützen.

Wahrnehmen und Sehen ist uns nicht einfach so gegeben. Es kann geschult und verbessert werden. Du kannst dich von Kennern anleiten lassen, kannst Kurse und Exkursionen besuchen, selbst Bücher lesen. All dies wird deine Tour bereichern und dein Naturerlebnis vertiefen.

Zu Gast in der Natur

Verhalte dich rücksichtsvoll, respektiere Einschränkungen

Dein rücksichtsvolles und naturschonendes Verhalten trägt dazu bei, dass wir als Gäste in der Natur willkommen bleiben und dass uns der freie Zugang erhalten bleibt. Die konkreten Tipps auf der nächsten Seite helfen dir dabei. Respektiere bestehende, offizielle und vom SAC anerkannte Einschränkungen des freien Zugangs aus Naturschutzgründen.

Deine besondere Verantwortung als Leiter

Bereichere deine Tour mit aktiven Naturerlebnissen.
Achte auf umweltschonendes Verhalten deiner Teilnehmer

Als Leiter bist du verantwortlich für die Sicherheit deiner Teilnehmer. Du trägst aber auch die Verantwortung für den Umgang mit der Natur, du bist

Vorbild und Autorität gleichzeitig. Öffne deinen Teilnehmern die Augen für die Schönheit und den Wert der Natur und bereichere so das Erlebnis der Tour. Die beiden vom SAC mit herausgegebenen Bücher «Lebenswelt Alpen» und «Alpen aktiv» sowie weitere Publikationen des SAC-Verlags helfen dir dabei. Wage es auch, nötigenfalls mit Autorität gegen ein Fehlverhalten einzuschreiten.

Unterwegs als Bergsteiger – Regeln und Tipps

- Halte dich wenn immer möglich an die markierten Routen und Wege. Abkürzungen fördern oft die Erosion an Bergwegen und Schutthalden-Pflanzen sind besonders empfindlich. Schliesse immer alle Weidegatter.

- Nimm Rücksicht auf Tiere aller Art – Gämsen stehen nicht auf Streicheleinheiten!

- Pflanzen atmen lieber Alpenluft als in Rucksack oder Blumenwasser zu welken. Geschützte Arten sind sowieso tabu.

- Bist du Grossist oder Einzelverbraucher? Stelle diese Frage, bevor du Beeren oder Pilze sammelst, nicht danach.

- Eine Hütte ist kein Fünf-Stern-Hotel. Für dich gibt es aber fünf Sterne, wenn du mithilfst, Wasser, Energie und Rohstoffe zu sparen und du deinen Müll wieder ins Tal trägst.

- Lokale Produkte bereichern deine Verpflegung, und vielleicht hilft dein Besuch dem Dorfladen, zu überleben.

- Wildes Campieren ist etwas vom Schönsten – bist du sicher, dass es hier gestattet ist? Hast du den Grundbesitzer gefragt? Die Abfallgrundregel gilt dabei erst recht!

- Dein Hund soll die Berge auch geniessen dürfen – hingegen gehört das Jagen von Rehen und Gämsen nicht zu seinem Wanderprogramm. Im Zweifelsfalle gehören Hunde immer an die Leine.

- Betrachte das Hochgebirge als das, was es ist: eine der letzten Wildnisse Europas. Bewege dich deshalb mit Respekt und Verantwortungsbewusstsein darin! Geniesse die Stille in den Bergen und störe sie selbst nicht unnötig.

Wo erhalte ich Informationen?

Möchtest du weitere Informationen, Anregungen oder Unterlagen zu bestimmten Naturthemen, Hinweise auf Schutz- und Schongebiete, Materialien zum Verteilen an Teilnehmer, Tipps zu bestimmten Gegenden und Routen etc.?

Auf der Geschäftsstelle des SAC können wir dir sicher weiterhelfen:
Tel 031 370 18 70, natur@sac-cas.ch.
Auch im Internet sind wir vertreten: www.sac-cas.ch.

Schweizer Alpen-Club SAC
Kommission «Umwelt»

I Col de la Forclaz – Bagnes

Zum Auftakt zwei Gipfel

Der erste Teil dieser Haute Route führt uns vom Col de la Forclaz in das Val de Bagnes. Zunächst winden wir uns aus den komplizierten topographischen Strukturen unserer Startregion heraus und gelangen in das erste von Süden nach Norden gerichtete Seitental des Wallis, das Val Ferret. Eine schöne geographische Übersicht der Geographie vermitteln die Besuche der zwei Gipfel, die zwar nicht direkt auf der Route liegen, jedoch als körperliche und geistige Vorbereitung zur Haute Route selbst sehr zu empfehlen sind. Als kulturelle Einstimmung dürfen wir auf den Besuch der römischen Ruinen in Martigny verweisen.

Der erste Pass dieser Reise konfrontiert uns mit einigen Anstrengungen, danach wird es jedoch gemütlicher. Von der Forclaz bis zur Cabane de Louvie müssen fünf Tage eingeplant werden, mit der Besteigung des Catogne deren sechs. Ist man einmal im Val Ferret, so sind die Höhendifferenzen nicht mehr so dramatisch.

Die Tagesetappen

1 Col de la Forclaz – Fenêtre d'Arpette – Champex
Ein Fenster und keine Gabel
Spatha und Skramasax

2 Champex – Le Catogne – Champex
Ein schöner, steiler Berg
Die Karte erwähnt sie nicht...

3 Champex – Cabane d'Orny CAS – La Fouly
Die Gletscherwelt des wilden Tals

4 La Fouly – Col des Bastillons – Bourg-St-Pierre
Die Sehnsucht nach dem weissen Berg
Von Claudius bis Barry I.

5 Bourg-St-Pierre – Col de Mille – Cabane Brunet
Ein Kaiserreich für ein Maultier!

6 Cabane Brunet – Cabane Bagnoud – Cabane de Louvie
Von Kämmen, Spalten und Kerben

Etappe 1

Ein Feinster
und keine Gabel

Dies ist die erste Etappe einer Haute Route, die uns vom Col de la Forclaz bis zum Furkapass führen soll, quer durch das Wallis südlich der Rhone, auf einer möglichst südlichen Route. Da hier die meisten Bergrücken von Süden nach Norden ausgerichtet sind, wir jedoch von Westen nach Osten wandern, türmen sich praktisch jeden Tag neue Hindernisse in Form von Pässen vor uns auf. Der erste in dieser Reihe von Übergängen heisst Fenêtre d'Arpette. Dieser bereits recht anstrengende Pass bildet das «Fenster» zwischen dem Val de Trient und dem Val d'Entremont.

Wir verlassen den Passeinschnitt der Forclaz und folgen einer der typischen Walliser Suonen (auch Bissen genannt), jener Wasserleitungen, welche die Landwirtschaft im trockenen inneralpinen Milieu erst ermöglichen. Danach steigen wir sehr lange hinauf zur Passhöhe des Fenêtre d'Arpette. Durch das Val d'Arpette gelangen wir schliesslich nach Champex, das mit seinem schönen See ebenfalls auf einem Pass liegt.

T3	8 Std.	▲ 1137 m	▼ 1188 m

Routencharakter und Schwierigkeit T3 Im Frühsommer sind beim Pass oft Schneereste zu sehen. Erkundigen Sie sich in dieser Jahreszeit im Zweifelsfalle bei einem der Tourismusbüros über die Verhältnisse.

Zeit 8 Std.
Col de la Forclaz – Fenêtre d'Arpette, 5 Std.
Fenêtre d'Arpette – Champex, 3 Std.

Ausgangspunkt Col de la Forclaz. 1528 m. Beliebter Pass an der Route zwischen Martigny und Chamonix. Ausgangspunkt für Besuche in der Gletscherwelt des Trient. Postauto ab Martigny, Fahrplanfeld 100.41. Hotel Forclaz, 1920 Col de la Forclaz, Tel. 027 722 26 88.

Auf dem Weg zum Fenêtre de l'Arpette: Glacier du Trient

Talort Martigny. 471 m. Bahn ab Lausanne, Sion und Brig, Fahrplanfeld 100. Bahn nach Sembrancher, Orsières, Fahrplanfeld 133. Office du Tourisme, Place Centrale 9, 1920 Martigny, Tel. 027 721 22 20.

Endpunkt Champex. 1477 m. Schönes, von viel Wald umgebenes, kleines Passdorf an einem netten See. Postauto nach Orsières, Fahrplanfeld 133.20. Office du Tourisme, 1938 Champex, Tel. 027 783 12 27

Karten 1324 Barberine, 1344 Col de Balme, 1345 Orsières.

Verschiedenes Verpflegungsmöglichkeit unterwegs: Chalet du Glacier.

Sehenswürdigkeiten Musée Gallo-Romain, rue du Forum 59, 1920 Martigny, Tel. 027 722 39 78. Fondation Pierre Gianadda, sehenswerte, ständig wechselnde Kunstausstellungen von internationalem Ruf (gleiche Adresse). Eindrückliches Gletscherbecken (Plateau du Trient), aus dem der stark zerklüftete Glacier du Trient herausfliesst.

Die Route Col de la Forclaz – Fenêtre d'Arpette – Champex. Wir verlassen den Col de la Forclaz (1528 m) in südlicher Richtung und gelangen nach ein paar Schritten zur Bisse Trient-Combe, einer wunderschönen, sehr langen Wasserleitung, der wir bis zum Chalet du Glacier (1583 m) folgen, 1 Std. Hier ist das Tal schon sehr eng. Wir gehen weiter bis zum P. 1663, wo wir nach links (E) eine steile Wiese mit lockerem Baumbestand in Angriff nehmen.

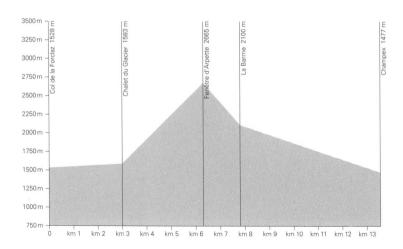

Bald sehen wir rechts unter uns den Glacier du Trient, der sich über mehrere hundert Meter vom Plateau du Trient in das Tal ergiesst. Wir steigen weiter auf einem Hangweg bis Vésevey (2096 m), 1¾ Std. Nach dieser Alp gehen wir links (N) im Zickzack hinauf, queren erneut den Hang, drehen zurück zum P. 2373 und steigen am Schluss knapp unter den Felsen des Someceon du Dru zum Fenêtre d'Arpette (2665 m), 2 Std.

Wir gelangen sehr steil durch Felsen und Geröll in ein kleines Tal, Les Cugnons genannt. Bald wird der Weg weniger steil. Vorbei am P. 2258 erreichen wir den Talweg und damit in das beschauliche Val d'Arpette. Diesem Weg folgen wir bis zum P. 1822, dort bleiben wir links im Talgrund und wandern fast flach zu den Alphütten von L'Arpette (1675 m), 2 Std. Nun geht es auf dem Fahrweg hinunter, bald rechts des Bachs (Le Durnand). Beim P. 1592 bleiben wir auf dem Fahrweg, der uns unter der Seilbahn nach links zum Dorf führt, Champex (1477 m), 1 Std.

Gipfel T2   Mont de l'Arpille. 2085.1 m. Dieser Aussichtsgipfel liegt zwar nicht direkt am Weg, er eignet sich jedoch hervorragend, um sich vor dem eigentlichen Abmarsch auf diese Haute Route etwas einzustimmen. Der Mont de l'Arpille erinnert sehr stark an eine Jurahöhe: steile Flanken, flacher, breiter, schwach bewaldeter Kamm. Vom Col de la Forclaz (1528 m) steigen wir nördlich auf einem herrlichen Waldweg im Zickzack hinauf. Dort sind auch Überreste und die Schneise einer ehemaligen Bahn zu erkennen. Der Weg verlässt den Kamm nach links (NW). Beim P. 1968 treten wir nach rechts (N) aus dem Lärchenwald und wandern über eine sehr schöne Hochebene zum Gipfel des Mont de l'Arpille (2085.1 m), 2 Std. Grossartige Sicht ins Rhonetal und zum Mont Blanc! Vom Gipfel steigen wir östlich über die Wiesen des Plan des Colliers zum Weg hinunter, der von L'Arville her kommt. Dort gehen wir nach rechts (S) und gelangen in 1¼ Std. über den P. 1862 und über die Fluh des Sex de Meylan wieder zum Col de la Forclaz (1528 m) zurück. Total 3¼ Std.

Spatha und Skramasax

Was wäre Europa ohne die Römer? Strukturen heutiger Gemeinsamkeiten wurden bereits vor 2000 Jahren durch sie ausgedacht und konsequent verbreitet. Ihre fabelhaften Errungenschaften sind uns dank ihrer umfangreichen Bautätigkeit, den Infrastrukturen wie Strassen und Wasserleitungen, der Sprache, der Schrift, der religiösen Traditionen, der Lebensfreude und der effizienten Staatsorganisation wegen sehr lebendig erhalten geblieben.

Natürlich verdankt auch das Wallis den Römern viel. Pfr. Peter Arnold aus Gondo kommentierte dies wie folgt: «Die Römer brachten den Wein und das Wasser. Die Walliser bestimmen nun den Preis und die Mischung selbst....» Als Passland entging das Wallis (lat. vallis = Tal) der Aufmerksamkeit der Römer nicht. Zu viele wichtige Verbindungswege und Passrouten sind in diesem Land vereint, als dass man es vernachlässigen konnte. Bereits im Jahre 57 v. Chr. versuchte der Feldherr Galba, das Wallis im Auftrag von Julius Caesar für die Römer zu gewinnen. Er lagerte in Octodurus (keltischer Name von Martigny), wurde aber von den hier hausenden Kelten arg bedrängt und musste schliesslich an den Genfersee weiterziehen. Das Wallis wurde zu dieser Zeit von vier grösseren keltischen Stämmen bewohnt: die Uberer im heutigen Oberwallis, die Seduner im Mittelteil, die Verager im Unterwallis und die Nantuaten im Gebiet zwischen Martigny und dem Genfersee. Der grosse Kaiser Augustus schaffte schliesslich, was Caesar und Galba nicht gelang. Er unterwarf die widerspenstigen Kelten um 15 v. Chr. Octodurus entwickelte sich aufgrund seiner strategischen Lage am Kreuzpunkt zweier Fernwege zu einem bedeutenden Verwaltungs- und Marktort, schliesslich (bis hinein ins 5. Jahrhundert) zur eigentlichen Hauptstadt des Wallis. Die Römer nannten es fortan Forum Claudii Augusti, später Forum Claudii Vallensium. Ein Amphitheater, Thermen, Villen und gallo-römische Tempel sind uns als Ruinen bis heute erhalten geblieben nebst zahlreichen Büsten, Plastiken und verschiedensten Gebrauchsgegenständen, die mittels Ausgrabungen zu Tage gefördert werden konnten und heute im Musée Gallo-Romain in Martigny zu bestaunen sind.

Auch viele Flurnamen gehen auf die Römer zurück. Unsere Haute Route beginnt auf der Forclaz und endet auf der Furka, dazwischen werden wir Pässe überqueren, die ähnliche Namen tragen: Forcletta, Forchetta, Furgg, Furgga, Furggu, Furggilti, Furculti etc. Alle diese Bezeichnungen stammen direkt oder indirekt von den Römern. Das lateinische «forca» bedeutet nämlich «Gabel», womit die Passeinschnitte treffend bezeichnet wurden. Und so wandern heute eben nicht mehr römische Legionäre mit Spatha (Hieb- und Stichwaffe) und Skramasax (einschneidiges Hieb- und Stichmesser mit breiter Klinge) über diese Pässe, sondern Touristen mit Taschenmesser und Wanderstock.

Ruhendes Steinwild

Etappe 2

Ein schöner, steiler Berg

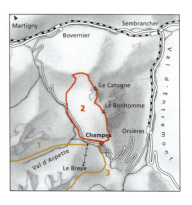

Wie der Mont de l'Arpille beim Col de la Forclaz gehört auch dieser Berg nicht zur eigentlichen Haute Route. Da es sich aber um einen einmaligen, frei stehenden Aussichtsberg handelt, werden sicher viele den Wunsch hegen, ihn zu besteigen. Le Catogne besitzt drei sehr steile Flanken, die direkt aus den Talniederungen auf den Gipfel führen. Alle Anstiege sind lang und streng. Wir benutzen den Aufstieg über den Südgrat und steigen über die Westflanke ab.

Von Champex gehen wir gleich im Wald steil hinauf in Richtung des Aussichtspunktes Le Bonhomme, dann queren wir die Westflanke bis unter den Gipfel und steigen direkt zu diesem auf. Der Abstieg führt uns durch ein kleines Couloir bis nach La Poya hinunter, von wo wir im Talgrund nach Champex zurückfinden.

T4	8 Std.	▲ 1315 m	▼ 1315 m

Routencharakter und Schwierigkeit T4   Durchwegs sehr steile Hänge, Couloirs und Runsen, die erst nach der Schneeschmelze begangen werden sollten.

Zeit 8 Std.
Champex – Le Catogne, 4 Std.
Le Catogne – Champex, 4 Std.

Ausgangspunkt   Champex. 1477 m. Bahn ab Martigny nach Orsières, Fahrplanfeld 133. Postauto ab Orsières, Fahrplanfeld 133.20. Office du Tourisme, 1938 Champex, Tel. 027 783 12 27.

Endpunkt   Champex. 1477 m. Details siehe Ausgangspunkt.

Karten   1345 Orsières, 1325 Sembrancher.

Im Schatten wandern und umgeben von vielen Düften: Lärchenwald

Verschiedenes   Keine Verpflegungsmöglichkeit unterwegs.

Sehenswürdigkeiten   Eine wirklich grandiose Rundsicht von einem iso-lierten Gipfel, Flora und Fauna.

Die Route   Champex – Le Catogne – Champex. Von Champex (1477 m) steigen wir vom See zur Strasse hinauf, die von Fratsay her kommt. Am Ende dieser Strasse führt ein Weg gerade hinauf in den Wald. Bald kreuzen wir den Höhenweg und steigen nun sehr steil links eines Geröllcouloirs und wieder im Wald zum P. 1794, 1 Std. Der Weg windet sich nun leicht schräg den steilen Hang hoch. Beim P. 2228 verlassen wir den Wald und werfen einen Blick hinunter nach Orsières, 1½ Std. Wir gehen nach links (W) und queren den Hang unter dem Bonhomme, umgehen auf gleicher Höhe die Felsbastion der Pointe des Chevrettes und gelangen in ein breites Couloir. Wir bleiben auf den Wegspuren und queren unter den Felsen, die vom Gipfel des Catogne hinunterkommen. Bei Six de la Raide erreichen wir ein weiteres Couloir. Auf Wegspuren geht es von hier unterhalb des P. 2401 relativ direkt zum Gipfel hinauf, Le Catogne (2597.9 m). 1½ Std. Total 4 Std. im Aufstieg.
Für den Abstieg kommt die Aufstiegsroute ebenfalls in Frage (2¾ Std. bis Champex). Wir überschreiten jedoch den Gipfel in Richtung NE, gelan-gen dort auf Wegspuren zu einem Kamm, der bereits wieder mit Gras bewachsen ist. Dieser wendet sich leicht nach links (NW) hinunter zum

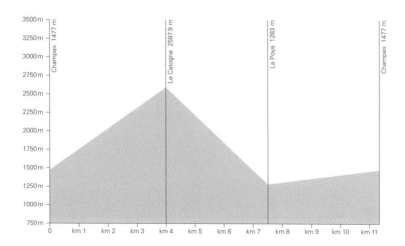

P. 2505. Nun folgen wir dem sich steiler senkenden Grat zum P. 2402. Dort steigen wir nach links (W) zur Alp Plan Foyat (1986 m), 1 ¼ Std. Dann wenden wir uns nach links (S) und steigen durch den Wald hinunter zu einem steilen Couloir mit dem Namen La Dyure. Und wir versprechen Ihnen : es wird hart werden ! Der Weg führt gerade durch diese Enge hinunter. Vermutlich geschafft, kommen wir bei ca. 1300 m zu einer Weggabelung, wir gehen nach links (S) und gelangen oberhalb von La Poya zur Strasse, kurz vor Le Marioty, 1 ½ Std. Wir folgen kurz der Strasse, zweigen rechts von ihr ab auf einen Fahrweg, dem wir an Champex d'en Bas und Champex d'en Haut vorbei zum P. 1489 folgen. Dort treffen wir wieder auf die Strasse, die wir bis zu unserem Ziel benutzen, Champex (1477 m), 1 ¼ Std. Im Abstieg auf dieser Route 4 Std.

Octodurus, Forum Claudii Vallensium, Martigny – im Sommerdunst vom Mont de l'Arpille (Tour 1)

Die Karte erwähnt sie nicht...

In den Walliser Dörfern finden wir meist noch dominierende Familiennamen, die sehr typisch für diesen Landesteil sind und unverwechselbar mit ihm verbunden bleiben. Hier eine kleine Auswahl davon.

Abbet, Antille, Anzévui, Bagnoud, Besse, Biolaz, Bochatay, Bonvin, Bovet, Bovier, Bruchez, Carron, Clavien, Crettenand, Cretton, Darbellay, Défago, Délèze, Dorsat, Donzé, Dumoulin, Equey, Favre, Fellay, Follonier, Fournier, Frossard, Gaillard, Gay-Crosier, Gillioz, Giroud, Glassey, Guex, Jaquemettaz, Jacquérioz, Joris, Lamon, Lattion, Lovey, Lovisa, Mariéthoz, May, Métrailler, Michellod, Monnet, Morand, Nanchen, Oggier, Perruchoud, Pillet, Pont, Quinodoz, Rausis, Rey, Roduit, Rudaz, Rudin, Salamin, Sarrasin, Savioz, Sierro, Tavernier, Théodoloz, Théoduloz, Theytaz, Udry, Vallotton, Vergères, Vouillamoz, de Werra, Zermatten, Zuchuat, Zufferey...

Zumtaugwald, Zumofen, Zumoberhaus, Zumkemi, Zerzuben, Zenzünen, Zen-Ruffinen, Zenklusen, Zenhäusern, Zen-Gaffinen. Andenmatten, Anthamatten, Kalbermatten, Riedmatten, Lochmatter, Lomatter, Pfammatter, Seematter, Summermatter.

Abgottspon, Amacker, Ambord, Amherd, Aufdenblatten, Bärenfaller, Bellwald, Biner, Blatter, Bodenmann, Brantschen, Bregy, Brigger, Briw, Bumann, Chanton, Escher, Eyer, Fercher, Firmin, Furrer, Fux, Hallenbarter, Hischier, Hosennen, Imahorn, Imboden, Imesch, Imfeld, Imhasly, Imhof, Imoberdorf, Imsand, Imseng, Imstepf, Imwinkelried, In-Albon, Inderbinen, Jeiziner, Jossen, Julen, Juon, Karlen, Kreuzer, Kronig, Kuonen, Lagger, Lauber, Lehner, Leiggener, Lorenz, Loretan, Pfaffen, Ritz, Roten, Ruppen, Sarbach, Schallbetter, Schmidhalter, Schwery, Seiler, Stucky, Supersaxo, Tannast, Taugwalder, Truffer, Tscherrig, Venetz, Volken, Walker, Walpen, Werlen, Williner, Wyer, Zurbriggen, Zurwerra.

Viele Walliserinnen und Walliser tragen sehr poetische und ausgesuchte Vornamen:

Adèle, Agatha, Aimé, Alban, Albinus, Aldo, Alexia, Alexis, Alfonsin, Aline, Aloisia, Amadeus, Amanda, Amandus, Ambros, Amédée, Amelie, Andréanne, Angelin, Antonia, Aristide, Armand, Armelle, Aurel, Aurelia, Balbina, Barthélémy, Basil, Benedikt, Benvenuta, Bernadette, Blanche, Blanka, Cäcilia, Candide, Célestine, Cesarina, Chantal, Clarisse, Clément, Clementine, Clotilde, Clovis, Constantia, Cyprian, Cyrille, Delphine, Dionys, Donatile, Edelreth, Edvige, Elda, Eliane, Elias, Eliette, Eligius, Elise, Eloi, Elvira, Emanuel, Ernestine, Eugenia, Ewald, Fabian, Felicitas, Fidelis, Filippa, Franziska, Franziskus, Gabriel, Gaël, Gaspard, Geneviève, Genoveva, Germaine, Ginette, Gisèle, Godwin, Gratienne, Gregoire, Hedy, Herold, Hieronymus, Hilarius, Honoré, Huguette, Ignaz, Isaï,

Isaline, Isidor, Jérome, Jodok, Josianne, Julian, Kasimir, Kilian, Klemenz, Konstantin, Kornelius, Laure, Laurence, Leander, Léon, Léonard, Léonce, Leoni, Lia, Lina, Lionel, Lot, Luc, Ludwina, Lydia, Marcelin, Marinus, Martial, Medard, Miranda, Murielle, Narcisse, Nestor, Noëlla, Odilo, Pascaline, Petermary, Philemon, Philomene, Pirmin, Pius, Raoul, Raphaël, Régis, Remigius, Romain, Roman, Rosalia, Samira, Samuel, Sandrine, Sarah, Sebald, Sébastien, Séraphin, Séverine, Sigisbert, Silvana, Siméon, Theodor, Urban, Valentine, Vincenz, Vital, Vitus, Yvo, Yvon, Waldomir, Wendelin.

Ihnen werden wir begegnen auf unserer Reise durch das Wallis. Deshalb nennen wir sie hier, denn die Karte erwähnt sie nicht…

Etappe 3

Die Gletscherwelt des wilden Tals

Von Champex aus sehen wir im Süden ein schönes, gerades Tal, das Val Ferret. Die nächste Etappe der Haute Route führt uns dorthin. Das Val Ferret ist das erste nach Süden gerichtete Seitental auf unserem Weg und ein wichtiges Bindeglied zum Col du Grand-St-Bernard.

Natürlich könnte man von Champex direkt in das Tal absteigen (siehe Variante 1), wir nutzen die Gelegenheit, der Cabane d'Orny einen kurzen Besuch abzustatten, um von dort über das Val d'Arpette de Saleina ins Val Ferret zu gelangen. Dort folgen wir der Dranse de Ferret bis zum Zielort. Diese Tour kann in Champex, oder aber von der Bergstation der La Breya-Bahn auf Grands Plans begonnen werden.

T3	9 Std.	▲ 1642 m	▼ 1526 m

Routencharakter und Schwierigkeit T3   Durchwegs gute Wanderwege, auch in der Combe d'Orny, die einen etwas direkteren, aber weniger szenischen Zugang zur Hütte verspricht.

Zeit 9 Std.
Champex – La Breya/Grands Plans, 2 ¼ Std.
La Breya/Grands Plans – Cabane d'Orny CAS, 2 Std.
Cabane d'Orny CAS- La Fouly, 4 ¾ Std.

Ausgangspunkt   Champex. 1477 m. Bahn ab Martigny nach Orsières, Fahrplanfeld 133.Postauto ab Orsières, Fahrplanfeld 133.20. Office du Tourisme, 1938 Champex, Tel. 027 783 12 27.

Endpunkt   La Fouly. 1593 m. Kleiner Ferienort im wunderschönen und relativ wilden Val Ferret, das die Ostflanke des Mont Blanc-Massivs bildet. Beliebtes Zentrum für Alpinisten. Bus nach Orsières, Fahrplanfeld 133.25.

Im Val Ferret: Wasserspiele am Weg

Bahn ab Orsières nach Sembrancher und Martigny, Fahrplanfeld 133. Office du Tourisme, 1944 La Fouly, Tel. 027 783 27 17

Karte   1345 Orsières.

Verschiedenes   Unterkunfts- und Verpflegungsmöglichkeit unterwegs: Cabane d'Orny CAS. Koordinaten 570 880 / 094 550, CAS Section Les Diablerets, 1000 Lausanne, Tel. Hütte 027 783 18 87.

Sehenswürdigkeiten   Gletscherlandschaften von Orny und Saleina, Ostflanke des Mont Blanc-Massivs mit Aiguille d'Argentière, Tour Noir und Mont Dolent.

Die Route   Champex – Cabane d'Orny CAS – La Fouly. In Champex (1477 m) umgehen wir den See im Gegenuhrzeigersinn und erreichen am südwestlichen Ufer eine kleine Kapelle im Wald. Kurz danach verlassen wir den Weg, der um den See führt und gehen rechts (S) etwas im Wald hinauf, folgen diesem breiten Weg aus der Passmulde heraus. Wir gehen unter den Felsen von Les Tsèdes hindurch und erreichen den P. 1500 im Forêt Voutaz. Dort gehen wir steil nach rechts hinauf durch den Wald, später im engen Zickzack. Etwa beim P. 2009 verlassen wir die Waldzone und steigen nochmals sehr steil hinauf zum Kamm oberhalb der Bergstation La Breya/Grands Plans (2194 m), 2 ¼ Std. Dieser Punkt kann auch bequem mit der Seilbahn erreicht werden.
Wir wenden uns nun auf diesem Kamm nach links (SW) und gelangen auf einen Höhenweg, der sich links der La Breya hoch über der Combe

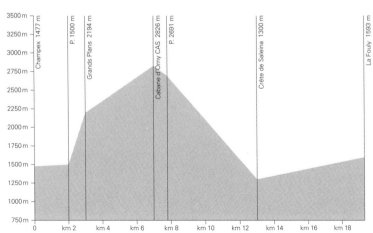

d'Orny. Beim P. 2390 treffen wir auf den Weg, der vom Col de la Breya und dem Val d'Arpette herkommt. Auf weniger steilen Geröllhängen gelangen wir in die Talmitte beim P. 2464. Von hier zunächst fast flach, dann wieder etwas steiler zum P. 2691, 1 ¾ Std. Von hier kann auch direkt ins Val d'Arpette de Saleina abgestiegen werden. Wir wenden uns aber zunächst dem Moränenkamm zu, auf dem wir die Hütte bald erreichen, Cabane d'Orny CAS (2826 m), 20 Min.

Wir verlassen die gastliche Hütte und steigen in 15 Min. zurück zum P. 2691. Nun steigen wir nach rechts (S), aber links (E) der linken Seitenmoräne des Glacier d'Orny über Geröllfelder, später Weide, in den Steilhang unterhalb der Pointes de Chevrettes. Der Weg macht nun weitere Kehren und bald gelangen wir in den Wald. Kurz danach betreten wir eine kleine Lichtung, wo sich der P. 1777 befindet, 1 ¾ Std. Dort nehmen wir den rechten Weg hinunter zum P. 1555. Dort betreten wir einen Fahrweg, der sich zur Prise d'eau de Saleina hochwindet. Diesem folgen wir, überschreiten dabei die Reuse de Saleina. Von der Wasserfassung gehen wir etwas hinunter und kommen auf den Hüttenweg der Cabane de Saleina CAS. Jetzt rechts (S) der Reuse de Saleina in zunehmend flaches Gelände. Kurz vor der kleinen Siedlung Saleina (1244 m) nehmen wir die erste Abzweigung nach rechts (S) und wandern bald im Wald über die alte Talmoräne des Gletschers, Crête de Saleina, 1 Std. Nun weiter im Wald, nach kurzem Aufstieg gelangen wir beim P. 1372 zu einer Brücke über die Dranse de Ferret. Wir bleiben aber auf der rechten (W) Seite dieses Bachs und schlendern das wilde Tal hinauf. Wir bleiben auch nach der Brücke von L'Amône rechts (W) des Bachs und kommen so zum Campingplatz. Nach einer weiteren Brücke gelangen wir nach La Fouly (1593 m), 1 ¾ Std.

Variante Für jene, die möglichst direkt nach La Fouly gelangen möchten, können wir folgenden Weg empfehlen : Von Champex (1477 m) wie oben beschrieben an der Kapelle vorbei, in den Wald, aus dem Tal und anstatt unter den Felsen von Les Tsèdes hindurch steigen wir links (SE) steil ab nach L'Affe (1328 m). Nun weiter im Wald über P. 1319, P. 1211 (Steg) auf einen Fahrweg, der in drei Kehren in den Talgrund in der Nähe des P. 1058 führt, 1 Std. Bald stehen wir auf der Strasse, verlassen diese nach dem P. 1049 und gehen rechts (W) an Issert vorbei. Auf dem Fahrweg steigen wir etwas auf und gelangen flach über Sous la Poya nach Praz de Fort (1151 m). Unterhalb von Le Chanton (1187 m) gehen wir über die Reuse de Saleina und rechts hinauf nach Saleina (1244 m). Oberhalb des Dorfs gehen wir nach links über die Crête de Saleina, 1 ¼ Std. Dort treffen wir auf den oben beschriebenen Weg, der uns in 1 ¾ Std. nach La Fouly (1593 m) führt. Total 4 Std. auf dieser Route.

Etappe 4

Die Sehnsucht nach dem weissen Berg

Obwohl weder Touren im Mont Blanc-Gebiet noch die «Tour du Mont Blanc» Gegenstand dieses Buches sind, spielt der höchste Gipfel Westeuropas auf der folgenden Fährte eine grosse Rolle. Kaum haben wir Abschied genommen von der lustigen Dranse de Ferret und sind etwas am östlichen Talhang hinaufgestiegen, steigt am westlichen Horizont dem Vollmond gleich der Eisblock des Mont Blanc empor, im Vordergrund elegant kontrastiert von den felsigen und abweisenden Grandes Jorasses. Erinnerungen werden wach an Horace-Bénédict de Saussure, dessen Sehnsucht nach dem weissen Berg der Naturwissenschaft und dem Alpinismus Tür und Tor öffnete.

Nach der Überschreitung des Col des Bastillons (LK: Col des Chevaux) wenden wir uns dem Grand St-Bernard zu und damit dem Val d'Entremont, dem wir hinunter bis zum schmucken Dorf Bourg-St-Pierre folgen.

T3	7 bis 8 Std.	▲ 1161 m	▼ 1122 m

Routencharakter und Schwierigkeit T4   Die letzten Meter hinauf zum Col des Bastillons können bei nassen Felsen etwas heikel sein, Schwierigkeit T4.

Zeit 7 bis 8 Std.
La Fouly – Lacs de Fenêtre, 3¾ Std.
Lacs de Fenêtre – Col des Bastillons, ¾ Std.
Col des Bastillons – Bourg-St-Pierre, 2¾ Std.

Ausgangspunkt   La Fouly. 1593 m. Bahn ab Martigny und Sembrancher bis Orsières, Fahrplanfeld 133. Bus von Orsières, Fahrplanfeld 133.25. Office du Tourisme, 1944 La Fouly, Tel. 027 783 27 17.

Auf dem Col des Bastillons: Der Mont-Blanc, die Grandes Jorasses und Chhatra

Endpunkt   Bourg-St-Pierre. 1632 m. Sehr schönes, eher stilles Passdorf an der grossen Transitroute des Grand St-Bernard, die sich oberhalb der Siedlung dahinschlängelt. Alte Steinhäuser, pittoreske Gassen, schöne alte Kirche mit romanischem Kirchturm. Bus nach Orsières, Fahrplanfeld 100.46. Bahn von Orsières nach Sembrancher und Martigny, Fahrplanfeld 133.Office du Tourisme, 1946 Bourg-St-Pierre, Tel. 027 787 12 00. (Wenn keine Antwort: 027 787 12 71.)

Karten   1345 Orsières, 1365 Gd St-Bernard.

Verschiedenes   Unterkunfts- und Verpflegungsmöglichkeit unterwegs in Ferret.

Sehenswürdigkeiten   Seenplatte Lacs de Fenêtre, sehr schöne Rundsicht vom Col des Bastillons, u.a. auf Mont Blanc und Grandes Jorasses. Evtl. Besuch des Col du Grand-St-Bernard mit seinem berühmten Hospiz und seiner prächtigen Kirche.

Die Route   La Fouly – Col des Bastillons – Bourg-St-Pierre. Wir verlassen La Fouly auf der Strasse, kurz vor Le Clou und steigen wir zur Dranse de Ferret hinunter, Brücke bei P. 1614. Nun auf Wanderweg rechts (W) des Bachs, teilweise durch Wald bis zur Brücke unterhalb Ferret, diese wird überquert und nach 1 Std. befinden wir uns im letzten Dorf dieses herrlichen Tales: Ferret (1700 m). Hier befindet sich ebenfalls der Endpunkt der Buslinie ab Orsières. Wir folgen der Strasse bis Les Ars Dessus (1955 m), kurz

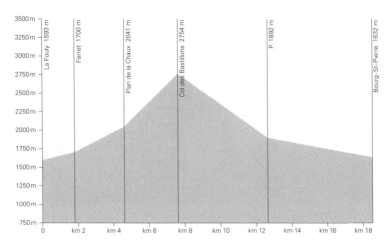

danach links auf einer Abkürzung zur nächsten Strassenkehre und hinauf zur Alp Plan de la Chaux (2041 m), 1½ Std. Beim Alphaus wendet man zunächst etwas nach links, dann geht es rechts hoch auf schönem Weg in einigen Kehren bis hinauf zum herrlichen Seenplateau, Lacs de Fenêtre (2467 m), 1¼ Std.

Etwas links haltend und auf Geröllweg durch ein sehenswertes Hochmoor in die Geröllhalden von Les Luis Mortau, P. 2658. Dort hat eine Rüfe den Weg teilweise zum Verschwinden gebracht. Es geht rechts dem Hang entlang, am Schluss auf einem engen Felsweg durch brüchiges Gestein hinauf vom Col des Bastillons (auf LK mit Col des Chevaux bezeichnet, 2754 m), ¾ Std. Grossartige Rundsicht auf Mont Blanc und Grandes Jorasses, Mont Dolent, Grand Combin und Mont Vélan.

Der Abstieg führt zunächst steil durch Geröll über P. 2667, dann flacher am Petit Lé (See) vorbei zum Torrent de Drône, den man bei P. 2436 erreicht. Über den Bach bis zur Abzweigung zum Col des Chevaux (auf LK mit Pas des Chevaux bezeichnet), dort halten wir links und folgen der Combe de Drône bis zur Alp La Pierre (2039 m). Gegenüber ist bereits die Passstrasse zu erkennen. Es geht nach rechts (NE) hinunter über Plan de Sale zu einer Hütte bei P. 1892, 1½ Std. vom Pass. Man beachte den Schuttkegel der Tunnelbauer gegenüber. Links (W) der Dranse d'Entremont zum Lac des Toules (Stausee) und flach auf sehr breitem Weg inmitten von Himbeergestrüpp links (W) des Sees zu einer Alphütte, Sur le Four (1882 m). Wir gehen hinunter zur Fahrstrasse und auf dieser bis zum eleganten Staudamm. Kurz danach verlässt man die Strasse nach rechts hinunter zur Brücke über den Torrent du Lavencher, von dort auf altem Weg vorbei an den schmucken Häusern von Bretemort zur Brücke über die Dranse d'Entremont bei P. 1674 m. Diese überqueren wir und gelangen auf der rechten (E) Seite unterhalb der kolossalen Strassengalerie auf die alte Fahrstrasse des Grand St-Bernard, die uns geradewegs nach Bourg-St-Pierre (1632 m) führt, 2¾ Std. vom Col des Bastillons.

Varianten

Variante 1   Von den Lacs de Fenêtre (2467 m) führt ein gemütlicher Weg nach Süden zum Fenêtre de Ferret (2698 m), ¾ Std. Abstieg auf italienischem Gebiet zur Passstrasse bei Baou (2356 m) und auf dem alten Saumweg zurück in die Schweiz zum Hospice du Col du Grand St-Bernard (2469 m), 1 Std. vom Pass. Wilde Passlandschaft, sehr sehenswerte Klosterkirche, Mönche und natürlich Bernhardinerhunde (echte und solche aus Stoff, mit und ohne Schnapsfässli). Von der Passhöhe fährt ein Bus nach Bourg-St-Pierre und Orsières oder auch nach Aosta hinunter.Übernachtungsmöglichkeit (sehr empfehlenswert!) im Hospice du Col St-Bernard (Tel. 027 787 12 36) und im Hôtel Hospice (Tel. 027 787 11 53). Wer von hier nach Bourg-St-Pierre wandern möchte, kann dies in gut 3 Std. auf dem alten Weg über die Combe des Morts (!) und L'Hospitalet (2113 m) tun. Auf den obigen Weg trifft man bei Plan de Sale.

Variante 2   Ein weiterer interessanter Weg zum Col du Grand St-Bernard führt nach dem Col des Bastillons und der Brücke über den Torrent de Drône zum «Chemin des Chevaux», der in steilen Kehren etwas heikel (Schwierigkeit T4) zum Col des Chevaux (LK: Pas des Chevaux), 2714 m, hinaufsteigt, 1¼ Std. vom Col des Bastillons. Abstieg auf gutem Weg über Geröll und Felsplatten zum Hospice du Col du Grand St-Bernard (2469 m), gut 1 Std. vom Col des Chevaux. Fortsetzung nach Bourg-St-Pierre wie in Variante 1.

Von Claudius bis Barry I.

«Die berg, so gerings umb das land gan, haben zu unseren zeyten viel andere namen, weder sie bey den Alten gehabt haben», schreibt Sebastian Münster anno 1544. Und 1712 vermerkt Johann Jakob Scheuchzer in seiner «Stoicheiographia» die vielen Namen des Simplon: Semplun, Sempione, Sempano, Simpelberg, Sümpeler, Sempronius, Scipionis Mons, Brigerberg, Mons Brigae, St-Plomb (!). Das Wallis liegt eingebettet zwischen den Berner Alpen und den Penninischen Alpen. Es war und ist ein Passland und wird es auch bleiben. Elf grosse Pässe führen allein nach Süden, sie haben zu allen geschichtlichen Epochen eine wichtige Rolle und Funktion gehabt. Berge trennen, Pässe verbinden! Einer der wichtigsten dieser Übergänge nach Italien ist der Grosse St. Bernhard. Auch dieser Pass wechselte im Laufe seiner Geschichte seinen Namen recht häufig.

Wie wir heute wissen, wurde das Wallis sehr früh besiedelt. In Zermatt sind Ausgrabungen gemacht worden, die auf die Anwesenheit von Menschen im Jahre 7500 v. Chr. hindeuten. Im 4. Jahrtausend v. Chr. war das Wallis bereits besiedelt und die Pässe Albrun, Simplon, Theodul und St. Bernhard wurden rege benutzt. Indogermanische Volksgruppen waren die Einwohner des Wallis, als nach 236 v. Chr. die Römer hier zum ersten Male auftraten. Diese alten Stämme haben sich mit gleichzeitig eintreffenden Kelten vermutlich vermischt oder wurden vertrieben. Die Kelten benutzten den St. Bernhard sehr oft und nannten ihn nach ihrem Gebirgsgott «Penn», aus dieser Bezeichnung leiteten die Römer den Mons Poeninus ab. Nach einer bewegten Eroberungsgeschichte baute Kaiser Claudius schliesslich anno 47 n. Chr. eine gepflasterte und befestigte Heerstrasse über den Mons Jovis (Jupiterberg), wie der Pass von den Römern fortan genannt wurde, um die Legionärslager von Augusta Praetoria (Aosta) und Forum Claudii Vallensium (Martigny) zu verbin-den. Dass der unerschrockene Karthager Hannibal mit seinem Heer und seinen berühmten Kampfelefanten den Mons Jovis benutzt haben soll, wird allenthalben auch vermutet, doch sehr wahrscheinlich hat er höchstens den Kleinen St. Bernhard benutzt oder – noch viel wahrscheinlicher – einen weniger hohen Pass in den Alpes Maritimes. Dem Jupitertempel auf der Passhöhe folgte später das erste christliche Hospiz, das im Jahr 972 von den Sarazenen zerstört wurde. Die Sarazenen, nordafrikanische Einwanderer, waren sich der Bedeutung dieses Passes sehr bewusst und hielten ihn während längerer Zeit. Leider hat sich der arabische Name, dem sie ihm sicher gaben, nicht in unsere Zeiten hinüberretten können.

Im Jahre 1050 gründete Bernhard von Menthon, ein Verwandter von Irmengard, der Gemahlin des Burgunderkönigs Rudolf III., ein neues Hospiz an der Stätte des zerstörten Baus auf dem Mont Joux, wie der Pass nun in der gallo-romanischen Version genannt wurde. Das Leben der Chorherren auf dem Pass nahm daraufhin einen Aufschwung, im 15. Jahrhundert wird von einer reichen Bibliothek auf der Passhöhe mit vielen liturgischen Schriften berichtet. Bernhard wurde heiliggesprochen und fortan zierte der Name des Schutzpatrons aller Berggänger den Namen des Passes. Die heutige Klosterkirche, 1685 erbaut, beinhaltet ein einzigartiges Chorgestühl und elf grossartige Deckenfresken des italienischen Malers Gnifeta, welche den Chorhimmel wie einen mystischen Kreis – ein Mandala – erscheinen lassen. Schliesslich werden zur gleichen Zeit etwa zum ersten Male die berühmten Bernhardinerhunde erwähnt, welche zahllose Verirrte und Verschüttete retteten. Der berühmteste Vertreter dieser mächtigen Hunderasse ist Barry I. Seine Seele weilt schon seit langer Zeit im Hundehimmel, sein Körper wurde jedoch ausgestopft und kann im Naturhistorischen Museum Bern bestaunt werden.

Der mächtige Grand Combin von Col des Chevaux (Tour 4)

Etappe 5

Ein Kaiserreich für ein Maultier!

Das Vieux Pays war früher ein Reich der Maultiere. Die Topographie des Landes begünstigte in hohem Masse die Haltung dieser Hybriden zwischen Eselhengsten und Pferdestuten, denn sie bewegen sich ausserordentlich sicher auf holprigen Wegen und leiden nicht unter Höhenangst. Als Saumtiere waren sie über viele Generationen völlig unentbehrlich, aber auch als Reittiere waren sie begehrt. Sogar Napoleon I. stieg am 20. Mai 1800 auf ein Maultier, um über den Grossen St. Bernhard zu reiten, die Kleinigkeit von 45000 Mann in seinem Gefolge.

Auf der heutigen Route werden wir aller Wahrscheinlichkeit nach ein Maultier zu sehen bekommen! Wir wandern auf lieblichen Alpen über den Col de Mille aus dem Val d'Entremont ins Val de Bagnes. Dabei werden wir auch noch relativ mühelos einen grossartigen Aussichtsberg besteigen, den Mont Brûlé.

T2	rund 7 Std.	▲ 840 m	▼ 369 m

Routencharakter und Schwierigkeit T2   Schöne bis sehr schöne, teilweise neu angelegte Wanderwege. Die Markierungen sind ebenfalls hervorragend, keine besonderen Schwierigkeiten sind zu erwarten.

Zeit rund 7 Std.
Bourg-St-Pierre – Col de Mille, 4½ Std.
Col de Mille – Cabane Brunet, 2¼ Std.

Ausgangspunkt   Bourg-St-Pierre. 1632 m. Bus ab Orsières, Fahrplanfeld 100.46. Office du Tourisme, 1946 Bourg-St-Pierre, Tel. 027 787 12 00. (Wenn keine Antwort: Tel. 027 787 12 71.)

Endpunkt   Cabane Brunet. 2103 m. Koordinaten 587 260 / 097 660. Der volle Name dieser beliebten Unterkunft ist: Cabane Marcel Brunet.

Auf dem Weg zur Cabane Brunet: schmaler Weg an steilem Hang

Tel. Hütte 027 778 18 10, Tel. Hüttenwart: Hervé Maret 027 778 11 85. Die Cabane Brunet liegt an der Alpstrasse von Lourtier zur Alp Pron Sery.

Einfachster Abstieg ins Tal   Nach Lourtier. 1087 m. Ein guter Weg, am Schluss der Strasse folgend, führt in gut 2 Std. über Plan Tornay und Barmasse hinunter nach Lourtier (1087 m).

Talort   Lourtier. 1087 m. Postauto nach Le Châble VS, Fahrplanfeld 133.45. Office du Tourisme Val de Bagnes, 1934 Le Châble VS, Tel. 027 776 16 82.

Karten   1345 Orsières, 1326 Rosablanche, 1346 Chanrion.

Verschiedenes   Unterkunfts- und Verpflegungsmöglichkeit unterwegs: die Hütte mit dem Maultier! Cabane du Col de Mille, Koordinaten 582 020 / 095 820. Tel. Hütte 079 221 15 16.

Sehenswürdigkeiten   Sehr schöne Rundsicht von Mont Brûlé, Maultier bei der Cabane du Col de Mille…

Die Route   Bourg-St-Pierre – Col de Mille – Cabane Brunet. Am Ende des Dorfs, vor der Post nach rechts und auf kleiner Strasse unter der «Autobahn» hindurch zum Hotel Bivouac Napoléon, wo der genannte Kaiser, sein Maultier und seine vielen Mannen anno 1800 eine Nacht verbrachten, wohlverstanden: nicht im Hotel, sondern im Biwak. Wir wandern an der

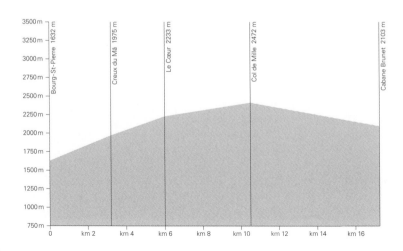

Kirche Notre Dame de Lorette vorbei. Nun nach rechts hinauf durch den Forêt de la Croix zur Alp Creux du Mâ (1975 m), 1½ Std. Wir wenden uns nach rechts (E) in ein Seitental und überschreiten zwei Arme des Torrent d'Allèves, unterhalb von Boveire d'en Bas (2230 m), von hier aus siehe auch Variante 1. Nun auf kleinem Weg etwas steil, dann wieder flach bis zur Alp Le Cœur (2233 m), 1 Std. von Creux du Mâ. Wir nehmen einen kleinen Weg nach rechts über Plan Palasui, der nach dem Talkessel langsam zu einem schönen, kleinen Pass aufsteigt: La Vuardette (2453 m). Von dort in steilem Gelände zunächst flach, dann in zwei Kehren hinauf zum Plan Souvéreu (2493 m). Der schöne Höhenweg führt nun über eine kleine Felsbarriere, P. 2563 und steigt schliesslich sanft zum Col de Mille (2472 m) ab, 2 Std. von Le Cœur. Hier befindet sich die Cabane du Col de Mille, Unterkunft für 40 Personen, Verpflegung – und ein Maultier! Dieses schleppt geduldig und zuverlässig die Harassen und Materialkörbe von Erra d'en Haut hier hinauf zu diesem herrlichen Platz.

Vom Col de Mille (2472 m) wenden wir uns nach rechts (E) und gelangen auf einem neuen, sehr schön angelegten Weg in 1¼ Std. bis zu einem kleinen See (2062 m) auf der Alp Servay. Von hier wandern wir auf einem sehr abwechslungsreichen Weg in zunehmend dichterer Vegetation bis zum P. 2001 bei La Ly, und von dort auf der Fahrstrasse zur Cabane Brunet (2103 m), 1 Std. von Servay.

Varianten   Hier eine interessante Alternative zur Tour über den Col de Mille: Von Bourg-St-Pierre auf beschriebener Route bis Boveire d'en Bas (2230 m), ca. 2 Std. Nun hoch über Boveire d'en Haut (2436 m) zu einem kleinen Pass (2643 m) östlich der Pte de Toules, 1¼ Std. Dann nach rechts in ein Gerölltal und in 1 Std. sehr steil hinauf zum Col de Lâne (3033 m). Einen Esel wird man hier kaum erblicken. Abstieg über Schneefelder (Schwierigkeit L) und einen Moränenkamm zu einer Alp mit einem eigenartigen Namen «en patois»: Nishliri (2492 m), 1½ Std. Von hier aus kann man entweder über Sery zur Cabane Brunet absteigen, 1 Std., oder über Les Plans zum Col des Avouillons und über diesen und den Glacier de Corbassière (Schwierigkeit L) direkt zur Cabane Bagnoud (2645 m), 2 Std. Diese Route ist insgesamt kürzer, es müssen jedoch mehr Höhenmeter im Aufstieg, ein wesentlich schlechterer Weg und Schneefelder in Kauf genommen werden. Schwierigkeit insgesamt T4, Schneefelder und Gletscher: L.

Gipfel T2   Mont Brûlé. 2572 m. Bevor Sie sich in der Cabane du Col de Mille an einen der Tische setzen, empfehlen wir noch folgende sehr lohnende Besteigung: vom Col de Mille auf dem Kamm bleibend in knapp ½ Std. zum Gipfel des Mont Brûlé (2572 m). Ausserordentlich schöne Rundsicht! Der Mont Brûlé wird auch von Le Châble aus besucht (821 m), und zwar

über Le Verney, Bonavaux, Le Larzay, Col de Chargerat und den breiten Nordgrat des Mont Brûlé, dafür muss man 7 Std. veranschlagen, Schwierigkeit
T2. Der Abstieg vom Gipfel zur Cabane du Col de Mille wird in
¼ Std. bewältigt.

Col de Mille – die Begegnung mit dem Maultier (Tour 5)

Sonnenaufgang bei Champex (Tour 3)

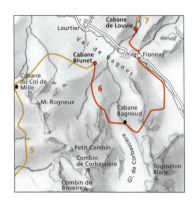

Von Kämmen, Spalten und Kerben

Diese Etappe wird uns über verschiedene Kämme, vorbei an
Gletscherspalten und auch hinunter in eine tiefe Talkerbe führen. Die Anstiege sind steil und
lang, die Abstiege teilweise
ebenso, machen Sie sich also
auf etwas gefasst! Aber am
Schluss wartet ein wirklich loh-
nendes Ziel, auf das Sie sich freuen können.

Wir steigen von der Cabane Brunet zunächst zum Col des Avouillons,
überqueren anschliessend den Glacier de Corbassière, steigen nach
einem Besuch der Cabane Bagnoud zum Col des Otanes hinauf,
nehmen den langen und steilen Abstieg zur Dranse de Bagnes und
nach Fionnay in Angriff, um schliesslich nochmals einen happigen
Aufstieg zur Cabane de Louvie zu bewältigen. Die Route ist zwar
anstrengend, aber sehr abwechslungsreich, zudem sind einige Alternativen möglich (siehe die zahlreichen Nebenrouten und Varianten).

T4	8 bis 9 Std.	▲ 1656 m	▼ 1519 m

Routencharakter und Schwierigkeit T4   Die Überschreitung des Glacier
de Corbassière ist sehr gut markiert, trotzdem: Schwierigkeit L. Eine Umge-
hungsmöglichkeit besteht, siehe Routentext.

Zeit 8 bis 9 Std.
Cabane Brunet – Cabane Bagnoud, 2 ¾ Std.
Cabane Bagnoud – Fionnay, 3 ½ Std.
Fionnay – Cabane de Louvie, 2 Std.

Ausgangspunkt   Cabane Brunet. 2103 m. Koordinaten 587 260 / 097 660.
Tel. Hütte 079 628 49 16. Die Hütte ist mit einer Strasse mit Lourtier
(1087 m) verbunden. Zu Fuss erreicht man sie vom Tal wie folgt: Zunächst
von Lourtier auf der Strasse über die Dranse de Bagnes, kurz darauf nach
rechts durch Wald, wieder über die Strasse und über eine Wiese hinauf

Cabane de Louvie: schöne Hütte an schöner Lage

zur nächsten Strassenkehre unterhalb von P. 1302. Nochmals durch Wald und nochmals über die Strasse (zum letzten Mal) und über Barmasse und Le Sâday sehr steil hinauf zum Plan Tornay (1764 m). Nach flacherem Abschnitt nochmals steil hinauf zur Cabane Brunet (2103 m), 2¾ Std., Schwierigkeit T2.

Talort   Lourtier. 1087 m. Postauto ab Le Châble VS, Fahrplanfeld 133.45. Office du Tourisme Val de Bagnes, 1934 Le Châble VS, Tel. 027 776 16 82.

Endpunkt   Cabane de Louvie. 2240 m. Koordinaten 589 790 / 099 400. Tel. Hütte 027 778 17 40 (wenn keine Antwort: 027 783 27 60).

Talort   Fionnay, 1491 m. Postauto nach Le Châble VS, Fahrplanfeld 133.45. Office du Tourisme Val de Bagnes, 1934 Le Châble VS, Tel. 027 776 16 82.

Karten   1346 Chanrion, 1326 Rosablanche.

Verschiedenes   Verpflegungsmöglichkeit und Unterkunft unterwegs: Cabane Bagnoud, Mauvoisin, Bonatchiesse, Fionnay.

Sehenswürdigkeiten   Glacier de Corbassière, eindrückliche Gletscherlandschaft am Grand Combin. Sehr schöner, elegant geschwungener Staudamm in Mauvoisin.

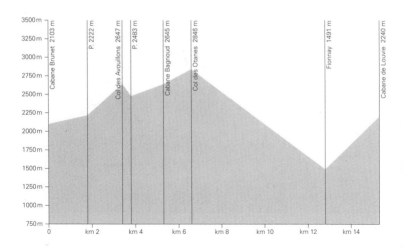

Die Route   Cabane Brunet – Cabane Bagnoud – Cabane de Louvie. Von der Cabane Brunet (2103 m) folgen wir zunächst der Alpstrasse bis zu den Ecuries de Sery (2233 m). Von dort links hinunter auf schönem Weg in eine Talverengung, über die Brücke beim P. 2222 und zur Alp Pron Sery (2242 m). Wir steigen nach links hinauf in ein enges Tal, das zunehmend mit Geröll ausgefüllt wird und gelangen nach 1¾ Std. zum Col des Avouillons (2647 m). Herrliche Sicht auf den eindrücklichen Eisstrom des Glacier de Corbassière. Unser nächstes Ziel sehen wir gegenüber auf dem Moränenkamm. Zunächst steigen wir steil ab zur westlichen Seitenmoräne des Gletschers und verlassen diese beim P. 2510, um auf den Gletscher selbst zu gelangen. Nun folgt die Überquerung des Gletschers (L), diese ist sehr gut weiss-blau-weiss markiert und führt grossräumig an tiefen Spalten vorbei, die Spur ist sehr gut angelegt und fast flach, trotzdem ist Vorsicht geboten! Auf der anderen Seite folgt ein kurzer und steiler Aufstieg zur Cabane Bagnoud (2645 m), Koordinaten 589 240 / 094 140, Tel. 027 771 33 22. Die Hütte ist auf der LK mit Cab. FXB-Panossière (François-Xavier Bagnoud) bezeichnet. Vom Col des Avouillons gelangt man in 1 Std. hierhin.

Eine zweite Route von der Cabane Brunet zur Cabane Bagnoud führt unterhalb des Gletschers durch. Von der Hütte steigt man über La Maye (2106 m) in das Gletschervorfeld hinunter überquert den Gletscherbach und steigt auf der anderen (E) Seite steil zum Hüttenweg, der von Fionnay herkommt. Nach 3 Std. kann die Cabane Bagnoud erreicht werden, Schwierigkeit T3. Zudem kann der Col des Avouillons auf der Route über La Maye, Quin, Luis Darray umgangen werden. Man trifft bei den Seen (2483 m) kurz vor der Gletscherüberquerung auf die obige Route.

Von der Cabane Bagnoud (2645 m), wenden wir uns nach SE und gelangen über den Moränenkamm flach zur Stelle, wo die alte Cabane Panossière CAS von einer Lawine zerstört wurde. Diese Lawine kam vom Col des Otanes hinunter, genau dorthin gehen wir jetzt. Es geht links (E) sehr steil hinauf in ein Gerölltal, wo bald auffallend gelbliche Felsen die Umgebung zieren. Man kommt zu einem ersten kleinen Pass, von diesem flach zum Hauptpass, Col des Otanes (2846 m), 1 Std. Zunächst weiter in NE-Richtung, steil hinunter über Trümmerfeld in von Steinbuckeln durchsetzte, flachere Grashalden. Dort nach rechts bis zum P. 2520, vor Les Catiaires. Dort verlassen wir den Hauptweg, der nach Mauvoisin führt, und steigen steil nach links (E) hinunter über die Alp Grand Tita (1991 m), dann flacher durch Büsche und kleine Lärchen bis in den Talgrund: Bonatchiesse (1577 m), 2 Std. vom Pass. Wir bleiben vorerst links (W) der Dranse de Bagnes, wandern eine ½ Std. talaus bis kurz vor Fionnay, wo wir den Bach überqueren und zu diesem schmucken Feriendorf mit einigen Installationen zur Gewinnung von Elektrizität gelangen: Fionnay (1491 m).

Wir gehen zwischen den Ausgleichsbecken hindurch, unterschreiten eine Lawinenverbauung und steigen bei La Heu steil hinauf in das Couloir des Montis. Nun am sehr steilen Hang entlang und über Weide bis zum Plan du Tsenau. Von dort fast flach in ebenem Gelände zur Cabane de Louvie (2240 m), 2 Std.

Varianten

Variante 1   Wer am Vortag vielleicht über den Col de Lâne bis zur Cabane Bagnoud gewandert ist, dem sei folgende Alternative empfohlen: auf dem beschriebenen Pfad über den Col des Otanes bis zum P. 2520. Nun dem Hauptweg folgend über die Alp La Tseumette (2297 m) bis Pazagnou (2147 m), 2 Std. von der Cabane Bagnoud. Wir gehen nun links steil im Schattenhang hinunter in ¾ Std. bis Mauvoisin (1841 m), Hotel, Postauto nach Le Châble VS. Wir folgen zuerst dem alten Weg, der die Kehren der Strasse abkürzt, unterhalb von La Vacheresse überqueren wir die Brücke und wandern ca. 700 m auf der Strasse talaus bis zum Torrent de Merdenson. Dort nach rechts (E) hinauf, immer steiler zur Ecurie du Vasevay (2155 m), 1 ½ Std. von Mauvoisin. Zunächst flach auf Hangweg, dann leicht ansteigend auf eine schöne Kanzel, Ecurie du Crêt (2298 m). Nach dieser Kanzel nach rechts (NE) in flacheres Gelände, dann über Les Corbes steil zu einem Pass (2622 m) östlich der Tête du Sarshlau, 1 ¼ Std. von Vasevay. Wir steigen in ein Gerölltal ab und halten nach P. 2422 (kleiner See) rechts nach Le Dâ (2365 m). In steilerem Gelände gelangen wir in 1 Std. auf einem guten Weg zum Col du Bec d'Aigle (2567 m). Nun sehen wir unter uns den Lac de Louvie und die Cabane de Louvie (2240 m), die wir in ½ Std. erreichen. Etwa 7 Std. von der Cabane Bagnoud, Schwierigkeit T4. Viele Höhendifferenzen, aber sehr eindrucksvolle, wilde Gegend!

Variante 2   Wer den Col des Otanes vermeiden oder ganz einfach den Tag etwas kürzer gestalten möchte, der kann auf dem Hüttenweg von der Cabane Bagnoud nach Fionnay absteigen, 2 ½ Std. Von dort auf beschriebener Route zur Cabane de Louvie (2240 m). Cabane Brunet – Cabane de Louvie auf dieser Route: 7 ¼ Std., Schwierigkeit T3.

II Bagnes – St. Niklaus

Durch das Land der weissen Kohle

Der zweite Abschnitt der Haute Route Forclaz – Furka führt uns durch das Land der «weissen Kohle». Schon in Mauvoisin staunen wir über das technische Meisterwerk, diese herrlich geschwungene Mauer mit dem Stausee dahinter. Gänzlich den Atem verschlägt jedoch die gewaltige Gewichtsmauer der Grande Dixence. Danach wenden wir uns Arolla und dem Val d'Hérens zu, wandern durch das Val de Moiry hinüber nach Zinal. Dieses Dorf ist zugleich das letzte auf dieser Tour, in dem man Französisch spricht. Es folgt nämlich auf der Forcletta/Furggilti die Sprachgrenze und das Turtmanntal. Schliesslich überqueren wir eine weitere Hürde, den Augstbordpass, der uns direkt ins Mattertal führt.

Jeder Tag dieses Abschnitts hält mindestens einen Pass für uns bereit. Meist übernachten wir in Hütten, in Arolla oder Zinal auch im Tal. Die Höhendifferenzen sind teilweise beträchtlich, doch sind bei einzelnen Touren «Abkürzungen» in Form von Postautos oder Luftseilbahnen möglich. Für diesen Abschnitt sind sechs Tage zu veranschlagen.

Die Tagesetappen

7 Cabane de Louvie – Cabane de Prafleuri
Vom Paradies durch die Wüste zur Blumenwiese

8 Cabane de Prafleuri – Cabane des Dix CAS – Arolla
Der Tresor der weissen Kohle
Das Wasserschloss

9 Arolla – Col du Tsaté – Cabane de Moiry CAS
Im Eringertal
Der Eringertal in der guten alten Zeit

10 Cabane de Moiry CAS – Col de Sorebois – Zinal
Im Eifischtal – und noch nicht ganz

11 Zinal – Forcletta/Furggilti – Turtmannhütte SAC
Über die Sprachgrenze
Die Massenerhebung

12 Turtmannhütte SAC – Augstbordpass – St. Niklaus
Halbzeit!

Etappe 7

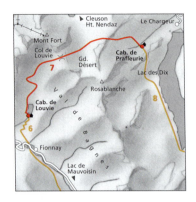

Vom Paradies durch die Wüste zur Blumenwiese

Die Berglandschaft zwischen dem Val de Bagnes und dem Val d'Hérémence besteht nicht etwa aus einem scharfen Kamm, der die Täler trennt, sondern in einer eher komplexen Anordnung von vielen Kämmen und Graten, zwischen denen eine grössere Anzahl von kleineren Gletschern eingebettet liegen. Die Hauptgipfel heissen Mont Fort und Rosablanche und sind im Winter beliebte Ausflugsziele der Skifahrer. Genau zwischen diesen zwei Gipfeln hindurch führt unsere Route.

Von der beinahe paradiesisch gelegenen Cabane de Louvie steigen wir zunächst zum Col de Louvie auf. Danach überqueren wir den Gletscher mit dem vielversprechenden Namen «Grand Désert». Über eine Felskanzel erreichen wir den Col de Prafleuri, hinter dem sich unser heutiges Etappenziel versteckt, die Cabane de Prafleuri. Die Etappe ist nicht sonderlich anstrengend, es hat aber einige heikle Passagen, die auf uns warten.

T4	6 bis 7 Std.	▲ 780 m	▼ 327 m

Routencharakter und Schwierigkeit T4   Bei schlechten Sichtverhältnissen oder Nebel ist ein überdurchschnittliches Orientierungsvermögen gefragt. Der Grand Désert-Gletscher muss zudem an seinem unteren Ende traversiert werden, zudem sind Firnfelder auf der Westseite des Col de Prafleuri zu erwarten. Dort Schwierigkeit L.

Zeit 6 bis 7 Std.
Cabane de Louvie – Col de Louvie, 3 ¼ Std.
Col de Louvie – Col de Prafleuri, 2 Std.
Col de Prafleuri – Cabane de Prafleuri, 1 Std.

Ausgangspunkt   Cabane de Louvie. 2240 m. Koordinaten 589 790 / 099 400. Tel. Hütte 027 778 17 40 (wenn keine Antwort 027 783 27 60).

Im Aufstieg zum Col de Louvie: Grand Combin und Combin de Corbassière

Zugang zur Hütte ab Fionnay (1491 m), beim Auffangbecken 1492 m links hinauf über La Heu und über das Couloir des Montis hinauf zu einer Aussichtskanzel bei P. 1859. Jetzt nach rechts (NE) über steile Weiden hinauf zur Cabane de Louvie (2240 m), 2 Std. Schwierigkeit T3.

Talort   Fionnay. 1491 m. Postauto von Le Châble VS, Fahrplanfeld 133.45. Office du Tourisme Val de Bagnes, 1934 Le Châble VS, Tel. 027 776 16 82.

Endpunkt   Cabane de Prafleuri. 2660 m. Koordinaten 595 410 / 102 610. Tel. Hütte 027 281 17 80 (wenn keine Antwort: 079 628 46 32).

Einfachster Abstieg ins Tal   Nach Le Chargeur/Dixence. 2141 m. Von der Cabane de Prafleuri (2660 m) gehen wir in NE-Richtung auf einem schönen Weg bis zum P. 2410, von wo die gewaltigen Ausmasse der Barrage de la Grande Dixence sichtbar werden. Wir gehen nach rechts in Richtung Staudamm und erreichen die Bergstation der Seilbahn, 45 Min. Dort kann man einsteigen, oder in 30 Min. rechts der Fahrstrasse unter dem eindrücklichen, 249 Meter hohen Damm nach Le Chargeur (2141 m) wandern.

Talort   Le Chargeur/Dixence. 2141 m. Postauto nach Hérémence und Sion, Fahrplanfeld 135.66. Office du Tourisme, 1987 Hérémence, Tel. 027 281 15 33.

Karte   1326 Rosablanche.

Verschiedenes   Keine Verpflegungsmöglichkeit unterwegs.

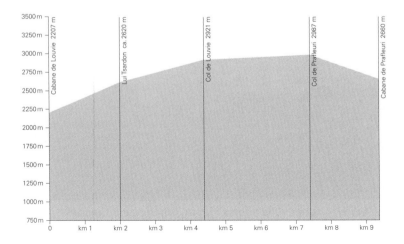

Sehenswürdigkeiten   Sehr schöne und wilde Landschaft, Flora und Fauna, mehrere grossartige Aussichtspunkte unterwegs. Oberhalb Prafleuri sind die ehemaligen Abbau- und Aushubzonen für Gestein zu sehen, das für den Bau der Staumauer verwendet wurde.

Die Route   Cabane de Louvie – Cabane de Prafleuri. Wir verlassen die Cabane de Louvie (2240 m) und schlendern rechts des Lac de Louvie (2213 m) vorbei zu den Alphütten von Louvie (2215 m). Nun gehen wir dem linken (W) Hang entlang hinauf zum Plan da Gole (2418 m), dort wenden wir uns nach links hinauf zunehmend in Geröll über Lui Tsardon zum Höhenweg (ca. 2630 m), der von der Cabane du Mont Fort CAS herkommt, 1½ Std. Jetzt verfolgen wir diesen Weg nach rechts (NE). Er steigt kaum, weshalb wir die Geröllhalden südlich des Mont Fort-Massivs bald erreichen, von dort folgt ein kurzer Aufstieg zu Col de Louvie (2921 m), 1¾ Std.

Nach einem kurzen Abstieg über Geröll gelangen wir auf die untersten Abschnitte des Grand Désert. Wir traversieren den Gletscher und steigen links am Seelein bei P. 2826 vorbei auf die Felskanzel westlich des Grand Mont Calme. Auf einem kleinen Pfad, der nicht immer erkennbar ist, gelangen wir zu einem kurzen Abstieg auf ein weiteres Gletscherfeld, an dessen unteren Ende drei kleine Seelein links umgangen werden. Von dort kurzer Anstieg zum Col de Prafleuri (2987 m), 2 Std.

Ein kurzer, steiler Abstieg bringt uns in flachere, terrassenartig aufgebaute Geröllstufen. Dies sind die Narben, die beim Gesteinsabbau für den Bau der Dixence-Staumauer entstanden sind. Beim P. 2785 erreichen wir wieder die Grasnarbe und die Blumenwiesen und kurz darunter die Cabane de Prafleuri (2660 m), 1 Std.

Variante   Die obige Route kann man auch von der Cabane du Mont Fort CAS (2457 m) (Koordinaten 587 810 / 103 570, Tel. Hütte 027 778 13 84) erreichen. Von der Hütte steigen wir hinunter zur Wasserleitung, die nach Ruinettes führt. Wir gehen links (E) und umgehen den Kessel von Patiéfray. Etwas flach, dann leicht steigend zum P. 2499, nun wieder nach links (SE) dem Hang von La Perraire entlang über P. 2580 (kleine Felsstufe) zum Col Termin (2648 m). Dort nochmals nach links dem Hang entlang zur Route von der Cabane de Louvie, die wir auf etwa 2630 m erreichen, 2 Std. von der Cabane du Mont Fort CAS.

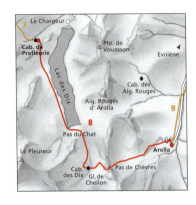

Etappe 8

Der Tresor
der weissen Kohle

Die Grenze zwischen dem Val des Dix und dem Val d'Hérens wird durch den klaren Kamm von der teilweise vergletscherten Pointe de Vouasson über die fein gezackten Aiguilles Rouges d'Arolla hinauf zum Skiberg Pigne d'Arolla gebildet. Diese Hürde gilt es auf dieser Tour zu meistern. Wir benutzen dabei einen Passeinschnitt, der eher einem Klettersteig gleicht.

Der Weg führt uns vom Val d'Hérémence über das Val des Dix in das Val d'Hérens hinüber. Dabei kommen wir zunächst am kolossalen Stausee der Dixence (Lac des Dix) vorbei, dem eigentlichen Zentrum der Elektrizitätsgewinnung im Wallis. Hier wird die «weisse Kohle» gehortet. Wir verpflegen uns vielleicht danach in der Cabane des Dix CAS, queren den Glacier de Cheilon und steigen über die Felsbarriere des Pas de Chèvres nach Arolla hinunter. Eine schöne, abwechslungsreiche Führe, deren Mitteilteil einige Vorsicht, Vorbereitung und Orientierungssinn verlangt.

T4	7 Std.	▲ 687 m	▼ 1349 m

Routencharakter und Schwierigkeit T4   Zwischen der Cabane des Dix und dem Pas de Chèvres ist der Glacier de Cheilon auf einer markierten Spur zu überqueren, diese ist bei gutem Wetter einsehbar, bei Nebel jedoch kann die Orientierung schwierig werden. Schwierigkeit L.

Zeit 7 Std.
Cabane de Prafleuri – Cabane des Dix CAS, 4 ¼ Std.
Cabane des Dix CAS – Pas de Chèvres, 1 Std.
Pas de Chèvres – Arolla, 1 ¾ Std.

Ausgangspunkt   Cabane de Prafleuri. 2660 m. Koordinaten 595 410 / 102.610. Tel. Hütte 027 281 17 80 (wenn keine Antwort 079 628 46 32). Zugang zur Hütte ab Le Chargeur/Dixence (2141 m) zunächst in Rich-

Cabane des Dix CAS: Verpflegungs- oder Etappenort

tung des Staudamms, an einer Kapelle vorbei und dicht an der Mauer auf Zickzackweg in knapp 1 Std. bis unterhalb Seilbahnstation Lac des Dix (2433 m). Die Seilbahn darf man natürlich auch benutzen. Nun nach rechts (NW) hinaus auf den Kamm zum P. 2410 und von dort hinauf und nach links (SW) auf schönem, wenig steigendem Weg in 1 Std. zur Cabane de Prafleuri (2660 m).

Talort   Le Chargeur/Dixence. 2141 m. Postauto ab Sion, Hérémence, Fahrplanfeld 135.66. Office du Tourisme, 1987 Hérémence, Tel. 027 281 15 33.

Endpunkt   Arolla. 1998 m. Sehr schöner Ferienort zuhinterst im Val d'Arolla, einem Seitental des Val d'Hérens, wegen der vielen Möglichkeiten bei den Alpinisten sehr beliebt. Postauto nach Les Haudères, Fahrplanfeld 135.71. Postauto ab Les Haudères nach Sion, Fahrplanfeld 135.70. Office du Tourisme, 1986 Arolla, Tel. 027 283 10 83.

Karten   1326 Rosablanche, 1346 Chanrion, 1347 Matterhorn.

Verschiedenes   Unterkunfts- und Verpflegungsmöglichkeit unterwegs: Cabane des Dix CAS (2928 m), Koordinaten: 598 380 / 095 500. CAS Section Monte Rosa, 1950 Sion, Tel. Hütte 027 281 15 23.

Sehenswürdigkeiten   Stausee der Dixence (Lac des Dix), enormes Staubecken in einer sehr eindrücklichen Hochgebirgslandschaft.

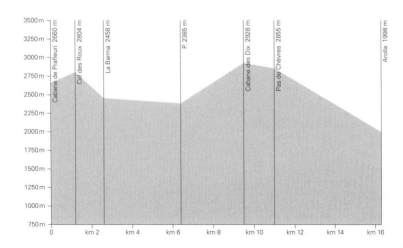

Die Route   Cabane de Prafleuri – Cabane des Dix CAS – Arolla. Von der Cabane de Prafleuri (2660 m) wandern wir in einer öden Gegend in einer guten ½ Std. hinauf zum Col des Roux (2804 m). Von hier können wir den Lac des Dix einsehen. Es geht über Geröllhalden hinunter zu einer Alphütte bei P. 2575, dort noch etwas geradeaus (S) und bei einem kleinen Bach von rechts (W) gehen wir links (E) hinunter zur Alphütte von La Barma (2458 m), knapp ¾ Std. Über die Weiden gehen wir weiter zum Signal (2421.7 m) und erreichen den Seeweg, der uns fast auf gleicher Höhe über schöne Weiden zur Brücke beim P. 2385 am oberen Ende des Sees geleitet, 1 Std. Nun nehmen wir den rechten Weg, der uns über den Pas du Chat (Ketten, etwas heikel) hinauf zum P. 2555 bringt. Bald darauf erreichen wir ein kleines Bächlein und die alte Seitenmoräne des Glacier de Cheilon, der wir bis zum P. 2790 folgen, dort zweigen wir nach rechts (SW) ab und umgehen die Tête Noire westlich über einen kleinen Moränenrücken bei P. 2957, dahinter folgt ein kurzer Abstieg zur Cabane des Dix CAS (2928 m), 2 Std.

Über die Leitern des Pas de Chèvres (Tour 8)

Von der Cabane des Dix CAS (2928 m) steigen wir in südlicher Richtung über Moränenhänge steil hinunter zum Glacier de Cheilon. Diesen überqueren wir nun in NE-Richtung (weiss-blau-weiss markierter Pfad, Vorsicht: Spalten). Am anderen (E) Ufer steigen wir nach rechts (S) über Geröll zum Fuss einer kleinen Felswand, die mit Eisenleitern und Stiften eingerichtet wurde. Auf diesem Klettersteig erreichen wir den Pas de Chèvres (2855 m), 1 Std.

Auf der östlichen Seite dieses Passes betreten wir nach steilem Abstieg über Felsen und Geröll ein kleines Tal, wo wir bald den Weg vom Col de Riedmatten (siehe Variante) einbiegen sehen. Wir steigen in eine Weide hinunter über P. 2581 und 2540 zum Steg, der den Bach von Fontanesses überspannt. Nun links (N) des Bachs zur Alp La Remointse (2399 m), 1 Std. Nun über Les Kiosses nach Tsijore Nouve, von dort im Wald bis nach Arolla (1998 m), ¾ Std. Wer es gemütlicher angehen möchte, kann die Etappe auf der Cabane des Dix sinnvoll unterbrechen.

Variante T3   Diese Tour kann wie folgt etwas abgekürzt werden. Zunächst von der Cabane de Prafleuri in 2¼ Std. auf oben beschriebenem Weg dem See entlang bis zum P. 2385 am oberen Ende des Lac des Dix. Nun bleiben wir auf dem unteren Weg, der dem See-Ende entlang führt. Beim P. 2372 betreten wir die lange Hängebrücke und gelangen an das andere Ufer des letzten Seearms. Dort nach dem Haus nach rechts (SE) über die Hänge von Le Giétret, beim P. 2570 am Bach vorbei in die Geröllhänge, die von den Monts Rouges herunterkommen. Nun wird es bald etwas flacher, und der Fuss des Col de Riedmatten wird sichtbar. Wir wenden uns nun links (E) auf einem steilen Weg zu diesem 2919 m hohen Pass, knapp 2 Std. vom P. 2385. Abstieg kurz über Fels, dann in steilen Weiden zum Weg, der vom Pas de Chèvres herunterkommt und auf oben beschriebener Hauptroute nach Arolla. Gesamtzeit Cabane de Prafleuri – Arolla: 6 Std.

Das Wasserschloss

Eine der eindrücklichsten von Menschenhand geschaffenen Sehenswürdigkeiten des Wallis ist zweifelsohne die Barrage de la Grande Dixence. Auf unserer heutigen Tour von Prafleuri nach Arolla bilden diese gewaltige Gewichtsmauer und die dahinter aufgestauten Wassermassen einen ständigen Merkpunkt. Wer von Le Chargeur zur Cabane de Prafleuri wandert, dem sei der steile Fussweg sehr ans Herz gelegt, denn dieser führt sehr nahe an dieser gigantischen Betonmasse hinauf. Mit der Langsamkeit des eigenen Schritts wird die gesamte Dimension dieses Bauwerks, dieses technischen Wunders, erst einigermassen erfassbar.

Dort, wo es Gefälle gibt, entsteht durch die Schwerkraft der Erde Fliessenergie. In unseren Bergen bestehen dafür die idealen Voraussetzungen: grosse Gefälle werden ergänzt durch das Vorhandensein des Rohstoffes Wasser. Nicht zuletzt darum wird die Schweiz auch als das Wasserschloss Europas bezeichnet. Nachdem die Menschen auf die Idee kamen, die Entdeckung der Elektrizität für sich zu nutzen, war man schnell zur Stelle, als es galt, sichere und effiziente Produktionsstätten für die «weisse Kohle» zu schaffen. Natürlich boten sich die menschenleeren, weiten Hochtäler des Wallis dafür an wie kaum andere. Das Val des Dix, die durch eine markante Talstufe getrennte obere Fortsetzung des Val d'Hérémence, war laut der Sage ein unheilvoller Ort. Zehn böse Gesellen sollen dort in einem Urwald gehaust haben, von wo sie regelmässig in die Dörfer hinunterstiegen, um Schaden anzurichten und die Menschen zu berauben. Die «Zehn» (les Dix) waren eine berüchtigte Bande, und es mag sein, dass auch aufgrund dieser alten Angst das ehemalige Tal und seine Unholde buchstäblich im Wasser ersäuft werden mussten. Zwischen 1929 und 1935 wurde die erste Staumauer gebaut, eine elegant gebogene Konstruktion, die 50 Millionen Kubikmeter Wasser blockieren konnte. Bei Niedrigwasser des Lac des Dix ist die Krone dieser alten Mauer zeitweise noch zu sehen. Der Bau dieser ersten Mauer brachte einen wirtschaftlichen Aufschwung in die ehemals sehr armen Südtäler des Wallis. Doch als die Stromkonsumation durch die zunehmende Industrialisierung markant zunahm, überlegte man sich, wie man dieses Staubecken optimieren könnte.

Die Talenge zwischen dem Mont Blava und der Pointe de Vouasson bot sich abermals an, dieses Mal jedoch für ein absolutes Wunderwerk. Es wurde eine Gewichtsmauer gebaut, die in ihren Ausmassen alles in den Schatten stellte, was man bisher kannte: sie ist 249 Meter hoch, hat an ihrer Basis eine Breite von 198 Metern, die Krone ist 15 Meter breit. Für den Bau zwischen 1950 und 1965 wurden insgesamt 6 Millionen Kubikmeter Beton verwendet, an einzelnen Tagen wurden manchmal zu 10 000 Kubikmeter davon verarbeitet. Zeitweise arbeiteten an diesem pionierhaften Projekt bis zu 3300 Menschen. Das Gesteinsmaterial wurde oberhalb von Prafleuri abgebaut. Von dort sind gut 9 Millionen Kubikmeter Moränenschutt zur Baustelle geschafft und dort zerkleinert worden. Diese Mauer hat eine Staukapazität von rund 400 Millionen Kubikmeter Wasser. Nun ist das Einzugsgebiet des Val de Dix jedoch nicht gross genug, um solch einen See innert nützlicher Frist zu füllen. Deshalb wurde ein ganzes Netz von Zuleitungsstollen konstruiert, welche das Wasser aus Entfernungen von über 120 Kilometern diesem eindrücklichen Wasserschloss zuführt. Die Dixence und ihr Verbund gehört heute zum eigentlichen Rückgrat und Vorzeigeobjekt der schweizerischen Elektrizitätswirtschaft. Ob sie allerdings heute noch in dieser titanischen Form gebaut werden könnte, ist eine andere Frage.

Das Nährgebiet des Wasserschlosses, die Gletscher der Walliser Alpen

Blick aus der Cabane des Dix CAS zum Mont Blanc de Cheilon

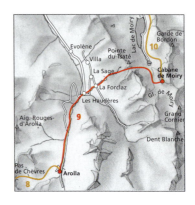

Im Eringertal

Wir befinden uns nun im Zentralwallis. Die an ihrem Ende im Rhonetal stattlichen Täler verästeln sich im Gebirge in zahlreiche kleinere Seitentäler, die teilweise andere Namen tragen, obwohl sie Fortsetzungen der Haupttäler sind. In den schmucken Dörfern wird da und dort noch das originale Patois gesprochen. Die Berge bestehen hier mehrheitlich aus schroffen Felszacken, die im Süden von den grossen Gletscherbergen wie dem Mont Collon, dem Grand Cornier und der alles dominierenden Dent Blanche abgeschlossen werden.

Wir verlassen das Val d'Arolla und setzen ab La Forclaz unsere Haute Route in Richtung Osten fort. Dieser Ort kann natürlich auch mit dem Postauto ab Arolla via Les Haudères erreicht werden, dies als Tip für eine erhebliche zeitliche Abkürzung. Über sehr ausgedehnte Weidegebiete steigen wir hinauf zum alpinen Col de Tsaté, um dahinter in das beschauliche, von einem eindrücklichen Gletscher beherrschte Val de Moiry abzusteigen. Ganz am Schluss folgt noch der sehr steile Anstieg zum Tagesziel, der Cabane de Moiry CAS.

T3	9 Std.	▲ 1694 m	▼ 867 m

Routencharakter und Schwierigkeit T3   Die beschriebene Hauptroute enthält die Überquerung des Glacier de Moiry, dort gilt Schwierigkeit L. Eine Umgehung ist als Variante beschrieben.

Zeit 9 Std.
Arolla – La Forclaz, 3½ Std.
La Forclaz – Col du Tsaté, 3¾ Std.
Col du Tsaté – Cabane de Moiry CAS, 1¾ Std.

Ausgangspunkt   Arolla. 1998 m. Postauto ab Sion nach Les Haudères, Fahrplanfeld 135.70. Postauto ab Les Haudères nach Arolla, Fahrplan-

In Les Haudères: traditionelles Walliser Haus

feld 135.71. Postauto ab Les Haudères nach La Forclaz, Fahrplanfeld 135.72.
Office du Tourisme, 1986 Arolla, Tel. 027 283 10 83

Endpunkt   Cabane de Moiry CAS. 2825 m. Koordinaten 612 130 /
104 380.CAS Section Montreux, 1820 Montreux, Tel. Hütte 027 475 45 34.

Einfachster Abstieg ins Tal   Nach Grimentz. 1564 m. Vom Col du Tsaté
(2868 m) hinunter nach Bayenna, nun anstatt nach rechts (S) zur Cabane
de Moiry CAS, wengen wir uns hinunter in den Talboden, folgen der Goygra
bis zum Lac de Moiry, den wir links (W) umgehen. Am rechten (E) Ende
der Dammkrone (2250 m), 1¾ Std., wartet das Postauto, das uns nach Grimentz bringt.

Talort   Grimentz. 1564 m. Sehr malerischer Ort mit vielen alten Walliserhäusern, auf einer Sonnenterrasse am Eingang des Val de Moiry gelegen.
Postauto nach Vissoie und Sierre, Fahrplanfeld 100.77.Office du Tourisme,
3961 Grimentz, Tel. 027 475 14 93.

Karten   1347 Matterhorn, 1327 Evolène.

Verschiedenes   Unterkunfts- und Verpflegungsmöglichkeiten unterwegs
in Les Haudères und La Forclaz.

Sehenswürdigkeiten   Hübsche Dörfer im Val d'Hérens (Evolène, Lana,
Les Haudères, La Forclaz), unvergesslicher Blick auf die alles dominierende
Dent Blanche.

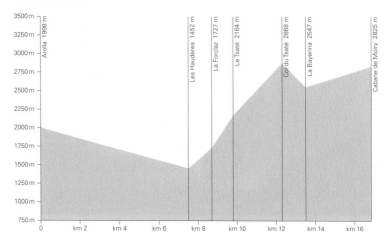

Die Route   Arolla – Col du Tsaté – Cabane de Moiry CAS. Von Arolla (1998 m) nehmen wir den Weg hinunter nach La Monta (1888 m). Nach der Siedlung rechts (E) der Strasse zu einer Brücke über die Borgne d'Arolla, nun rechtsufrig (E) nach Pramousse (1837 m). Wir bleiben auf dem rechten Ufer und gelangen nach Satarma (1808 m), wo wir nach 1 Std. die Brücke auf das linke (W) Ufer des Bachs überqueren. Nun folgen wir während ca. 1 km der Strasse, nach La Gouille (1834 m) geht es rechts etwas hinunter. Bald erreichen wir Wald und die Kapelle St-Barthélemy (1823 m). Von dort geht es etwas steiler hinunter durch Wald, dann über die Weiden von La Ventura. Bei Pralovin (1447 m) erreichen wir nach 1½ Std. den Talboden und Les Haudères (1452 m). Als Abkürzung kann das Postauto empfohlen werden. Nun wenden wir uns dem Hang zu, der sich östlich des hübschen Dorfes auftürmt. Auf einem Zickzackweg überqueren wir bald die Strasse und steigen weniger steil in 1 Std. nach La Forclaz auf ca. 1710 m. Auch hierher fährt regelmässig ein Postauto von Les Haudères (Fahrplanfeld 135.72).

Nun verlassen wir aber definitiv diese bequemen Infrastrukturen und steigen zum P. 1731 an der Strasse nach La Sage und Villa. Dort hinauf über Weide und durch Wald, später unter einem Skilift hindurch bis Motau (1918 m). Wir bleiben kurz rechts (S) des Bachs, überqueren diesen und steigen sehr steil über Weide am Waldrand bis an die Waldgrenze. Bei einem grösseren Bächlein gehen wir rechts (SE) nach Le Tsaté (2164 m), 1½ Std. Rund um uns ausgedehnte Weidelandschaft. Wir bleiben in östlicher Richtung und steigen in 1 Std. auf den Alpwiesen auf bis Remointse du Tsaté (2480 m). Nun etwas flacher links (N) an einem See (P. 2502) vorbei zu einer Weggabelung. Links (NE) geht es zur Pointe du Tsaté (3077,7 m), schöner Aussichtsgipfel (siehe Gipfelvariante). Wir gehen nach rechts (E) in einen enger werdenden Geröllkessel und steigen dort hinauf zum Col du Tsaté (2868 m), 1¼ Std.

Es folgt ein steiler Abstieg zur Alp La Bayenna (2619 m). Beim See (2547 m) wenden wir uns nach rechts (S) und steigen bis fast zu einem Moränenkamm ab, den wir unterhalb von P. 2474 erreichen. Wir gehen südlich durch eine Mulde zwischen Moräne und Berghang und gelangen an deren Ende wieder auf einem Moränenkamm, dem wir über den P. 2687 hinaus folgen. Wir befinden uns nun auf dem westlichen Ufer über dem Glacier de Moiry. Auf Wegspuren steigen wir hinunter zum Gletscher, den wir den Markierungen nach in östlicher Richtung überqueren. Am rechten (E) Ufer angelangt, nehmen wir die Wegspuren, die uns über steilen Moränenschutt zur Cabane de Moiry CAS (2825 m) führt, 1¾ Std. vom Pass.

Variante   Wer den Glacier de Moiry nicht überschreiten möchte, kann folgende Alternativroute benutzen: Vom Col du Tsaté (2868 m) steil hinunter zur Alp La Bayenna. Beim See (2547 m) gehen wir nun aber links (NE) steil hinunter zu einem grossen Doppelsee, der im Talgrund liegt. Bis dorthin führt auch die Strasse von Grimentz über den Stausee von Moiry. Wir umgehen diesen See (2349 m) links (N) und steigen langsam hinauf über steiler werdende Weiden in die Hänge unterhalb der Aiguilles de la Lé. Nach dem P. 2590 folgt ein kurzes Steilstück, das auf einem Zickzackweg überwunden wird. Bald darauf erreichen wir die auf einem schönen Sporn gelegene Cabane de Moiry CAS (2825 m), 2½ Std. vom Pass.

Gipfel T3   Pointe du Tsaté. 3077,7 m. Wer von La Forclaz aus startet, kann diesen schönen Aussichtsgipfel noch «mitnehmen», der Umweg von Remointse du Tsaté ist nicht sehr gross, aber er lohnt sich. Von Remointse du Tsaté (2480 m) gehen wir am See bei P. 2502 vorbei und nehmen bei der folgenden Weggabelung den linken Weg, der uns in Richtung N führt. Bald stehen wir am Ufer eines herrlichen Bergseeleins, Lac du Tsaté (2687 m). Nun steigen wir links auf gutem Weg steil hinauf zum SW-Kamm des Berges, den wir knapp unterhalb des Gipfels erreichen. Wir folgen diesem Kamm auf Wegspuren in Geröll bis zur Pointe du Tsaté (3077,7 m), 2 Std. Abstieg auf gleicher Route bis zum Lac du Tsaté (2687 m), dort aber links (S) zu einer Felsstufe, über die wir die Passroute erreichen. Im beschriebenen Geröllkessel hinauf zum Col du Tsaté (2868 m), 1½ Std., von Remointse du Tsaté über den Gipfel zum Pass 3½ Std.

Das Eringertal in der guten alten Zeit

Gestatten Sie zunächst eine kleine Vorbemerkung: Die folgenden Ausführungen gelten für das Dorf Mase (1345 m) im unteren Eringertal (Val d'Hérens). Sinngemäss sind die geschilderten Verhältnisse praktisch auf alle Dörfer dieses Tals (oder auch anderer Walliser Täler) übertragbar.

Mase liegt am Eingang des Eringertals auf einer Sonnenterrasse. Im Mittelalter war es Untertanengebiet verschiedenster Herren; diese wechselvolle Geschichte endete im 14. Jahrhundert, als der Bischof und das Kapitel die Herrschaftsrechte über diesen Ort erwarben. Die Verwaltung wurde durch einen Chorherrn besorgt. Dieser Zustand dauerte bis 1798, dem Ende der Feudalzeit. In diesem bedeutenden Jahr hatte Mase 219 Einwohner. Das Leben der «Marsats», erfuhr seit jener Zeit bis zu Beginn des 20. Jahrhunderts keine tiefschürfenden Veränderungen. Es wurde eine auf Selbstversorgung basierende Landwirtschaft auf Terrassenfeldern betrieben, wogende Kornfelder waren bis auf 1450 Meter Höhe die Regel. Aprikosenbäume brachten guten Ertrag, allerdings wurden die Früchte erst im September reif. Daneben wurde Flachs und Hanf angebaut, die Tuchweberei in Heimarbeit war ein wichtiger Bestandteil der Tätigkeiten der Frauen, auf deren Schultern im übrigen die Gemeinschaft ruhte. Wirtschaftliche Not zwang die meisten Männer nämlich, im Sommer jeweils nach Savoyen oder ins Aostatal zu wandern, um dort als Sennen zu arbeiten, derweil die Frauen im heimischen Dorf alle Pflichten zu erledigen hatten. Die Arbeitstechniken waren äusserst archaisch, alles war mit hartem körperlichem Effort verbunden, die Ernte musste von den Menschen oder im besten Fall von Maultieren nach Hause getragen werden.

Die Marsats unterhielten auch Rebkulturen in den heissen Niederungen des Rhonetals. Die reifen Trauben wurden in Ledersäcken (les bosses) auf Maultieren zur Presse ins Dorf hinaufgetragen. Ein solcher Traubensack hatte 45 Liter (une brante) Inhalt und wurde vom Dorfschuster aus Kuhhäuten gefertigt. Karawanen von bis zu 30 Maultieren, je mit zwei «bosses» beladen, starteten zur Erntezeit jeweils mittags und mitternachts ins Tal hinunter. Die Reise hin- und zurück dauerte etwa sechs Stunden…

Im Jahr 1830 wurde oberhalb von Mase der letzte Bär geschossen, und zwar mit einem Selbstauslöser, der auf einem Birnbaum befestigt war. Die Tatzen des Bären wurden altem Brauch gemäss am Haus des Jägers angenagelt. Die Menschen lebten in den typischen, schwarzgebrannten, hohen Walliserhäusern. Aufgrund der Bevölkerungsdichte war Stockwerkeigentum die Regel. Die gängigsten gesundheitlichen Leiden bestanden aus Gelbsucht, Zahnproblemen und Warzen. Eine Geburt war aufgrund fehlender Hygiene sowohl für die Mutter als auch das Neugeborene ein grosses Risiko. Immenser Aberglaube herrschte in der Volksmedizin und der Landwirtschaft vor, gewisse Tätigkeiten und Familienfeste führte man nur an bestimmten Tagen aus. Man sprach das typische lokale Patois. Sehr wichtig für das Überleben der Marsats war «la tsaseila» (Wasserleitung), im Diminutiv «tsaseleta» genannt. Ohne Bissen oder Suonen war eine Landwirtschaft in diesen trockenen inneralpinen Gebieten nicht vorstellbar. Deren Unterhalt und Betrieb war in einem Gemeinwerk geregelt. Die Terrassen wurden bewässert, bei stark geneigten Terrassen musste jeweils im Frühjahr der heruntergerutschte Humus wieder ans obere Ende getragen werden.

Im 18. Jahrhundert wurde ein starker Sittenzerfall beobachtet, angetrieben durch das Söldnerwesen und die einsetzende Aufklärung. Daneben verursachten ein viel zu hoher Nutztierbestand, zu wenig Futter und eine zu starke Parzellierung des Grundbesitzes grosse Sorgen. Die gemeinsame Benutzung von Stallungen und Sennereien führten zu ständigem Streit. Der Wald wurde durch Übernutzung und starke Beweidung durch das Vieh äusserst stark dezimiert. Zudem wurden die Feldschäden durch frei herumlaufenden Hausschweine im Frühling eine grosse Plage. Verendete ein Haustier, so liess man den Kadaver tagelang liegen. Zunehmend grassierte starker Alkoholismus. Das Geld wurde in Rebland und Wein investiert, kaum mehr in Kleidung, Salz oder die Rückzahlung der Schuldenlast. Wein wurde in grossen Mengen konsumiert, auch von Kindern, die «viel zu enge Kleider» trugen, wie ein Chronist bemerkt. Die Ernährung war schlecht: kein Gemüse, keine Kartoffeln, das Obst wurde nicht gedörrt. Schweine gruben regelmässig den Friedhof um und legten die Gebeine der Verstorbenen frei, die Särge wurden von den Bewohnern verbrannt «oder auch anderweitig verwendet». Ein grosser Misthaufen lag jeweils an der Kirchhofmauer oder am Chor, gegenüber dem heiligen Sakrament. Die Geistlichkeit hatte viel weltlichen Einfluss, es gab grosse Missstände in der Kirche, Dekadenz, Völlerei, der tiefe Aberglaube der Leute wurde mit Tarotkarten noch gefördert und ausgenutzt.

Wenn wir heute durch die herrlichen, sauberen, blumengeschmückten Dörfer des Eringertals wandern, können wir eigentlich froh sein, dass die «gute alte Zeit» vorbei ist...

Die Alp Le Tsaté mit Grande Dent de Veisivi

Etappe 10

Im Eifischtal –
und noch nicht ganz

Wie wir bereits gesehen haben, ändern sich im Zentralwallis die Namen der Haupttäler, sobald sie sich verästeln. Auch dem Val d'Anniviers (Eifischtal) geht es so. Zwischen den Dörfern Mission und Ayer teilt es sich in das Val de Moiry und in das Val de Zinal. Auf der heutigen Etappe gelangen wir über einen schönen Rücken von einem dieser Täler ins andere.

Von der Cabane de Moiry CAS wandern wir zunächst in Richtung Moiry-Stausee, an dessen östlichem Hang wir über eine ausgedehnte Weidelandschaft zum Col de Sorebois hinaufsteigen. Von diesem Pass besteht die Möglichkeit, den Corne de Sorebois zu besuchen, einen von Zinal her erschlossenen Aussichtsgipfel. Schliesslich steigen wir zu jenem Ort ab, der dem Tal und dem abschliessenden Rothorn den Namen gegeben hat: Zinal.

T3	6 Std.	▲ 461 m	▼ 1611 m

Routencharakter und Schwierigkeit T3 Durchwegs gut markierte Wanderwege. Auf der Seite von Zinal können im Notfall die vielen Wintersportanlagen als Orientierungshilfen dienen.

Zeit 6 Std.
Cabane de Moiry – Col de Sorebois, 3½ Std.
Col de Sorebois – Zinal, 2½ Std.

Ausgangspunkt Cabane de Moiry CAS. 2825 m. Koordinaten 612 130 / 104 380. CAS Section Montreux, 1820 Montreux, Tel. Hütte 027 475 45 34.

Talort Grimentz. 1564 m. Postauto von Sierre, Vissoie, Fahrplanfeld 100.77. Office du Tourisme, 3961 Grimentz, Tel. 027 475 14 93.

Endpunkt Zinal. 1675 m. Bekannter Ferienort am Eingang zu einem der eindrücklichsten Bergkessel der Schweiz. Sehr ausgedehntes, gepflegtes

Abstieg von der Cabane de Moiry CAS: Glacier de Moiry,
Pointes de Mourti

Wandergebiet. Postauto nach Sierre und Vissoie, Fahrplanfeld 100.78. Office du Tourisme, 3961 Zinal, Tel. 027 475 13 70.

Karten   1327 Evolène, 1307 Vissoie.

Verschiedenes   Verpflegungsmöglichkeit unterwegs: Bergstation Sorebois.

Sehenswürdigkeit   Lac de Moiry (Stausee und Staumauer).

Die Route   Cabane de Moiry CAS – Col de Sorebois – Zinal. Von der Cabane de Moiry CAS (2825 m) steigen wir in nördlicher Richtung zunächst steil hinunter zur rechten (E) Moräne des Glacier de Moiry. Dieser gehen wir etwas entlang und gelangen auf eine schwach geneigte Wiese. Dort, bei ca. 2525 m, zweigt rechts ein flacher Weg nach Féta d'Août-de-Châteaupré (2512 m) ab. Wir überqueren nach ¾ Std. diese Alp und gelangen in steilere Hänge, die von der Garde de Bordon herunterkommen. Der Weg bleibt mehrheitlich flach und überquert die Alp von Les Chapelettes und die Rochers de Paris (das ist keine versteckte Werbung...) rechts (E) oberhalb des Lac de Moiry. Etwas absteigend gelangen wir dann nach 1¼ Std. zum P. 2374, wo wir auf den Weg treffen, der von der Staumauer heraufkommt. Nun gehen wir in 1 Std. gerade hinauf über die Alp Fache bis P. 2683 und von dort etwas steiler bis zum Pass, Col de Sorebois (2835 m), ½ Std.

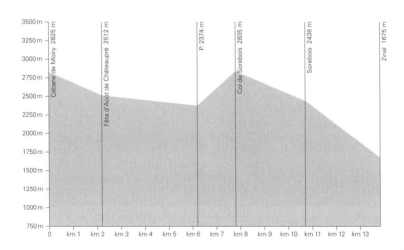

Wir steigen ab nach links (E) unter dem Skilift hindurch und auf dem E-Grat des Berges hinunter zum P. 2665. In flacherem Gelände und vorbei an einem winzigen Seelein geht es in ¾ Std. zur Alp Sorebois (2438 m) ab. Bergstation der Luftseilbahn von Zinal, Restaurant, viele Skilifte. Wer steile Abstiege nicht liebt, der kann die Bahn benutzen. Wir gelangen auf einen Weg, der in grossen Kehren den steiler werdenden Hang überwindet. Wir kommen am P. 2285 vorbei und an den Hütten von Le Chiesso (2090 m), ¾ Std. Dort geht es über die letzten Weiden hinunter in den steilen Wald und schliesslich unter der Luftseilbahn hindurch zur Brücke (1653 m), die uns über die Navisence nach Zinal (1675 m) bringt, 1 Std.

Gipfel T3   Corne de Sorebois. 2895,7 m. Dieser prächtige Aussichtsgipfel, der einen umfassenden Blick in das Val d'Anniviers, das Val Moiry, das Val de Zinal und die abschliessenden Berg- und Gletscherkessel bietet, wird vom Col de Sorebois (2835 m) in gut ¼ Std. erreicht. Rückweg auf der gleichen Route in knapp ¼ Std. zum Pass.

Varianten

Für einmal machen wir keine zusätzlichen Vorschläge zur Route, sondern wie Sie eventuell ein paar Tage in Zinal und seiner grossartigen Berglandschaft wandernd verbringen können.

Variante 1
Cabane du Mountet CAS, 2886 m (1 bis 2 Tage). Koordinaten 616 630 / 100 960. CAS Les Diablerets, 1000 Lausanne, Tel. Hütte 027 475 14 31. Von Zinal (1675 m) gehen wir über die Brücke (1653 m) und danach links (S) der Navisence entlang, über die Ebene Plat du Lé, danach leicht hinauf bis Le Vichiesso (1862 m). Nun in lichtem Wald zu einem Steg, von dem man das Weisshorn sehen kann. Wir gehen über den Bach und steigen über Moming hinauf steil zum P. 2299 hinauf. Von dort auf leicht steigendem Hangweg über eine Felsbarriere bei P. 2723 und schliesslich in Geröllhängen bis zur Cabane du Mountet CAS (2886 m), 4½ Std. von Zinal. Schwierigkeit T4. Zurück auf gleichem Weg in 3 Std.

Variante 2
Zinal – Cabane d'Ar Pitetta CAS – Cabane Tracuit CAS – Zinal (2 bis 3 Tage). Von Zinal (1675 m) über die Brücke (1653 m) und danach links (S) der Navisence entlang, über Plat du Lé, danach in lichtem Wald leicht hinauf bis Le Vichiesso (1862 m). Nun meist flach zu einem Steg, diesen überqueren wir und gehen geradeaus (NE) zum P. 1908. Nun folgt ein steiler Aufstieg über Le Chiesso (2082 m) und zum Seelein auf der Alp L'Ar Pitetta. Nun nach rechts (E) auf herrlichem Höhenweg zur Cabane d'Ar Pitetta (2786 m, Koordinaten 618 620 / 105 520, CAS Section La Dôle, 1260 Nyon, Tel. Hütte

027 475 40 28, auf dieser Hütte wurden bis vor kurzem keine Mahlzeiten ausser Suppe serviert), 4½ Std. von Zinal. Schwierigkeit T4.

Von der Cabane d'Ar Pitetta (2786 m) erreicht der Weg nach einer kurzen Querung die westliche Moräne des Glacier du Weisshorn, auf der man bis in den Col du Milon (2990 m) aufsteigt, ¾ Std. Aussergewöhnliche Sicht auf Weisshorn, Zinalrothorn, Moming. Die einzige etwas abschüssige Passage an der Nordflanke des Col du Milon ist mit einem fest verankerten Kabel gesichert. Im Geröllfeld darunter steigt man in den Talgrund, ½ Std. auf der anderen Seite geht es in 1¾ Std. über steile Grashänge zum Hüttenweg, der von Zinal her kommt und auf diesem erreicht man den Col de Tracuit (3250 m) und wenig darüber die Cabane de Tracuit CAS (3256 m, Koordinaten 618 620 / 108 770, CAS Section Chaussy, 1860 Aigle, Tel. Hütte 027 475 15 00), total etwa 3 Std. Schwierigkeit T4. Dieser 1998 eingeweihte, neue Weg ist auf der LK 1307 Vissoie noch nicht eingezeichnet.

Von der Cabane de Tracuit CAS (3256 m) steigen wir auf dem schönen Hüttenweg ab zur Alp Combautanna (2578 m). Von dort steil hinunter über Weide, dann quer zum Hang zum P. 2256 m. Wir wenden uns nach links (S) hinunter zur Alp Le Chiesso (2061 m). Nun im Wald in vielen Kehren hinunter bis Zinal (1675 m), ca. 4 Std. Schwierigkeit T3.

**Gegenblättriger Steinbrech (Saxifraga oppositifolia) –
eine kleine Freude am Wegrand**

Im Turtmanntal: Aufstieg zum Augstbordpass

Über die Sprachgrenze

Beim folgenden Abschnitt der Haute Route Forclaz – Furka überschreiten wir einen Pass, dessen Name etymologisch aus der gleichen Ecke stammt wie der Start- und Zielpunkt unserer langen Reise: Forcletta. Doch dieser Pass hat nebst dem Patois-Namen noch einen zweiten auf Walliserdeutsch: Furggilti. Wir überschreiten also nicht nur den Bergkamm, der sich von der Bella Tola über das Weisshorn und Zinalrothorn zum Ober Gabelhorn hinzieht, sondern auch die Sprachgrenze.

Von Zinal aus wenden wir uns zunächst in Richtung Norden und steigen gemächlich aus dem Wald hinaus zu den herrlichen Alpweiden, die wie immer einen weiten Horizont und eine schöne Rundsicht erlauben. Auf der Montagne de Nava, einer ausgedehnten Alpweide angekommen, wenden wir uns wieder unserer generellen Richtung nach Osten zu und überschreiten den Pass Forcletta/Furggilti, um von dort ins liebliche Turtmanntal abzusteigen. Am Schluss wenden wir uns wieder etwas nach Süden der Turtmannhütte SAC zu, wo wir die Nacht verbringen werden.

T3	8 bis 9 Std.	▲ 1527 m	▼ 683 m

Routencharakter und Schwierigkeit T3   Sehr schöne Wege, die auf die ausgedehnten Alpterrassen des Val d'Anniviers führen. Der Abstieg ins Turtmanntal führt im Blüomatttälli teilweise über die Wiesen, ist jedoch gut zu finden.

Zeit 8 bis 9 Std.
Zinal – Forcletta, 4¾ Std.
Furggilti – Turtmannhütte SAC, 3¼ Std.

Ausgangspunkt   Zinal. 1675 m. Postauto ab Sierre und Vissoie, Fahrplanfeld 100.78. Office du Tourisme, 3961 Zinal, Tel. 027 475 13 70.

Origineller Wegweiser an einem Stadel in Zinal

Endpunkt   Turtmannhütte SAC. 2519 m. Koordinaten 620 160 / 112 100. CAS Section Prévôtoise, 2720 Tramelan, Tel. Hütte 027 932 14 55.

Einfachster Abstieg ins Tal   Nach Gruben. 1818 m. Von der Forcletta/ Furggilti auf unten beschriebenem Weg bis zum Bach, südlich von Bitzu Oberstafel (ca. 2250 m). Nun steil hinunter durch den Wald Bitzu bis zum P. 2041. Wir gehen dort links (N) auf dem schönen Alpweg bis Blüomatt (1872 m) und links (W) der Turtmänna nach Gruben (1818 m), 2½ Std. vom Pass.

Talort   Gruben. 1818 m. Bus nach Oberems, Fahrplanfeld 2246.1. Luftseilbahn ab Oberems nach Turtmann, Fahrplanfeld 2246. Bahn ab Turtmann nach Sion, Sierre, Visp, Brig, Fahrplanfeld 100.3. Verkehrsbüro Oberwallis rund um Visp, La Poste Platz, 3930 Visp, Tel. 027 948 33 33.

Karten   1327 Evolène, 1307 Vissoie, 1308 St. Niklaus.

Verschiedenes   Keine Verpflegungsmöglichkeit unterwegs. Wer die Etappen 11 und 12 insgesamt etwas verkürzen möchte, kann auch in Gruben übernachten.

Sehenswürdigkeiten   Ausgedehnte Alpweiden; durch das Phänomen der «Massenerhebung» geprägte herrliche Flora und Fauna; abgelegenes, wenig erschlossenes Gebiet.

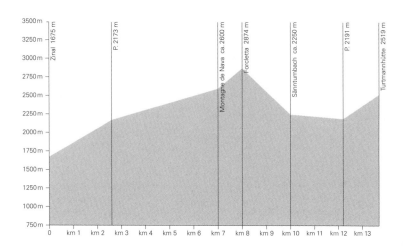

Die Route   Zinal – Forcletta – Turtmannhütte SAC. Wir verlassen Zinal (1675 m) nach Osten, biegen nach links (N) zu den Dämmen, die das Dorf vor den Schuttmassen des Torrent de Perrec schützen. Den ersten Damm unterschreiten wir in einem Tunnel, den zweiten umgehen wir links (W), den dritten (nach dem Bach) überschreiten wir und nach dem vierten Damm gehen wir geradeaus über einen kleinen Bach (Torrent de Lirec) und auf einem grösseren Weg in einigen Kehren am steilen Hang hinauf bis zum P. 2025. Dort gehen wir nach links, bald durch Wald und erreichen bald darauf beim P. 2173 die Waldgrenze, 1 ½ Std. Nun auf beinahe flachem Höhenweg oberhalb von La Perrauja in den Talkessel von Barneuza. Dort nehmen wir den unteren Weg, der uns zum Steg bei P. 2203 führt, ¾ Std. Dort wenden wir uns nach links, gehen rechts vorbei an den Alphütten bei P. 2211 und folgen kurz rechts einer Suone. Diese verlassen wir nach rechts (N) und treten in Geröllfelder. Nach dem P. 2273 sehen wir den riesigen Alpkessel der Montagne de Nava. Auf einem leicht steigenden Weg erreichen wir die Hütte bei P. 2344, ¾ Std. Jetzt steigen wir nach rechts (E) hinauf zur grossen Alphütte von Tsahélet (2523 m), dahinter biegen wir nach rechts (E), überqueren eine eindrückliche Ebene und gelangen an den Fuss des Passes. Diesen erklimmen wir auf einem steilen Zickzackweg, und schon stehen wir auf dem Haupthindernis des heutigen Tages: Forcletta/Furggilti (2874 m), 1 ¾ Std.

Wir steigen etwas nach links im Geröll hinunter ins Blüomatttälli. Wir gehen links (N) des Bachs. Dort bleiben wir auch noch, wenn der Weg nach links über Salzbedu zur Alp Chalte Berg abzweigt. Knapp dem Bach entlang gehen wir auf der Wiese geradeaus (E) hinunter, kommen am P. 2472 vorbei, setzen unsere Querfeldeinstrategie fort, und beim Zusammenfluss zweier Bächlein, bei etwa 2250 m (knapp südlich von Bitzu Oberstafel) gehen wir nach rechts (S), wandern dort auf einem flachen Höhenweg an der Waldgrenze, kommen unter Felsen vorbei, dann über solchen, und steigen schliesslich ab über Frili zum See (2174 m), 2 Std. Diesen umgehen wir rechts (W), gelangen beim P. 2191 auf einen Damm der den ersten von einem kleineren zweiten See trennt, überschreiten diesen und steigen in Geröllfeldern auf bis zum P. 2281. Dort wenden wir uns nach rechts (S) und gelangen auf einem schönen Höhenweg gemütlich zur Turtmannhütte SAC (2519 m), 1 ¼ Std. vom See.

Gipfel T4   L'Omèn Roso. 3031 m. Von der Forcletta kann dieser Berg in südlicher Richtung auf Geröll dem Kamm entlang bestiegen werden, ½ Std. Schöne Sicht in das Val d'Anniviers hinunter und zum Brunegghorn hinüber. Rückweg auf gleicher Route, gut ¼ Std.

Die Massenerhebung

Keine Angst, es geht in diesem Beitrag weder um eine Revolution oder Demonstration noch um eine Revolte oder Meuterei. Es geht vielmehr um tektonisch-geologische Aspekte und ihre Einflüsse auf die Vegetation.

Mit erdgeschichtlichen Epochen verglichen, sind Gebirge eigentlich nur flüchtige Erscheinungen. Sie werden durch die Dynamik der Plattentektonik aufgeschoben, gleichzeitig aber wieder erodiert. Dabei spielen Einflüsse wie Niederschläge, Gletscher, Gewässer und Temperaturgefälle im Verbund mit der Schwerkraft unseres Planeten eine Rolle. Diese bringen die Berge zum Verschwinden und lagern deren Trümmer oft weit entfernt wieder ab.

Der Pflanzenbewuchs des Gebirges passt sich dabei ständig an die sich verändernden klimatischen Verhältnisse an. Zudem sind für die Standorte aller Pflanzen die vorherrschenden Gesteine und damit auch die Bodenbeschaffenheit ein sehr wichtiger Faktor. In den Zentralalpen bestehen die Böden aus kristallinen Gesteinen und kalkarmem Humus. In den Alpen verursachten die Eiszeiten dramatische Veränderungen im Pflanzenbewuchs. Vorher bestand die Flora der Alpen mehrheitlich aus Arten, die aus Asien «eingewandert» sind. Nach den Eiszeiten folgten subarktische Spezies, welche von den mächtigen skandinavischen Gletschern bis nach Mitteleuropa abgedrängt wurden. Zwischen den Eiszeiten (Günz, Mindel, Riss und Würm) gelangten jeweils viele Pflanzen in die eisfreien Alpen zurück und wurden jeweils von der nächsten Eiszeit wieder verdrängt. Viele überlebten in spezifischen Nischen in Süd- und Osteuropa und konnten sich schliesslich von dort wieder zu uns verbreiten. Im Wallis finden wir relativ wenig endemische (einheimische) Arten, da die Vergletscherung während der Eiszeiten ausserordentlich intensiv war. Nach den Eiszeiten folgten noch zahlreiche Steppenpflanzen aus Osteuropa, welche an rauhe Lebensumstände gewohnt waren und sich ebenfalls im alpinen Klima behaupten konnten.

Eine weitere wichtige Rolle für den Pflanzenbewuchs spielen die lokalen Klimaverhältnisse. Dabei muss das Phänomen der Massenerhebung genannt werden. Es handelt sich um Gebiete mit grosser mittlerer Höhe über Meer. In der Schweiz kennen wir zwei Regionen mit diesen Eigenschaften: das Engadin und das mittlere Wallis südlich der Rhone. In den Gebieten mit grosser Massenerhebung wird der Boden von der Sonne stärker erwärmt als die Luft. Daraus folgt ein eher kontinental geprägtes Klima mit Trockenheit und starken Temperaturgefällen zwischen Sommer und Winter, zwischen Tag und Nacht und zwischen Sonne und Schatten. Die umfangreiche Erwärmung durch den Effekt der

Massenerhebung erlaubt es den Pflanzen, viel höher aufzusteigen, als in anderen Regionen. Im Zentralwallis liegen deshalb die Baum- und auch die Vegetationsgrenze bedeutend höher als z.B. auf der Alpennordseite. Die natürliche Waldgrenze (in der Hauptsache Lärchen und Arven) im Turtmanntal würde auf etwa 2400 Metern über Meer liegen. Der Mensch, sein Jahrhunderte andauernder Einfluss und sein stetes direktes oder indirektes Tun (Holzschlag, Köhlerei, Beweidung durch Vieh, Ausrottung der Raubtiere und damit grössere Population von Wild, das den Wald intensiver beweidet) sind sie Ursachen dafür, dass sie heute gut 200 Meter tiefer liegt.

Halbzeit!

Das Turtmanntal wird an seinem südlichen Ende von mächtigen Gletscherbergen relativ
abrupt abgeschlossen. Es ist
eines der kürzeren Südtäler des
Wallis. Auf der heutigen Etappe
überqueren wir einen weiteren
schönen Pass, um in das längste
dieser Täler zu gelangen, das
Mattertal. Dieses ist auch eine
der tiefsten Kerben dieses Landes, hat sich doch die Mattervispa ihren
Lauf zwischen die hohen Viertausender Weisshorn und Dom gelegt.
Dieser Tatsache werden wir vor allem beim Abstieg gewahr. Doch
auch hier gibt es eine Abkürzung!

Wie bei den meisten bisherigen Etappen wandern wir frühmorgens
einmal mehr talaus, um dann wieder in die Hauptrichtung gegen
Osten einzubiegen. Durch das herrlich grüne Grüobtälli steigen wir
in eine Welt kahler Geröllberge hinauf, eine Kette von Mondbergen,
die vom Augstbordpass überquert wird. Auf der Ostseite dieses Übergangs steigen wir durch das Augstbordtal nach Jungu ab und von
dort sehr steil nach St. Niklaus hinunter. Die letzte Strecke kann auch
mittels einer Seilbahn überwunden werden. In St. Niklaus besteht
Grund zum Feiern, die Hälfte der Haute Route Forclaz – Furka ist
hier nämlich geschafft.

| T3 | 7 bis 8 Std. | ▲ 638 m | ▼ 2043 m |

Routencharakter und Schwierigkeit T3 Die Wege der heutigen
Etappe sind durchwegs sehr schön und gut angelegt. Der Abstieg vom Augstbordpass (2894 m) hinunter nach St. Niklaus (1114 m) ist jedoch lang und
sehr anstrengend.

Zeit 7 bis 8 Std.
Turtmannhütte SAC – Augstbordpass, 3½ Std.
Augstbordpass – Jungu, 2 Std.
Jungu – St. Niklaus, 1½ Std.

Auf dem Augstbordpass

Ausgangspunkt Turtmannhütte SAC. 2519 m. Koordinaten 620 160 / 112 100. CAS Section Prévôtoise, 2710 Tramelan, Tel. Hütte 027 932 14 55.

Talort Gruben. 1818 m. Bahn ab Sion, Sierre, Visp und Brig bis Turtmann, Fahrplanfeld 100.3. Luftseilbahn ab Turtmann nach Oberems, Fahrplanfeld 2246. Bus ab Oberems nach Gruben, Fahrplanfeld 2246.1. Verkehrsbüro Oberwallis rund um Visp, La Poste Platz, 3930 Visp, Tel. 027 948 33 33.

Endpunkt St. Niklaus. 1114 m. Schöner, in einer engen Kerbe gelegener Talort, der einzige Ort des Mattertals mit industriellen Strukturen, beliebter Durchgangsort und Ausgangspunkt. Ein Besuch im Bergführermuseum ist zu empfehlen. Bahn nach Zermatt, Stalden, Visp und Brig, Fahrplanfeld 140. Bus nach Grächen, Fahrplanfeld 140.55. Tourismusbüro, 3924 St. Niklaus, Tel. 027 956 36 63.

Karte 1308 St. Niklaus.

Verschiedenes Verpflegungsmöglichkeit unterwegs in Jungu.

Die Route Turtmannhütte SAC – Augstbordpass – St. Niklaus. Wir verlassen die Turtmannhütte SAC (2519 m) auf dem Hüttenweg in Richtung Norden. Nach dem P. 2281 nehmen wir den rechten Weg, der zur Schafalpu etwas aufsteigt. Nun sind wir auf einem schönen Höhenweg, hoch über dem Turtmanntal. An den P. 2334 und 2343 vorbei gelangen wir nach Biele, nach dem P. 2349 folgt die Alp Brändji Oberstafel (2297 m).

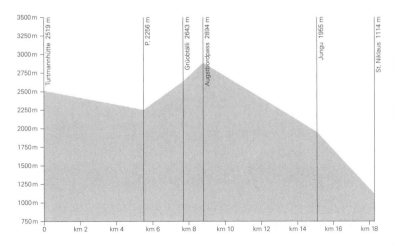

Abstieg vom Augstbordpass, das Mattertal unter uns (Tour 12)

Wir bleiben auf Nordkurs und durchqueren bald Gigi Oberstafel (2316 m), 1½ Std. Nun geht der Weg leicht nach rechts, erreicht den P. 2256, kurz danach können wir ihn nach rechts (NE) in die wenig steilen Bergmatten des Grüobtagfelds verlassen. Wir erreichen einen kleinen Bach, überqueren diesen und steuern den P. 2401 an. Hier stellt sich ein Lawinendamm quer zum Weg. Etwas weiter erreichen wir den Hauptweg, der von Gruben her kommt. Nun gehen wir rechts (E) hinauf in das liebliche Grüobtälli, nach dem P. 2643 folgt ein kurzes Steilstück, danach wird es wieder flach und beim P. 2788 sehen wir einen kleinen See. Nun in steilerem Geröllfeld hinauf zum Augstbordpass (2894 m), 2 Std.

Über Geröllfelder und an Firnresten vorbei gehen wir das Innere Tälli hinunter, erreichen dort bald die grünen Wiesen und den P. 2528. Dort biegen wir nach rechts (S) ab und queren rechterhand die nördlichen Geröll-hänge des Steitalgrates. Beim P. 2488 oberhalb Aebiheji gehen wir nach rechts um den Kamm der Twära herum und gelangen auf die Sonnenseite. Der Höhenweg berührt den P. 2445 und quert unterhalb von Lawinen-verbauungen einen Südhang. Beim P. 2358 geht es links auf einem schö-nen Weg, der eine Wasserleitung kreuzt, mit grossen Kehren gemächlich hinunter nach Jungu (1955 m), 2 Std. Von hier fährt eine Seilbahn direkt nach St. Niklaus – eine verlockende Alternative...

Wir setzen unseren Weg fort, der in vielen Zickzacks und Kehren unter-halb von Jungu über den Steilhang ins Tal führt. Dabei kommen wir beim P. 1652 vorbei, kommen unter die Seile der Bahn und nach einer weiteren Schlaufe stehen wir beim P. 1434 direkt unter der Seilbahn. Dort gehen wir nach links (SW), überqueren einen kleinen Bach und gelangen nach einem kurzen Abstieg auf einen leicht fallenden Höhenweg, der uns direkt nach St. Niklaus (1114 m) führt, 1½ Std.

Gipfel T4   Schwarzhorn. 3201,4 m. Dieser Gipfel aus Fels und Geröll kann vom Augstbordpass bestiegen werden: vom Pass (2894 m) steigen wir rechts (N) auf dem Südgrat des Berges gemächlich hinauf. Vom P. 3020 wendet sich der Grat etwas nach rechts (NW), auf kleinem Weg erreichen wir dort den Gipfel des Schwarzhorns (3201,4 m), 1 Std. Grossartige Rund-sicht und schöner Tiefblick in das Turtmann- und Mattertal. Rückweg auf gleichem Weg zum Pass in ¾ Std.

III   St. Niklaus – Rosswald

Quer über den Simplon in Richtung Goms

Vom tief eingeschnittenen, langen Mattertal gelangen wir in die enge Kerbe des Saastals. Dabei begehen wir einige der klassischen Höhenwanderungen der Schweiz, den Europaweg Zermatt-Grächen, den Höhenweg Grächen-Saas Fee und den Walserweg von Saas Almagell nach Gspon. Am Schluss streifen wir noch eines der kleinsten Seitentäler der Rhone, das Nanztal, um diesen eindrücklichen Abschnitt der Haute Route auf dem Rücken von Rosswald zu beenden.

Zwar sind die Höhenunterschiede der einzelnen Tagesetappen nicht sehr erheblich, doch die Länge der Touren ist fast durchwegs beträchtlich, weshalb da und dort «Abkürzungen» oder weitere Übernachtungsmöglichkeiten und damit zusätzliche Etappenorte auf der Strecke angegeben werden. Die Strecke ist in sieben Tagen zu bewältigen.

Die Tagesetappen

13 St. Niklaus - Zermatt
Gletschermilch
Gletscherblick

14 Zermatt - Europahütte
Eine Königsetappe

15 Europahütte - Grächen
Steinige Halden, steiler Abstieg

16 Grächen - Saas Fee
Der Klassiker des Saastals
Im Land der Sarazenen

17 Saas Fee - Gspon
Der Walserweg
Gottlieb Studer, Panoramenzeichner

18 Gspon - Simplonpass
Durch das kleine Tal der Gamsa

19 Simplonpass - Rosswald
Finstere Gräben und lichte Böden

Etappe 13

Gletschermilch

Dies ist die einzige «Flachetappe» der Haute Route Forclaz – Furka. Der in der Hauptsache von Gletschern gespeisten, mächtig dahinströmenden Mattervispa entlang streben wir heute in Richtung Zermatt. Dabei werden uns die dramatische Geschwindigkeit des allgemeinen Gletscherschwundes und die enormen Dimensionen dieser Schlucht vor Augen geführt. Links und rechts recken sich die Gipfel bis auf über 4500 Meter empor. Bei Randa können wir den immer noch sehr eindrücklichen Schuttkegel des Bergsturzes bewundern, der den Lauf des Bachs und die Verkehrswege arg bedrängt. Nach Täsch kommen wir sogar noch in den Genuss eines kurzen Aufstiegs.

Natürlich befinden wir uns den ganzen Tag lang in der Nähe der Verkehrswege, teilweise führt die Route leider auch auf Strassen und Fahrwegen, was sich nicht vermeiden lässt. Als Abkürzungen der Haute Route steht natürlich die Bahn nach Zermatt zur Verfügung, oder, wenn man auch den nächsten Etappen der Haute Route ausweichen möchte, der Buskurs oder der Wanderweg über Gasenried direkt auf die Sonnenterrasse von Grächen hinauf.

T2	5 bis 6 Std.	▲ 502 m	▼ 0 m

Routencharakter und Schwierigkeit T2   Wenn eine Etappe dieses Büchleins das Prädikat «Alpinwandern» nicht verdient, so ist es sicher diese. Sie eignet sich jedoch ausgezeichnet dazu, die beinahe «unschweizerischen» Dimensionen dieses Tales selbst zu erfahren. Wir wandern den ganzen Tag praktisch im Talboden unten und sehen hoch über uns einige der höchsten Gipfel des Wallis.

Zeit 5 bis 6 Std.
St. Niklaus – Randa/Eien, 2 ½ Std.
Randa/Eien – Täsch, 1 Std.
Täsch – Zermatt, 2 Std.

Im Mattertal: gediegenes Kapellenfenster

Ausgangspunkt St. Niklaus. 1114 m. Bahn von Brig, Visp und Stalden, Fahrplanfeld 140. Bus nach Grächen, Fahrplanfeld 140.55. Tourismusbüro, 3924 St. Niklaus, Tel. 027 956 36 63.

Endpunkt Zermatt. 1616 m. Die «Metropolis Alpina» schlechthin. Sehr betriebsamer, autofreier Kurort am Fusse des Matterhorns, grossartiges, weites Gebiet mit mannigfaltigen Möglichkeiten für Wanderer und Bergsteiger aus der ganzen Welt. Bahn nach Stalden, Visp und Brig, Fahrplanfeld 140. Tourismusbüro, Bahnhofplatz, 3920 Zermatt, Tel. 027 966 81 00.

Karten 1308 St. Niklaus, 1328 Randa, 1348 Zermatt.

Verschiedenes Unterkunfts- und Verpflegungsmöglichkeiten in den Dörfern unterwegs.

Sehenswürdigkeiten Gletschermilch und der Bergsturz von Randa.

Die Route St. Niklaus – Zermatt. Vom Bahnhof St. Niklaus (1127 m) geht es rechts (W) der Bahngeleise bis zur Unterführung, danach (links, E) der Geleise auf der Strasse nach Birchmatte, wo wir wieder unter dem Trassee der Matterhorn-Gotthard-Bahn hindurchmüssen. Nach dem Spissbach der Bahn entlang über Stalu nach Schwidernu (1163 m). Wir bleiben auf dem Strässchen, benutzen eine weitere Unterführung und überqueren beim P. 1212 die Mattervispa. Wieder entlang der Bahn bis kurz vor Mattsand (1227 m), dort über die Bahn und den Bach zum Stausee Mattmatte

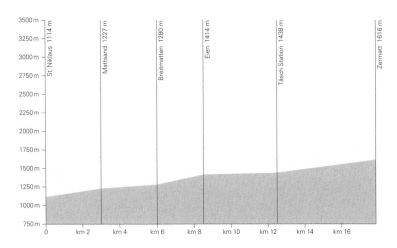

(1230 m), 1 Std. Wir gehen rechts des Sees und wandern zum Tummigbach, den wir bei einem kleinen Seelein überqueren. Nun über die Matten von Tumigen, gegenüber von Herbriggen, bis zum Weiler Zen Achren (1268 m), dort über die Brücke und nach dem Bach sofort nach rechts (S) an Breitmatten (1280 m) vorbei zum Birchbach. Immer links (E) der Mattervispa bleibend rund um den kolossalen Schuttkegel des Bergsturzes von Randa und dem Bach entlang bis zur Brücke bei Eien (1414 m), 1½ Std.

Nach der Brücke von Eien sofort nach links und dem Bach entlang bis zum P. 1408, kurz durch Wald und über die Ebene von Schali und weiter flach zur Station Täsch (1438 m), 1 Std.

Wir bleiben rechts (W) der Mattervispa und gelangen flach zum Weiler Zermettjen (1457 m), wo die Bahn abermals zum Begleiter wird. Rechts (W) oberhalb der Bahnlinie, teilweise auf der Galerie oberhalb Meiggern und vorbei an der Halde von Rosswäng. Kurz vor Luegelti (1619 m) steigt der Weg etwas mehr, schliesslich geht es an der ARA vorbei, schon sehen wir den Bahnhof, den wir rechts (W) umgehen. Kurzer Abstieg zum Bahnhofplatz Zermatt (1616 m), 2 Std. von Täsch.

Varianten T3

Variante 1   Die MGB fährt jede Stunde in 34 Minuten von St. Niklaus nach Zermatt.

Variante 2   **Weisshornhütte SAC. 2932 m.** Koordinaten 623 580 / 103 880. SAC Sektion Basel, 4000 Basel, Tel. Hütte 027 967 12 62.

Wer eher das Hochalpine liebt und diesen Tag in luftiger Höhe statt im heissen Talgrund verbringen möchte, dem sei folgende Tagestour ans Herz gelegt. Diese sehr schöne Wanderung beginnt in Randa und führt danach nach Täsch hinunter. Von Bahnhof Randa (1407 m) geht es zum Weiler Eien auf der östlichen Seite der Mattervispa, von dort führt ein herrlich angelegter Weg in vielen Kehren meist durch Wald zur Alp Rötiboden (1970 m), wo eventuell neugierige Schwarznasenschafe ihren Rucksack etwas genauer ansehen möchten. Dann geht es fast flach zum Schaliberg und von dort in steilen Kehren zur Alp Jatz (2246 m). Etwas weniger steil führt der Pfad an einem Südhang entlang, um ganz am Schluss nach engen Kehren bei der Weisshornhütte SAC (2932 m) zu enden, 4½ Std. Schwierigkeit T3. Der Abstieg nach Täsch erfolgt zunächst auf dem Aufstiegsweg bis zur Alp Jatz (2246 m) und zum Schaliberg. Nun tauchen wir nach rechts (S) sehr steil ab über Schaliachern und das Schalikin in den Talboden, Schali (1428 m). Jetzt gehen wir zur Mattervispa hinüber und flanieren der Gletschermilch entlang bis nach Täsch (1450 m). Der Abstieg dauert 3 Std., Schwierigkeit T3.

Gletscherblick

Die Gletscher gehören zu den Alpen, Alpen ohne Gletscher können wir uns eigentlich nicht so richtig vorstellen. Doch je wärmer es wird, desto kleiner werden sie, je kleiner sie sind, desto schneller schwinden sie.

Vor 20000 Jahren war das Mattertal noch unter einer kilometerdicken Eisschicht begraben, dort, wo heute Kühe auf saftigen Wiesen weiden, scharrten und schürften Millionen Tonnen von Eis in der letzten Eiszeit unaufhaltsam Gesteinsmaterie hinaus, die heute irgendwo zwischen dem Rhonetal und dem schweizerischen Mittelland abgelagert liegt. Wer mit dem Zug von Olten nach Bern reist, durchquert kurz vor Burgdorf ein «Tal ohne Fluss», rechterhand sind stattliche Hügel zu sehen. Es handelt sich um die alten Moränenwälle des eiszeitlichen Rhonegletschers. Das «Tal ohne Fluss» entstand durch die riesigen Schmelzwassermengen des sehr mächtigen Gletschers. Das Klima erwärmte sich aber langsam, die Gletscher wichen. Ungefähr vor 10000 Jahren zogen sie sich in die Alpentäler zurück, und erst vor etwa 5000 Jahren wurden die meisten Talgründe auch eisfrei. Dazwischen gab es auch kurze Kälteperioden, die Gletschervorstösse und damit neue, tiefer gelegene Moränenkämme produzierten. Vor rund 1000 Jahren erlebte die Erde eine ausserordentliche Wärmeperiode, die Gletscher verschwanden zum Teil ganz, und auch die grössten schrumpften zu Zwergen zusammen. Was damals diese Wärme verursacht hatte, kann nicht schlüssig beurteilt werden. Einerseits können Schwankungen der Erdachse und auch der Sonnenaktivität eine Rolle gespielt haben, vielleicht Veränderungen der grossen Meeresströmungen oder nicht genau definierte klimatische Veränderungen in anderen Erdteilen. Ebenso wenig wissen wir über die Entstehung der «Kleinen Eiszeit», welche zwischen 1650 bis 1850 ihren Höhepunkt erreichte. Sehr kalten und niederschlagsreichen Wintern folgten in dieser Periode kühle und kurze Sommer. Die Eisströme der Alpen dehnten sich wieder gewaltig aus, und ihre Zungen bedrohten vielerorts bereits die Dörfer. Seit gut 100 Jahren aber schmelzen sie aufgrund milderer Temperaturen wieder dahin und in den letzten 10 Jahren noch viel geschwinder als zuvor. Ob dabei die Aktivitäten des Menschen auch eine Rolle spielen, ist heute Gegenstand vieler Diskussionen.

Der Volumenschwund ist teilweise sehr dramatisch. Gründe dafür sind niederschlagsarme und milde Winter und lange, warme Sommer, in denen sich die Nullgradisotherme während Wochen auf Höhen zwischen 4000 und 5000 Metern einpendelt. Die eher seltenen Niederschläge im Sommer fallen zudem bis auf eine Höhe von über 4000 Metern meist in Form von Regen, was die Erosion und Abschmelzung der Gletscher Tag und Nacht weiter vorantreibt. Die trüben Wasser der Mattervispa werden hauptsächlich von Gletschern genährt, Gletscher, die je nach Grösse an heissen Sommertagen zehn bis zwanzig Kubikmeter Wasser verlieren, wohlverstanden: pro Sekunde!

Gebirge sind nur flüchtige Erscheinungen...

Eine Königsetappe

Der Europaweg Zermatt – Grächen ist ein Höhenweg der Superlative. Vor allem seine enorme Länge führte seit dem Bau dieser kolossalen Route immer wieder für eher kritische Kommentare. Deshalb wurde 1998 eine neue Schutzhütte auf dem Lärchberg (an der Kreuzung zum Hüttenweg Domhütte) oberhalb von Randa gebaut, die Europahütte. Diese unterteilt die ehemals enorme Wegstrecke ideal, die beiden Teilstrecken Zermatt – Europahütte und Europahütte – Grächen sind praktisch gleich lang.

Zunächst steigen wir von Zermatt über Tuferen zur Täschalp, von dort beginnt der neue Weg, der auch auf den neuesten LK noch nicht durchgehend eingezeichnet ist. Über verschiedene Geröllstrecken, Schluchten, Kessel, Felstrümmer, Wald und Wiesen zieht sich der Europaweg an den endlosen Hängen der Mischabelkette entlang und bis zur Europahütte, die idyllisch in Felsblöcken und Lärchen liegt.

| T4 | 6 bis 7 Std. | ▲ 822 m | ▼ 289 m |

Routencharakter und Schwierigkeit T4 Der Weg ist durchwegs gut ausgebaut und an heiklen Passagen sind Geländer und Stahlseile am Fels vorhanden. Jedoch sind einige Male so genannte «Gefahrenstrecken» zu durchschreiten, wo Stein- oder Eisschlag möglich ist, zudem kann dort das Wasser der Bäche unvermittelt ansteigen. Ein Verweilen in diesen Zonen ist also absolut zu vermeiden. Gruppen gehen dort mit gebührendem Abstand zwischen den einzelnen Personen. Zudem ist eine schnelle, aber trotzdem kontrollierte Gangart auf diesen speziell markierten Abschnitten gefordert.

Zeit 6 bis 7 Std.
Zermatt – Täschalp 4 Std. / Sunnegga – Täschalp 2 ½ Std. (siehe Variante 1).
Täschalp – Lärchberg 3 Std.

Von Sunnegga aus betrachtet: das Matterhorn und sein Vorfeld

Ausgangspunkt Zermatt. 1616 m. Bahn ab Brig, Visp und Stalden, Fahrplanfeld 140. Zermatt Tourismus, Bahnhofplatz, 3920 Zermatt, Tel. 027 966 81 00

Endpunkt Europahütte. 2220 m. Koordinaten 628 460 / 105 850. Gemeinde Randa, 3928 Randa, Tel. Hütte 027 967 82 47, wenn keine Antwort 079 291 33 22.

Einfachster Abstieg in Tal Nach Randa. 1439 m. Beim Lärchberg nehmen wir den Hüttenweg Domhütte und wandern durch Wald gemütlich nach Randa (1439 m) hinunter, 2 Std.

Talort Randa. 1439 m. Bahn nach Stalden, Visp und Brig, Fahrplanfeld 140. Verkehrsbüro, 3928 Randa, Tel. 027 967 16 77.

Karten 1348 Zermatt, 1328 Randa. Der Europaweg ist auf diesen Karten noch nicht durchgehend eingezeichnet!

Verschiedenes Verpflegungs- und Unterkunftsmöglichkeiten unterwegs: Tufteren, Täschalp

Sehenswürdigkeiten Flora, Fauna und ständig wechselnde Topographie und Aussicht.

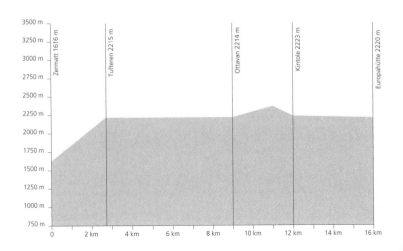

Die Route   Zermatt – Europahütte. Im Morgenschatten geht es sich angenehmer... Von Zermatt, 1616 m, beim P. 1603 über die Mattervispa, unter
dem Trassee der Gornergratbahn hindurch und hinauf nach Oberhüsern.
Dort im Wald über Graben hinauf nach Tiefenmatten, 1872 m. Der Weg
führt hinauf in östlicher Richtung, schwenkt dann nach links (N) ab. In 2 Std.
erreicht man so Tuftern, 2215 m. Wir wenden uns einem kleineren Weg
zu, der schräg nach rechts (NE) auf die Tufteralp hinaufführt. Bald wird
dieser flach, beim P. 2340 gehen wir links um ein Eck und steigen über Galen
zu den Lawinenverbauungen bei Arb ab. Nun wieder flach. Bald schwenkt
der Weg nach rechts (E) in die Täschalpen ein. Nach 2 Std. stehen wir in
dieser kleinen Siedlung, Ottavan, 2214 m (Rest. Täschalp, Tel. 027 967 23 01,
w. k. Antwort 027 966 39 66, Unterkunft in Matratzenlager). Bis hier führt
die Strasse von Täsch, Taxibetrieb.
Ein kurzes Stück auf der Fahrstrasse bis zum Rotbach, dort nach rechts auf
einem zuerst flachen, dann leicht absteigenden Weg bei P. 2095 vorbei, es
folgt ein kurzer Abstieg durch Wald zu einem enormen Schuttkegel, Bränd,
weiter oben Geblätt genannt, diesen erreicht man bei ca. 1970 m. Leicht
ansteigend durch schöne Galerie und drei Tunnel (!) hinauf zum Ende des
Kegels. Nun durch lichten Wald hinauf in einen Felsengarten, dort, auf
ca. 2200 m, wird der Weg flacher. Schöne Aussicht vom P. 2230. Jetzt nach
rechts in ein extrem schroffes Seitental, auf gut gesichertem Hangweg zum
Wildibach, Wildkin 2220 m, 2¼ Std. von der Täschalp. Am Südhang und
durch einen Felsentunnel aus diesem Tal hinaus. Schöne Sicht auf Weisshorn gegenüber. Wir folgen einem flachen Weg an der Baumgrenze. Es
folgen zwei Abzweigungen hinunter nach Randa (je 1¼ Std.). Über Grüengarten und etwas hinunter zur ersten «Gefahrenstrecke» (an diesen Stellen immer zügig durchgehen, nicht verweilen), nach einem kleinen Wasserfall
gelangen wir zur Abzweigung Domhütte. Kurz dahinter befindet sich die
Europahütte auf dem Lärchberg, 2220 m, ¾ Std. von Wildkin, 7 Std. von
Zermatt, 5½ Std. von Sunnegga.

Varianten

Variante 1   Von Zermatt aus kann man zur schönen Alp Tufteren auch
schneller gelangen (allerdings muss man die erste Fahrt der Bahn abwarten, siehe Fahrplanfeld 2290): Mit der unterirdischen Standseilbahn hinauf
nach Sunnegga (2288 m), zunächst etwas absteigend, dann auf breitem
Fahrweg flach und bequem in ½ Std. nach Tufteren (2215 m).

Variante 2   Wer diesen Europaweg als Teil einer Wanderung rund um
das Mattertal beschreiten möchte, kann z. B. von der Täschhütte SAC
(2701 m) aus starten (siehe Etappe 126). Von der Täschhütte SAC auf
breitem Weg in 1 Std. zur Täschalp, Ottavan (2214 m). Dort weiter gemäss
obiger Beschreibung.

Etappe 15

Steinige Halden, steiler Abstieg

Man kann sich kaum vorstellen, dass noch vor kurzer Zeit der Europaweg in einem einzigen Tag bewältigt wurde, besser gesagt, es wurde allenthalben versucht... Wie schön ist es doch heute, in der Europahütte eine Nacht zu verbringen, um – frisch gestärkt – den zweiten Teil dieser wunderschönen Königsetappe anzugehen. Beim Europaweg handelt es sich ohne Übertreibung um einen Höhenweg der Superlative!

Zunächst steigen wir von der Europahütte zum Galenberg und traversieren zunehmend steinige Halden bis zum Grat, von wo wir plötzlich Grächen gut 1000 Meter unter uns erblicken. Diese Höhendifferenz will dann als Dessert auch noch überwunden sein. Der Abschluss ist jedoch versöhnlich: ein herrlicher, feuchter Bergwald bietet Schatten und schliesslich vernehmen wir das sympathische, erfrischende Gurgeln der Suone, der wir bis nach Grächen folgen.

T4	5 bis 6 Std.	▲ 407 m	▼ 937 m

Routencharakter und Schwierigkeit T4 Der Weg ist durchwegs gut ausgebaut, und an heiklen Passagen sind Geländer und Stahlseile am Fels vorhanden. Wieder gilt es, einige «Gefahrenstrecken» zu durchschreiten, wo Stein- oder Eisschlag möglich ist, zudem kann dort das Wasser der Bäche unvermittelt ansteigen. Ein Verweilen in diesen Zonen ist also zu vermeiden. Die einzelnen Gruppenmitglieder gehen dort mit Vorteil zügig durch, und vor allem mit gebührendem Abstand zueinander.

Zeit 5 bis 6 Std.
Europahütte – Grat 2 ¾ Std.
Grat – Grächen 2 ¼ Std.

Ausgangspunkt Europahütte. 1616 m. Koordinaten 628 460 / 105 850. Gemeinde Randa, 3928 Randa, Tel. Hütte 027 967 82 47, wenn keine Antwort 079 291 33 22.

Randa: Talboden, Verkehrswege, Bergsturz, Weisshorn

Endpunkt   Grächen. 1619 m. Schönes, originelles Walliserdorf auf einem mächtigen Sonnenbalkon hoch über dem Mattertal, grosses Wandergebiet, Bergbahnen. Heimat des Gelehrten und in Basel wirkenden Thomas Platter (1499-1582) und seines Sohnes, des Basler Stadtarztes Felix Platter (1536-1614). Bus nach St. Niklaus, Fahrplanfeld 140.55. Grächen Tourismus, Dorfplatz, 3925 Grächen, Tel. 027 955 60 60.

Talort   St. Niklaus. 1114 m. Bahn nach Stalden, Visp und Brig, Fahrplanfeld 140. Tourismusbüro, 3924 St. Niklaus, Tel. 027 956 36 63.

Karten   1328 Randa, 1308 St. Niklaus. Der Europaweg ist teilweise noch nicht durchgehend eingezeichnet!

Verschiedenes   Verpflegungs- und Unterkunftsmöglichkeiten unterwegs: Gasenried.

Sehenswürdigkeiten   Grossartige alpine Landschaft, Flora, Fauna, Topographie und Aussicht.

Die Route   Europahütte – Grächen. Vom der Europahütte, 2220 m, über dem Lärchberg steigen wir hinauf zum Miesboden, Aussichtspunkt mit Sitzbank bei P. 2321, von wo der Bergsturz von Randa sehr gut eingesehen wird. Dahinter kommt der nächste Talkessel, den wir wohl oder übel «ausmessen» müssen. Wir gehen flach durch das Hohbergtal, Gefahrenstrecke,

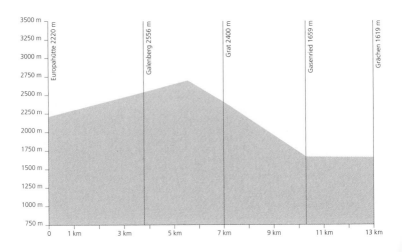

an dessen Ende kurz durch Felsen zu einem weiteren Rastplatz. Der nächste Kessel wird durch den Geisstriftbach geprägt, nach 1 Std. erreichen wir dort den P. 2500. Nun stetiger Aufstieg über den breiten Rücken des Galenbergs zum höchsten Punkt der Route, der auf ca. 2690 m liegt. Entlang von Hängen mit wenig Vegetation treten wir unvermittelt in ein Chaos von Steintrümmern und zerborstenen Felsen, dies ist der Grosse Grabe, den wir leicht absteigend auch noch durchschreiten. Nun zu einer flachen Wiese mit einer originellen Statue des Hl. Bernhard auf ca. 2400 m, oberhalb des Grathorns. Sicht auf Grächen (1000 Meter unter uns!), 1¾ Std. Abstieg zunächst nach links (W), dann nach rechts (E) in das Tal des Riedgletschers. Es geht steil durch feuchten Wald hinunter zum Pt 1997, wo der Hüttenweg Bordierhütte von rechts einmündet. Weiter im steilen Hang zum P. 1739, dort wieder nach rechts (E) zunächst zum Riedbach. Nach der Brücke erreichen wir kurz vor der Kapelle von Schallbettu, 1683 m eine Abzweigung zu zwei kleinen Wegen, die rechterhand oberhalb der Strasse je einer Suone entlang führen. Eine dieser Wasserleitungen führt uns oberhalb von Gasenried, 1659 m und Chäschermatte, dann durch Lärchenwald zur Talstation der Seetalhorn-Bahn und hinunter zum Dorfplatz von Grächen, 1619 m, 2¼ Std. von der Statue, 5 Std. von der Europahütte.

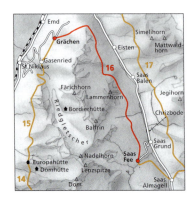

Etappe 16

Der Klassiker des Saastals

Hoch über der Saaser Vispa windet sich der teilweise ausgesetzte und lange Weg von Grächen nach Saas Fee. Es handelt sich um die vielleicht bekannteste und beliebteste Höhenwanderung im Wallis, dementsprechend wird sie auch sehr häufig besucht. Wald, Alpweiden, tief eingeschnittene Seitentälchen und steile Fels- und Geröllhalden lösen sich dauernd ab – für Abwechslung wird gesorgt!

Nebst der reichen Flora und Fauna sind die Tiefblicke in den sehr markanten Einschnitt des Saastals eine grosse Attraktion. Sehr beeindruckend präsentiert sich das immer umfassender werdende Panorama auf die Gruppe Fletschhorn-Lagginhorn-Weissmies. Ganz zum Schluss, bei den ersten Häusern in der Wildi, öffnet sich unvermittelt der grandiose Blick auf die riesige, gezackte und vergletscherte Mischabelkette.

T4	7 bis 8 Std.	▲ 788 m	▼ 615 m

Routencharakter und Schwierigkeit T4   Keine besonderen technischen Schwierigkeiten. Die ausgesetzten Teilstücke sind mit Seilen und Ketten gut abgesichert. Schwindelfreiheit wird aber vorausgesetzt. Zu Beginn der Saison zuerst anfragen, ob er Weg schon geöffnet wurde.

Zeit 7 bis 8 Std.
Grächen – Hannigalp 1½ Std. (Seilbahn).
Hannigalp – Schweibbach, 3 Std.
Schweibbach – Saas Fee, 3 Std.

Ausgangspunkt   Grächen. 1619 m. Buskurse ab St. Niklaus, Fahrplanfeld 140.55. Während der Sommersaison und bei vorhandenem Aufkommen verkehren morgens und abends in beiden Richtungen Busse direkt nach und von Saas Fee. Grächen Tourismus, Dorfplatz, 3925 Grächen, Tel. 027 955 60 60.

Saas Fee: das Gletscherdorf

Talort   St. Niklaus. 1127 m. Brig-Visp-Zermatt-Bahn, Fahrplanfeld 140. Tourismusbüro, 3924 St. Niklaus, Tel. 027 956 36 63.

Endpunkt   Saas Fee. 1792 m. Sehr beliebter, autofreier Ferienort am Fusse der Mischabelgruppe. Ausgedehntes Wander- und Skigebiet inmitten der Viertausender. Postauto nach Saas Grund, Stalden, Visp, Brig. Fahrplanfeld 145.10. Samstags direkte Verbindungen von und nach Goppenstein. Reservation obligatorisch! Fahrplanfeld 145.12. Postautodienst, 3906 Saas Fee, Tel. 027 957 19 45. Tourist Office, bei der Post, 3906 Saas Fee, Tel. 027 958 18 58.

Karten   1308 St. Niklaus, 1328 Randa, 1329 Saas.

Verschiedenes   Zwischen der Hannigalp oberhalb Grächen (Seilbahn) und Saas Fee keine Verpflegungsmöglichkeit.

Sehenswürdigkeiten   Saaser Museum, 3906 Saas Fee: Eine sehr gepflegte volkskundliche Sammlung über das Saastal und seine Geschichte, Arbeitszimmer von Carl Zuckmayer. Tel. 027 957 14 75.
Gorge Alpine: Begehung (Klettersteig und Tyrolienne) der spektakulären Schlucht der Feevispa, nur mit Bergführer. Buchung beim Bergführerbüro Mountain Life, 3906 Saas Fee, Tel. 027 957 44 64, oder bei der Bergsteigerschule Weismies, 3910 Saas Grund, Tel. 027 957 14 44.

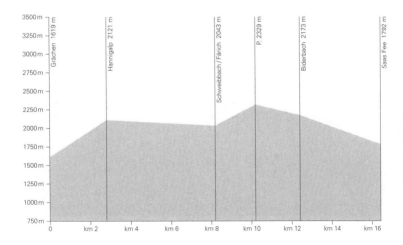

Die Route   Grächen – Saas Fee. Vom Dorfplatz in Grächen (1619 m) hinauf
zur Talstation der Seetalhornbahn (siehe Variante 1) und zum Seelein
von Z'Seew. Dem Waldrand entlang zum P.1780, jetzt in NE-Richtung durch
den Grächerwald regelmässig steigend zur Hannigalp (2121 m), 1½ Std.,
Seilbahn, Restaurant. Viele nehmen die erste Bahn am Morgen, um die Tour
erst hier zu beginnen.

Durch Wald rund um den Hügel und zunehmend in offenem Gelände und
Felspartien in 1½ Std. zur Weide von Stock (2465 m). Hier öffnet sich der
Blick in das Saastal und seine östlichen Bergwälle. Besonders die Eisflanken
des Weissmies sind beeindruckend. Etwas absteigend, dann aus dem Seitental des Eistbachs in 1 Std. bis Rote Biel und von dort in 30 Min. hinunter
zum Schweibbach (ca. 2100 m), idealer Platz für die Mittagsrast. Abstiegs-
möglichkeit über Schweibu (1679 m) hinunter nach Huteggen (1237 m),
gut 2 Std., Postauto nach Saas Grund oder Visp-Brig.

Der Weg steigt aus diesem schönen Seitental zu einem markanten Aussichtspunkt, Bockwang (ca. 2240 m), 1 Std. Tief im Tal sind die ARA Saastal und Saas Balen zu erblicken. Jetzt vorsichtig über den heiklen Lammgrabe und absteigend über Stafelalpji (Abzweigung hinunter nach Saas
Balen (1483 m), originelle Rundkirche) zum Biderbach. Dort wird der Weg
durch zwei Tunnel geführt. Eine tiefere Umgehungsroute über Biderwald
und Sengg nach Saas Fee wird dann signalisiert, wenn Eissturzgefahr aus
der Zungenfront des Bidergletschers droht. Bald erreicht man den Wald
wieder. Zwischen Balmiboden und der Wildi sind in den frühen Morgen-
stunden und am Abend oft Gemsen und Steinböcke zu sehen, manchmal
sogar Hirsche. Man folgt dem oberen Weg leicht absteigend in 2 Std. bis
Saas Fee (1792 m), grossartige Sicht! Hotels und Massenlager, Saaser
Museum, Bäckereimuseum.

Varianten

Variante 1   Vom P. 1780 bei Grächen durch Lärchenwald, später Weide
und Geröllhänge in gut 4½ Std. zum Seetalhorn (3037 m), oder in wenigen
Minuten mit der Seilbahn hierhin. Ueber den Kamm hinunter ins Seetal und
über Geröllhänge in 2 Std. bis Rote Biel, wo man auf die Hauptroute trifft.

Variante 2   Kurz vor Saas Fee, nach dem Senggbode (2042 m), folgt man
der Abzweigung in knapp 1 Std. hinauf zum Hannig (2249 m nicht zu
verwechseln mit der Hannigalp ob Grächen). Restaurant, Übernachtungsmöglichkeit, schöner Spazierweg (1 Std.) oder Seilbahn hinunter nach Saas
Fee.

Im Land der Sarazenen

Sarazenen nannte man im Mittelalter arabische Volksstämme, die auf verschiedenen Wegen bis nach Mitteleuropa gelangt waren. Mit diesen – nicht immer sehr friedlichen – Zügen gelangten verschiedene Errungenschaften der damals sehr erfindungsreichen arabischen Welt zu uns, so Papier, Velours, Filz, Nougat, Geschirr, Lederschläuche, Maultiere, Maulesel, die Getreideart Buchweizen (frz. sarrasin genannt), ausgeklügelte Bewässerungssysteme, aber auch Kenntnisse über den Lauf der Sterne und Wissen über die Humanmedizin. Um die letzte Jahrtausendwende herrschte in den nördlichen Breiten ein wesentlich wärmeres Klima als heute. Die Gletscher waren bedeutend kleiner, und viele Pässe, die später weniger beliebt waren, galten damals als sichere und bequeme Uebergänge. In Nordafrika mag es zu dieser Zeit enorm heiss gewesen sein, weshalb vermutet wird, dass klimatische Unbill die Sarazenen zu ihren Zügen nach Norden veranlasst hatten, nebst rein kommerziellen Interessen, denn gewiegte Handwerker und Händler waren sie allemal.

Die musulmanischen Sarazenen bauten in Südfrankreich einen grossen Brückenkopf. Dieser hiess Fraxinet und lag zwischen den Städten Toulon und Fréjus auf dem heutigen Massif des Maures. In der arabischen Geschichtsschreibung ist dieser Berg unter dem Namen «Jabal al-Qilâl» bekannt. Mauren (auch Mohren, von lat. *maurus* = Bewohner Mauritaniens, dunkelhäutiger Nordafrikaner) nennt man ja bekanntlich auch die arabischen Bewohner Iberiens. Damals war dieser «Mohrenberg» aufgrund des höheren Wasserstandes des Mittelmeers eine Insel. Von hier aus wanderten die Sarazenen nach Norden, einerseits dem Rhonetal entlang, andererseits über die Alpen in die Po-Ebene (wo im Jahr 936 das Städtchen Frassineto gegründet wurde) und über verschiedene Pässe in das Wallis und weiter bis in die heutige Deutschschweiz hinein.

Im Wallis finden sich ausserordentlich viele Zeugnisse der Sarazenen. Erstaunlicherweise haben sie auch Flur- und Ortsnamen hinterlassen, obwohl sie nicht sehr sesshafte Menschen waren. Der Torrent des Maures bei Evolène und der Monte Moro am Ende des Saastals zeugen von ihrer Anwesenheit. Die Bewohner von Isérables im Unterwallis werden heute noch «les bedjouï» (die Beduinen), jene von Vétroz und Fully «les kroumir» genannt. Der Name des Dorfes Sarreyer geht auf arabische Wurzeln zurück, ebenso die alte Bezeichnung Fraxinodo oder Frascinodi für die Bergsiedlung Alpjen oberhalb Gondo. Hier im Saastal finden sich mehrere Bezeichnungen, welche von Sarazenen geprägt wurden, so die Ortschaft Almagell (von arabisch al-mahall = Ort, Aufenthalt) und das Allalinhorn. Ala'i-ain bedeutet im maurischen Arabisch «die Quelle», übersetzt heisst der leichteste Viertausender der Alpen deshalb einfach «Quellhorn». Auch im Wort

Mischabel scheint der arabische «jabal» oder «djebel» (Berg) leise mitzuschwingen, obwohl diese etymologische Wurzel nicht als gesichert gilt.

Im 10. und 11. Jahrhundert hielten die Sarazenen den Mons Jovis (heute Grosser St. Bernhard). Sie zerstörten unter anderem im Jahre 972 die Kirche von Bourg-St-Pierre und machten im gleichen Jahr den Fehler, den hl. Maiolan, Abt von Cluny, bei Orsières gefangen zu nehmen, der sich auf dem Heimweg von Rom befand, wo er als Berater des Papstes tätig war. Damit luden die Sarazenen den Zorn der Kirche (und damit des Staates) auf sich. Sie wurden sukzessiv vertrieben, oder sie vermischten sich mit der lokalen Bevölkerung. Was übrig geblieben ist, sind die von ihnen geprägten Namen. Und als letzter Sarazenengruss weht der Föhn regelmässig gelbroten Wüstenstaub über die Berggipfel und Gletscher, der ein paar Stunden vorher irgendwo zwischen Tamanrasset und Cherchell in der Sahara aufgewirbelt wurde.

Etappe 17

Der Walserweg

Heute verlassen wir das Saastal so, wie wir es betreten haben – über einen langen Höhenweg. Dieses Mal besuchen wir aber den östlichen Talhang. Auf diesem Weg wanderten früher schon die berühmten Walser, vom Goms her kommend, in südlichere Gefilde.

Von Saas Fee gelangen wir zunächst auf dem Waldweg hinunter nach Saas Almagell. Es folgt der Aufstieg über die Almagelleralp zum Höhenweg, der uns meist an der Baumgrenze über Chrizbode, Siwibode und Oberfinilu nach Gspon führt. Diese Route wird in umgekehrter Richtung ebenfalls in der Tour 127 besprochen. Sie kann auch auf der Weissmieshütte SAC unterbrochen werden.

T3	10 Std.	▲ 524 m	▼ 729 m

Routencharakter und Schwierigkeit T3   Gut abgesicherte Stellen an Steilhang zwischen Almagelleralp und Chrizbode.

Zeit 10 Std.
Saas Fee – Almagelleralp – Chrizbode, 5¼ Std.
Chrizbode – Gspon, 4¾ Std.

Ausgangspunkt   Saas Fee. 1792 m. Bus ab Brig und Visp, Fahrplanfeld 145.10. In der Saison samstags auch direkte Verbindungen mit Goppenstein. Tourist Office, bei der Post, 3906 Saas Fee, Tel. 027 958 18 58.

Endpunkt   Gspon. 1893 m. Sehr schöne, kleine Siedlung hoch über dem Saastal. Seilbahn ab Stalden und Staldenried, Fahrplanfeld 2270.Pension Alpenblick, 3933 Gspon, Tel. 027 952 22 21. Pension Mosji, 3933 Gspon, Tel. 027 952 22 34.

Talort   Stalden. 799 m. Bahn nach Zermatt, Brig und Visp, Fahrplanfeld 140.Verkehrsverein, 3922 Stalden, Tel. 027 952 15 12.

Zwischen Chrizbode und Gspon: gelb werdende Lärchen

Karten   1329 Saas, 1309 Simplon, 1308 St. Niklaus.

Verschiedenes   Verpflegungsmöglichkeit unterwegs: Almagelleralp, Chrizbode, Heimischgartu, Färiga, Obere schwarze Wald.

Sehenswürdigkeit   Sehr umfassende Rundsicht, alter Lärchenbestand, Flora und Fauna.

Die Route   Saas Fee – Gspon. Von Saas Fee (1792 m) über die Panoramabrücke, an deren Ende nach links in den Wald und dort auf schönem Spazierweg gemächlich in ¾ Std. hinunter nach Saas Almagell (1660 m). Wir wenden uns zum Dorfteil Zum Berg (1670 m) und steigen durch den Spisswald und den Spissgrabe zur Brücke bei Chüelbrunnji (2053 m). Jetzt weniger steil dem Almagellerbach entlang bis kurz vor das grosse Alphaus Stafel, 1 ½ Std. Wir wenden uns nach links und gelangen auf den Höhenweg, der wieder talaus führt. Bei P. 2235 den oberen Weg benutzen, der in Kehren auf die Wyssi Flüe führt. Nun beinahe flach über das Hehbord. Es folgt eine steiler Felshang mit zahlreichen Lawinenverbauungen, der Weg ist gut gesichert. Nach dem P. 2479 gelangen wir wieder in einfacheres Gelände und steigen gemächlich zum Chrizbode (2397 m) ab, 3 Std. Von hies erreicht man in ¾ Std. die Weissmieshütte SAC (Tel. 027 957 25 54).
Wir gehen nun kurz in nördlicher Richtung, der Weg macht bei Weng einen Bogen nach links (W). Bald erreichen wir eine kleine Kanzel (2246 m). Durch

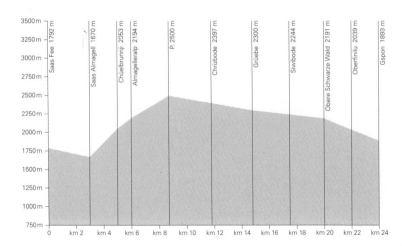

grobes Geröll wandern wir bis zum P. 2453, von wo wir über Wiese und einen grünen Moränenkamm zur Alp Grüebe (2300 m) absteigen, 1 ¼ Std. Wir überqueren nun den Fellbach, kommen am Hoferälpji (2260 m) vorbei und gelangen auf eine Fahrstrasse, diese verschwindet bald darauf nach links im Wald, wir bleiben an der Baumgrenze und erreichen Linde Bode (2230 m), ½ Std., 1 ¾ Std. von Chrizbode. Der Weg steigt etwas über Felsplatten zum breiten Rücken des Siwibode (2244 m), ½ Std., von wo wir den vermutlich schönsten Aussichtspunkt des Saastals, das Simelihorn (3134 m) erkennen. Dahinter steigen wir über Rotgufer zur Brücke über den Mattwaldbach (2191 m), von wo wir gemütlich zur Alp Färiga (2271 m) ansteigen. Von dort geht es fast flach zum Obere schwarze Wald (2191 m), 1 Std. Jetzt wenden wir uns dem Kessel des Leidbachs zu, folgen kurz einer Suone und steigen ab nach Oberfinilu (2039 m). Weiter unten erreichen wir einen grösseren Weg, der uns direkt nach Gspon (1893 m) führt, 1 ¼ Std.

Das Saastal und die Feerberge (Tour 17)

Varianten

Variante 1   Chrizbode kann auch wie folgt erreicht werden: Von Saas Fee mit dem Postauto hinunter bis zur Haltestelle «Kreuzboden-Hohsaas», von dort fährt die Seilbahn direkt nach Chrizbode hinauf.

Variante 2   Wer alles zu Fuss gehen, aber den langen Abstecher ins Almagellertal meiden möchte, der kann die Route wie folgt abkürzen: Von Saas Fee (1792 m) wandern wir zunächst in den Dorfteil Üsseri Wildi, nach dem P. 1820 gehen wir nach rechts hinunter auf dem alten Saumweg, queren die Strasse, kommen an der Kapelle St. Joseph vorbei, queren beim P. 1595 nochmals die Strasse und gelangen so in ½ Std. nach Saas Grund (1559 m). Wir gehen nun rechts der Strasse auf Spazierweg, unter der Seilbahn hindurch zum Dorfteil Unter dem Berg und überschreiten dahinter den Triftbach bei P. 1607 auf der oberen Brücke. Nun Anstieg über eine weitere Josephs-Kapelle (1771 m) bis Bodme (1806 m). Wieder im Wald gelangen wir über Tewaldji und den Teiffe Grabe auf die Alp Brend, dahinter überqueren wir den Fellbach und steigen zur schönen Walsersiedlung Heimischgartu (2100 m), 2 Std. Von hier erreichen wir Linde Bode (2230 m) in ½ Std. und damit die oben beschriebene Route. Auf dieser Route liegen also Saas Fee und Gspon nur noch knappe 6 Std. auseinander.

Gipfel T4   Simelihorn. 3124 m. Wenn man vom Linde Bode (2230 m) her kommt, zweigt man kurz vor dem Siwibode (2244 m) nach rechts (N) ab und folgt einer Suone. Bald sind wir am Mattwaldbach und überschreiten diesen. Auf dem nördlichen Ufer steigen wir auf Wegspuren zur Mattwaldalpa (Flesch, 2598 m), etwas oberhalb nach links (NW) zu einem breiten Kamm, der vom Gipfel herunterkommt. Dort finden sich weitere Wegspuren, denen wir bis zum Simelihorn (3124 m) folgen, 3½ Std. vom Linde Bode, grossartiger Aussichtspunkt! Abstieg bis zum P. 2624, von dort über Weide hinunter zur Alp Färiga (2271 m), wo die Route nach 2 Std. wieder erreicht wird.

Gottlieb Studer, Panoramenzeichner

Der Schweizer Alpen-Club begann ein Jahr nach seiner Gründung mit der Herausgabe seiner vielbeachteten Jahrbücher. In diesen kamen vor allem Themen zur Geltung, die mit der Erschliessung und Erforschung unseres Gebirges zu tun hatten. Viele Viertausender harrten ja damals noch ihrer ersten Besteigung und über geologische und erdgeschichtliche Zusammenhänge bestanden meist nur relativ vage Vorstellungen. Wurden die Alpen zunächst als «Abfall der Schöpfung» bezeichnet, so kamen durch das fortschreitende Bewusstsein und durch eminente Forschungsergebnisse und Erkenntnisse plötzlich noch andere Möglichkeiten in Frage.

In seinen Jahrbüchern von 1864 bis 1923 veröffentlichte der SAC auch Karten und Panoramen, um die Kenntnisse über die Geographie und Topographie der Alpen einer weiteren Oeffentlichkeit zugänglich zu machen. Die Gesamtheit dieser einzigartigen Publikationen repräsentiert einen sehr schönen Querschnitt durch das künstlerisch-wissenschaftliche Schaffen der Belle Epoque. Dem 1. Jahrgang seiner Jahrbücher, der SAC hatte gerade 257 Mitglieder (heute: 100 000), lag ein Panorama von Gottlieb Studer bei, das dieser am 16. Juli 1840 «nach der Natur gezeichnet» hatte. Das Faltblatt heisst «Panorama vom Mattwald oder Simmelihorn im Wallis (3270 mtr: ü: Mr.)» und hat das respektable Format von 18 × 226 cm. Darauf ist «die hehre Alpenwelt» dieser Gegend vom Gipfel des Mattwaldhorns, einem Gipfel östlich des Simelihorns, in beinahe nationalem Pathos eingefangen. Mit Akribie, hellen Pastelltönen und feinem Strich sind hunderte von Gipfeln in ihren exakten Positionen und Konturen abgebildet und genau bezeichnet. Auch Dutzende von anderen Flurnamen sind darin fein säuberlich verewigt. Aus heutiger Sicht ist das Panorama von Studer sehr aufschlussreich, zeigt es uns doch die Gletscher am Ende der «Kleinen Eiszeit» (1650-1850) und dokumentiert doch damit sehr genau die damaligen Gletscherstände, deren Ausmasse fast beängstigend riesig erscheinen, wenn man sie mit heutigen Aufnahmen vergleicht, wo ein markanter Gletscherschwund zum Vorschein kommt.

Gottlieb Studer (1804-1890) war Notar, Regierungsstatthalter von Bern und zudem ein passionierter und begnadeter Panoramenzeichner. Sein Geist war sehr produktiv. Als Grundlagen für seine über 900 handgezeichneten Panoramen sind seine 20 Skizzenbücher zu nennen, die ihn auf seinen ausgedehnten Fahrten und Besteigungen von 1821 bis 1881, unter anderem auch in Norwegen begleitet haben. Leider sind bis heute nur etwa 50 Panoramen veröffentlicht worden. Daneben hat er einige bedeutende Bücher publiziert, die Wesentliches zur Erschliessung der Alpen beigetragen haben.

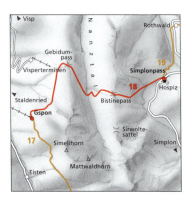

Etappe 18

Durch das kleine Tal der Gamsa

Auf unserer Haute Route verlassen wir nun mit dem Nanztal die Reihe von Süden nach Norden gerichteter Seitentäler und treten in die komplizierteren, weniger klaren topographischen Strukturen des Simplon und des Goms ein. Dabei überschreiten wir die Gamsa, die weiter unten aus einer sehr engen Schlucht in das Rhonetal eintritt. Dort, bei Gamsen, befand sich übrigens im Mittelalter eine kolossale Talsperre, eine Mauer, die vom Berghang bis an den Fluss hinunter führte.

Von Gspon steigen wir zunächst sanft auf zum Gebidumpass. Dort öffnet sich vor uns das einsame Nanztal, das wir durchschreiten. Auf der anderen Talseite wartet ein zweiter Pass, von dem wir schliesslich bequem zum Simplonpass absteigen können. Für einmal ist es eine relativ einfache Etappe.

T2	6 bis 7 Std.	▲ 905 m	▼ 795 m

Routencharakter und Schwierigkeit T2   Herrliche Wanderung auf sehr angenehmen Wegen.

Zeit 6 bis 7 Std.
Gspon – Gebidumpass 2¼ Std.
Gebidumpass – Bistinepass 2½ Std.
Bistinepass – Simplonpass 1¾ Std.

Ausgangspunkt   Seilbahn von Stalden und Staldenried, Fahrplanfeld 2270. Pension Alpenblick, 3933 Gspon, Tel. 027 952 22 21. Pension Mosji, 3933 Gspon, Tel. 027 952 22 34.

Talort   Stalden. 799 m. Bahn von Zermatt, Visp und Brig, Fahrplanfeld 140. Verkehrsverein, 3922 Stalden, Tel. 027 952 15 12.

Die weit ausladende Passhöhe des Simplon

Endpunkt Simplonpass. 2003 m. Grossartige, historisch bedeutungsvolle, manchmal etwas windige Passlandschaft. Einer der niedrigsten Übergänge über die Hochalpen. Postauto nach Simplon Dorf, Gondo und Brig, Fahrplanfeld 145.40. Hotel Bellevue, 3907 Simplonpass, Tel. 027 979 13 31 und 979 13 42. Hotel Monte-Leone, 3907 Simplonpass, Tel. 027 979 12 58. Hotel Simplonblick, 3907 Simplonpass, Tel. 027 979 11 12. Simplon Hospiz, 3907 Simplonpass, Tel. 027 979 13 32.

Karten 1308 St. Niklaus, 1289 Brig, 1309 Simplon.

Verschiedenes Keine Verpflegungsmöglichkeit unterwegs.

Sehenswürdigkeiten Stockalperweg, Ecomuseum Simplon.

Die Route Gspon – Simplonpass. Wir verlassen Gspon (1893 m) auf einem breiten Weg, der über Bode und am P. 1989 vorbei in den Graben des Beiterbachs führt. Bei Sädolti (2153 m) gelangen wir auf einen Höhenweg, der uns über Arbegge und Sitestafel (2150 m) direkt zum Gebidumpass (2201 m) führt, 2 ¼ Std.
Auf einer Alpstrasse steigen wir nun ins Nanztal hinab und gelangen zur Brücke bei Mättwe (1826 m). Dort überqueren wir die Gamsa und steigen über Bististafel (1899 m) und die Grosse Läger zur Hirscherhitte (2183 m). Wir bleiben rechts des Bistibachs und erreichen dort, teilweise auf Wegspuren, den Bistinepass (2417 m), 2 ½ Std. vom Gebidumpass.

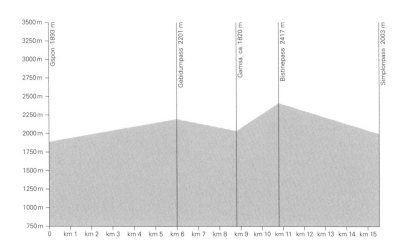

Unter uns liegt die grosse Alp Bistine und die weit ausladende Passlandschaft des Simplon. Wir steigen direkt ab, nach P. 2175 wendet sich der
Weg nach links (NE) und an Bielti und Blätte vorbei gelangen wir bald
zum Simplonpass (2003 m), 1 ¾ Std.

Varianten   Zwischen dem Nanztal und dem Simplonpass bestehen eine
ganze Reihe gangbarer Pässe (von N nach S): Uesseri Nanzlicke (2602 m),
Inneri Nanzlicke (2579 m), Nanzlicke (2447 m), Bistinepass (2417 m),
Magelicke (2439 m), Sirwoltesattel (2621 m). Wir haben mit dem Bistinepass
einmal absichtlich die tiefste dieser Kerben und damit die «einfachste»
Variante gewählt...
Von Gebidum kann man auch der Heido-Suone folgen und so auf gleicher
Höhe das Nanztal ausmessen. Etwa 2 ½ Std.

Gipfel T4   Spitzhorli. 2737 m. Wer noch einen Gipfel besteigen möchte,
der wählt folgende Route: Nach dem Bististafel (1899 m) zum Nanzer Chäller
und über die Alp Hermettje zu einem grossen Alphaus. Es geht weiter Zer
alte Chilche, am P. 2135 m vorbei hinauf zur Uesseri Nanzlicke (2602 m),
3 ¼ Std. vom Gebidumpass. Nun nach links (N) links des Gratkamms zum
Gipfel des Spitzhorli (2737 m), ½ Std. Sehr umfassender Rundblick ins
Nanztal, Rhonetal und über den Simplon, der Abstecher lohnt sich!
Abstieg auf der gleichen Route in ¼ Std. zur Uesseri Nanzlicke. Von dort
auf schönem Weg über Alpweiden, vorbei am Rossusee und weiter unten
am Hopschusee direkt zum Simplonpass (2003 m), 1 ¾ Std.

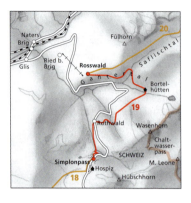

Etappe 19

Finstere Gräben und lichte Böden

Die heutige Etappe führt uns zunächst auf dem Stockalper- weg in die Tafernaschlucht hin- unter. Bei Rothwald kreuzen wir die Simplonstrasse und ge- langen über herrliche Hochwei- den an das verzweigte Ende des Gantertals. Dabei sind einige Seitengräben zu durchschreiten, bevor wir nach dem Schiessbach der alten Suone bis nach Rosswald folgen. Dort geniessen wir den freien Blick ins Rhonetal und zurück auf den breiten Simplonpass.

| T3 | 7 bis 8 Std. | ▲ 588 m | ▼ 772 m |

Routencharakter und Schwierigkeit T3   Die heutige Route führt über Konstruktionen aus verschiedensten Jahrhunderten. Der Stockalperweg wurde wieder so hergerichtet, wie er früher einmal war, ein behäbiger Maul- tierpfad. Die grösste Schwierigkeit wartet in Rothwald auf uns, dort gilt es, die viel befahrene Simplonstrasse zu überqueren. Danach bilden Alpstrassen und schöne Wanderwege das Trassee.

Zeit 7 bis 8 Std.
Simplonpass – Rothwald, 2 Std.
Rothwald – Bortelhütten, 3 Std.
Bortelhütten – Rosswald, 2 ½ Std.

Ausgangspunkt   Simplonpass. 2006 m. Postauto ab Brig und Gondo, Fahrplanfeld 145.40. Verkehrsbüro, Bahnhofplatz 1, 3900 Brig, Tel. 027 921 60 30.

Talort   Brig. 684 m. Bahn ab Basel, Zürich, Bern, Fahrplanfeld 300. Bahn ab Lausanne, Sion, Fahrplanfeld 100. Bahn ab Zermatt, Stalden, Visp, Fahr- planfeld 140. Bahn ab Göschenen, Andermatt, Fahrplanfeld 610. Ver- kehrsbüro, Bahnhofplatz 1, 3900 Brig, Tel. 027 923 79 09.

Auf den Weg nach Rosswald: beschaulicher Pfad durch lockeren Lärchenbestand

Endpunkt Rosswald. 1819 m. Sehr schön und hoch über dem Rhonetal gelegene Feriensiedlung. Seilbahn nach Ried-Brig, Fahrplanfeld 2320. Postauto ab Ried-Brig nach Brig, Fahrplanfeld 145.45. Verkehrsverein, 3913 Rosswald, Tel. 027 923 79 09. Wenn keine Antwort: Verkehrsbüro, 3900 Brig, Tel. 027 921 60 30.

Einfachster Abstieg ins Tal Nach Brig. 684 m. Mit der Seilbahn hinunter nach Ried-Brig und mit dem Postauto nach Brig.

Karte 1289 Brig.

Verschiedenes Verpflegungsmöglichkeit unterwegs: Rothwald, Bortelhütten.

Sehenswürdigkeit Stockalperschloss in Brig, Stockalperweg in der Tafernaschlucht.

Die Route Simplonpass – Rosswald. Vom Simplonpass (2006 m) nehmen wir den alten Stockalperweg und steigen rechts des Hopschugrabe im Wald hinunter in die Tafernaschlucht, die linkerhand von der eindrücklichen Flanke des Staldhorns begrenzt wird. Im Talgrund überschreiten wir zunächst die Brücke über den Hopschubach, weiter unten, beim alten Gasthaus Stockalpers, die Brücke über die Taferna. Beim P. 1531 verlassen wir den alten Saumweg und steigen nach rechts über zwei Kehren zur Simplonstrasse hinauf, die wir bei P. 1745 erreichen. Wir gehen kurz der Passstrasse ent-

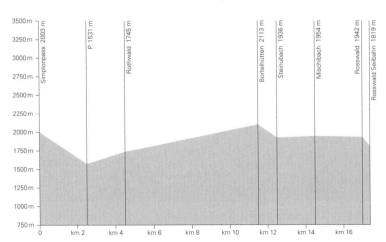

lang hinauf zur Abzweigung nach Rothwald. Auf dem Fahrweg erreichen wir diesen Weiler (1811 m), in dessen Mitte eine kleine Waldkapelle zu sehen ist, 2 Std. vom Simplon Kulm.
Wir bleiben auf dem Fahrweg, der durch Wald hinauf nach Wase (1960 m) steigt. Über Wintrigmatte (2042 m) und Honegga (2018 m) gelangen wir in einen steinigen Talkessel. Beim P. 2048 m stehen wir genau über dem Simplontunnel. Es geht etwas hinunter zum Schrickbode (1910 m). Von dort können wir schon das nächste Zwischenziel erkennen: die Bortelhütten. Diese erreichen wir über den wilden Graben des Furggubäum und einige Kehren über die Bortelalp, dabei überqueren wir den Ganterbach, der vom Bortelseewji heruntersaust. Nach 3 Std. stehen wir vor den Bortelhütten (2113 m), Verpflegung und Unterkunft im Sommer, Tel. 027 924 52 10. Ausflugsmöglichkeit zum Bortelseewji (2450 m), hin und zurück 1¾ Std. Der Weg führt nun flach, dann etwas fallend in das Steinutal. Vom P. 1936 steigen wir kurz auf zu einem Höhenweg, der uns zum Schiessbach führt. An einer Suone vorbei gelangen wir nach Stafel. 1997 m. Wir steigen kurz ab zur Suone und wandern am steilen Hang dieser Wasserleitung entlang bis Rosswald, 1942 m. Nun absteigend zum Parkplatz und schliesslich zur Seilbahnstation Rosswald, 1819 m, 2½ Std.

Varianten

Variante 1   Vom Simplonpass (2006 m) nach rechts (E) hinauf zum Chaltwassertälli bis zu einem kleinen Übergang mit Sicht auf See (2756 m) und Monte Leone-Hütte SAC. Dort steil links hinauf zur Mäderlicke (2887 m), 3 Std. Nun steil hinunter über das Bodmertälli, Moos und Bärufalle (2095 m) nach Wintrigmatte (2042 m), wo wir auf den Weg von Rothwald her treffen. Von der Mäderlicke zu den Bortelhütten sind 3 Std. zu veranschlagen. Schwierigkeit T4.

Variante 2   Man kann vom Simplonpass her auch das Postauto bis Schallbett (1933 m) benutzen (die Galerie und der Autotunnel eignen sich nicht für Wanderer), dort steigt man zur Hochweide von Burst auf und gelangt über Moos und Bärufalle, 2095 m nach Wintrigmatte (2042 m). Weiter auf dem oben beschriebenen Weg zu den Bortelhütten (3 Std.) von Schallbett.

Die «hintere Gasse»   Eine interessante Variante entlang der Landesgrenze Richtung NE. Vom Simplonpass zur Monte Leone-Hütte SAC und über den Chaltwasserpass zur Alpe Veglia (Rifugio). Hinaus zum Passo die Voltendra und über die Scatta d'Orogna hinunter zur Alpe Veglia (Rifugio CAI). Von hier über den Geisspfad zurück in die Schweiz nach Fäld, wo man auf Route 21 trifft- oder weiter nach Crampiolo (Unterkunft) und hinauf zur Scatta Minoia (Route 21).

Wir wünschen sonnige Tage im Oberwallis...

IV   Rosswald – Furkapass

Obergoms, Pomatt, Bedretto

Diese Etappe führt uns in die südlichen Seitentäler des Goms, hinüber ins Pomatt und via Val Bedretto in die östlichsten Gefilde des Wallis. Einige herrliche Tagesetappen erwarten uns. Zunächst darf sicher das Binntal als eine der ganz grossen Attraktionen dieser Haute Route erwähnt werden. Über den seit jeher benutzten Albrunpass machen wir dem von Walsern stark geprägten Val Formazza (Pomatt) einen Besuch, um über die Quellen des Ticino wieder ins Wallis zurückzugelangen.

Die einzelnen Tagestouren sind nicht zu lang, und die Höhendifferenzen halten sich ebenfalls in gewissen Grenzen, wenn man einmal vom langen Anstieg von Unterwassern zum Tällistock hinauf absieht. Die Etappe von Rosswald bis auf die Furka kann gut in sechs Tagen bewältigt werden.

Die Tagesetappen

20   Rosswald – Saflischpass – Binn
Der Übergang ins Strahlertal
Hanfriebi und Artischockenquarz

21   Binn – Binntalhütte SAC
Quer durch das Tal der Kristalle
Matthäus Schiner, Kardinal

22   Binntalhütte SAC – Albrunpass – Scatta Minoia – Rif. Margaroli CAI
Alle Wege führen nach Rom

23   Rif. Margaroli CAI – Griespass – Capanna Corno-Gries CAS
Ein Augenschein im Pomatt und Bedretto
Die Sbrinz-Route

24   Capanna Corno-Gries CAS – Gonerlilücke – Unterwassern
Durch das Quellgebiet des Ticino

25   Unterwassern – Tällistock – Furkapass
Der letzte Tag?
Keine Angst vor dem Wolf!

Etappe 20

Der Übergang ins Strahlertal

Auf unserer Haute Route verlassen wir heute die weite und geschichtsträchtige Passlandschaft des Simplon und betreten das Binntal, das wohl berühmteste Seitental des Goms. Dabei überqueren wir den sanften Saflischpass, dessen grüne Hochweiden von Hängen abgeschlossen werden, die an innerasiatische Bergsteppen erinnern. Von der Passhöhe lohnt sich ein kurzer Abstecher auf das Seewjihorn, von dem man in sehr ruhiger Umgebung eine grosse Anzahl Viertausender betrachten kann. Durch das Saflischtal gelangen wir zunächst nach Heiligkreuz, ein bedeutender Wallfahrtsort im Oberwallis und von dort nach Binn. Dieses Dorf, auch Schmidigehischere genannt, fällt durch seine kompakte Architektur und seine im Sommer sehr sonnige Lage auf. Besonders bekannt ist das Binntal zudem für seinen Reichtum an Kristallen und Mineralien.

T3	5 bis 6 Std.	▲ 744 m	▼ 1163 m

Routencharakter und Schwierigkeit T3   Herrlicher Pass mit gutem Weg.

Zeit 5 bis 6 Std.
Rosswald – Saflischpass 2 Std.
Saflischpass – Heiligkreuz 2 ¼ Std.
Heiligkreuz – Binn 1 Std.

Ausgangspunkt   Rosswald. 1819 m. Seilbahn ab Ried-Brig, Fahrplanfeld 2320. Verkehrsverein, 3913 Rosswald, Tel. 027 923 79 09. Wenn keine Antwort: Verkehrsbüro, 3900 Brig, Tel. 027 921 60 30.

Talort   Ried-Brig. 917 m. Postauto ab Brig, Fahrplanfeld 145.45. Verkehrsbüro, Bahnhofplatz 1, 3900 Brig, Tel. 027 921 60 30.

Heiligkreuz: die Kapelle

Endpunkt Binn. 1400 m. Wunderbares, eng gebautes, altes Walliserdorf mit behäbigen Lärchenhäusern. Es wird auch «Schmidigehischere» genannt. Buskurse nach Fiesch, Fahrplanfeld 610.15. Bahn ab Fiesch nach Brig, Fahrplanfeld 610. Verkehrsverein Binntal, 3996 Binn, Tel. 027 971 45 47.

Karten 1289 Brig, 1290 Helsenhorn, 1270 Binntal.

Verschiedenes Unterkunfts- und Verpflegungsmöglichkeit unterwegs: Fleschboden, Heiligkreuz.

Sehenswürdigkeit Regionalmuseum Graeser-Andenmatten, 3996 Binn, Tel. 027 971 46 20.

Die Route Rosswald – Saflischpass – Binn. Von der Seilbahnstation Rosswald (1819 m) hinauf zum Parkplatz. Nun kurz links, dann von der Strasse nach rechts, an der Kapelle bei P. 1942 vorbei in ¾ Std. zum Fleschboden (Restaurant und Unterkunft). Jetzt weniger steil auf Hangweg über die Weiden von Fleschhalte und Oflini in 1¼ Std. zum Saflischpass (2563 m). Abstieg über herrliche Hochmoorlandschaft, bei P. 2485 rechts hinunter zum verfallenen Alphaus von Mutzenarve, ¾ Std. Über Weideland in ¼ Std. zur Mässhitta und in weiteren ¼ Std. zum Sickerchäller (1959 m). Zunächst auf Alpstrasse, dann angesichts des kleinen Stausees im Moossschliecht rechts hinunter auf sehr schönem altem Alpweg nach Heiligkreuz (1472 m), 1 Std. Dort befindet sich eine sehenswerte Kapelle aus dem

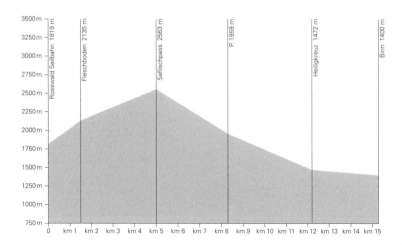

17. Jahrhundert, die als bedeutender Wallfahrtsort bekannt ist, ein Restaurant mit Herberge liegt gerade oberhalb des Kirchleins.
Wir schwenken nach links (N) ein ins Lengtal. Oberhalb der Kasernengebäude in feuchtem Wald bis zum Fahrweg, jetzt in offenem Weidegelände in 1 Std. hinunter über Wilere (1419 m), wo sich ein Besuch der sehr schöne Kirche Hl. Erzengel Michael lohnt, bis Binn (1400 m), sehr kompaktes, kleines Walliserdorf mit alten Holzhäusern, das trotz seiner Lage im Talboden von der Sonne sehr verwöhnt wird.

Gipfel T3   Seewjihorn. 2732.8 m. Vom Saflischpass lohnt sich ein Besuch des Seewjihorns (2732,8 m). Der Weg führt über eine eigenartige Karst- und Dolinenlandschaft zum Gipfel, von dem man eine grosse Anzahl Viertausender erspähen kann. Zum Gipfel und zurück ist 1 Std. zu veranschlagen.

Schmidigehischere im Strahlertal (Tour 20)

Hanfriebi und Artischockenquarz

Wenn wir vom Lengtal her bei Wilere zum ersten Mal auf Binn blicken, so fällt uns die kompakte Dorfanlage auf. Dicht drängen sich die Walliserhäuser aus Steinsockeln und roh behauenen, unbehandelten Lärchenbalken auf, die von Sonne, Wind und Wetter beinahe schwarz gegerbt erscheinen. Eigentlich gibt es gar kein Dorf mit dem Namen Binn. Die Siedlung, die allgemein so benannt wird, teilt sich auf in die Weiler Ze Binne, Wilere, und Schmidigehischere. Im oberen Dorfteil von Schmidigehischere steht quer zum Tal ein massiger, heller Steinbau aus der Gründerzeit, das Hotel Ofenhorn. Diese Herberge wurde 1883 gebaut, musste aber infolge des grossen Zustroms an Gästen bereits 1896 auf die jetzige stattliche Kubatur ausgebaut werden. Kurz darauf folgte daneben die Konstruktion einer Dependance, in der sich heute Gemeindelokale und das Regionalmuseum Binn befinden. Der Aufbau dieser sehenswerten Sammlung wurde durch die Stiftung Graeser-Andenmatten ermöglicht. Das Museum hat drei Abteilungen: Volkskunde, Geschichte und Mineralogie/Geologie.

Im volkskundlichen Teil sind handwerkliche Gegenstände und solche des täglichen Gebrauchs ausgestellt. In diesen reflektiert sich sehr stark die Notwendigkeit der Autarkie, denn das Binntal war in früheren Zeiten jedes Jahr temporär, manchmal auch während Monaten von der Aussenwelt total abgeschlossen. Menschen und Vieh mussten deshalb ohne Nachschub aus den benachbarten Gebieten und Regionen leben können. Im Gegensatz zur heutigen Auffächerung der Berufszweige und extremen Spezialisierung der Individuen waren die damaligen Bauern des Binntals buchstäblich Alleskönner. Demzufolge hatten sie eine wesentlich ganzheitlichere Sicht der Dinge und ihre Problemlösungen waren geprägt davon. Es darf nicht verwundern, dass in Binn trotz einer Bevölkerungszahl von weniger als 200 Menschen, die etwa der heutigen entspricht, praktisch alle handwerklichen Dienstleistungen vertreten waren, vom Ofenbauer, Küfer und Seiler (der eben das «Hanfriebi» gebrauchte) zum Schuhmacher, über den Hackbrettbauer bis zum Quacksalber. Die ausgestellten Gerätschaften sind stumme Zeugen aus der vergangenen Zeit, in der nur wenige Binner gewillt waren, ihr geliebtes, lawinengepeitschtes Tal im Winter zu verlassen. Sie sind aber auch Zeugen einer grossen handwerklichen Begabung, von erstaunlicher Materialkenntnis und eines Lebens am äussersten Rande der Existenzmöglichkeiten.

In der geschichtlichen Abteilung weisen zahlreiche Gräberfunde zurück in die Zeit der Uberer, eines keltischen Stamms, der im Oberwallis siedelte. Ein sehr grosses Gräberfeld wird unter dem Hotel vermutet, seine Freilegung kann aus verständlichen Gründen nicht sofort an die Hand genommen werden. Der Albrunpass am Ende des Tals war zu jenen

Zeiten ausserordentlich beliebt und wichtig. Binn spielte auf diesem Passweg aufgrund seiner geographischen Lage am oberen Ende der Twingischlucht eine zentrale Rolle. Es erstaunt deshalb wenig, dass auch die Römer viele Zeugnisse ihrer Anwesenheit hinterliessen, besonders in Form von Wegresten. Es fehlt aber auch nicht an Hinweisen, dass bereits vor mehr als zwei Jahrtausenden gestrahlt wurde.

Damit wären wir bei den Kristallen und Mineralien angelangt, für die das Binntal so bekannt ist. Das Regionalmuseum zeigt uns herrliche Bergkristalle, Quarze, Amethysten und einen einmaligen Fundus an teilweise ortsspezifischen Mineralienarten. Dabei werden auch die wichtigsten Fundstellen und das jeweilige geologische Umfeld dokumentiert. Als Ergänzung zu den informativen Erklärungen, zu den grossartigen Ausstellungsobjekten und zur zusätzlichen Veranschaulichung dieses interessanten Themenkreises empfehlen wir eine organisierte Mineralienexkursion, wie sie der Verkehrsverein in der Hauptsaison anbietet.

Etappe 21

Quer durch das Tal der Kristalle

Am Eingang des Binntals liegen Ernen und Mühlebach, die Geburtsorte von Georg Supersaxo und Matthäus Schiner, zweier bekannter Walliser. Das Binntal selbst gehört zu den Seitentälern des Wallis, die durch grosse Wildheit und Ursprünglichkeit angenehm auffallen. Die Siedlungen sind nur sehr klein, eine Erschliessung mit technischen Infrastrukturen fand nicht statt. Deshalb warten auf den Besucher eine Menge starker Natureindrücke und sehr ursprüngliche Dörfer. Diese Situation kann als Modell dienen für eine nachhaltige und sanfte touristische Entwicklung. Noch ein ganz spezieller Hinweis auf das Binntal und seine Umgebung: Die auf den Wegweisern angegebenen Zeiten sind im Unterschied zu den meisten anderen Regionen des Wallis eher sehr grosszügig angegeben. Wir haben uns erlaubt, diese teilweise etwas nach unten zu korrigieren.

Von Binn gelangen wir zunächst nördlich der Binna zum originellen Dorf Fäld. Wir wechseln dort das Ufer und setzen unseren Weg unterhalb der berühmten Mineraliengrube ins Talende fort, wo sich die Binntalhütte SAC knapp unterhalb des Albrunpasses befindet. Es handelt sich um eine der kürzesten Etappen dieser Haute Route!

| T3 | 4 Std. | ▲ 867 m | ▼ 0 m |

Routencharakter und Schwierigkeit T3 Sehr schöner, einfacher Hüttenweg.

Zeit 4 Std.
Binn – Fäld, ¾ Std.
Fäld – Binntalhütte SAC, 3 Std.

Ausgangspunkt Binn. 1400 m. Bahn ab Brig nach Fiesch, Fahrplanfeld 610. Bus ab Fiesch nach Binn, Fahrplanfeld 610.15. Verkehrsverein Binntal, 3996 Binn, Tel. 027 971 45 47.

Zwischen Fäld und der Binntalhütte: ein leuchtendes Hochtal

Endpunkt Binntalhütte SAC. 2267 m. Koordinaten 665 650 / 136 280. CAS Section Delémont, 2800 Delémont, Tel. Hütte 027 971 47 97.

Karte 1270 Binntal.

Verschiedenes Unterkunfts- und Verpflegungsmöglichkeit unterwegs in Fäld.

Sehenswürdigkeit Regionalmuseum Graeser-Andenmatten, 3996 Binn, Tel. 027 971 46 20. Mineraliengrube Lengebach (für Führungen kontaktiere man den Verkehrsverein).

Die Route Binn – Binntalhütte SAC. Wir verlassen Binn (Schmidigehischere 1400 m) auf dem Wanderweg oberhalb des Hotels Ofenhorn und wandern gemütlich nördlich der Binna über Holzehischere nach Fäld (1547 m), ¾ Std. Dieser Ort erscheint auf den Wegweisern und auf alten Karten noch unter dem Namen «Imfeld». Hierher kommt man auch von der «hinteren Gasse» via Geisspfad (s. Route 19).
Nach eingehender Besichtigung dieses wirklich einzigartigen Dörfleins schreiten wir hinunter zur Brücke über die Binna bei Rippje. Dort gehen wir links (E) steigen unterhalb des Kessels des Lengebachs (Mineraliengrube bei P. 1699) rechts (S) der Binna über die Weiden von Binnultini und Chäller zur Furggmatta, 1½ Std. Wir bleiben rechts und steigen auf das Plateau mit dem herrlichen Halsee (2002 m). Ein kurzer Abstieg bringt uns von

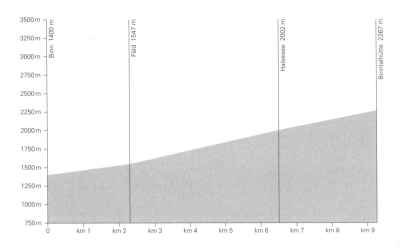

dort zum Chiestafel, wo wir wieder nördlich der Binna weitergehen. Am P. 2106 vorbei gelangen wir in die sumpfige Ebene von Blatt, wo wir nochmals den Bach überqueren. Nun wenig steil zum Oxefeld (2193 m) und von dort ebenfalls recht gemütlich zur Binntalhütte SAC (2267 m), 1½ Std.

Varianten

Variante 1   Von Fäld (1547 m) können wir auch links (N) der Binna bleiben und auf dem Alpsträsschen bis Chiestafel wandern, wo wir auf obige Route treffen, 3 Std. bis zur Binntalhütte SAC.

Variante 2   Vom Halsesee können wir auch nach rechts (S) aufsteigen. Auf Wegspuren erreichen wir die Hochmoorgegend oberhalb von Balme. Meist auf Wegspuren oder auf der Weide gelangen wir so zum Oxefeld, wo wir auf die Hauptroute treffen. Von der Furggmatta sind auf diesem Weg bis zur Binntalhütte SAC 1½ Std. einzuplanen.

Matthäus Schiner, Kardinal

Das Schweizer Geschichts- und Vergangenheitsdenken ist sehr stark geprägt von der Verherrlichung siegreicher Schlachten und deren Helden, ungeachtet dessen, ob letztere historisch belegt sind oder nicht. Morgarten, Sempach, Näfels, Grandson, Dornach, St. Jakob an der Birs – das sind Eckdaten im Geschichts- und Selbstverständnis unseres Landes. Etwas weniger informiert sind wir hingegen über unsere kulturellen Errungenschaften aus der Vergangenheit und deren Einflüsse auf die heutige Zeit.

Weniger gern erinnern sich auch viele Schweizer an die Jahreszahl «1515» und den Dorfnamen «Marignano». Dort erlitt die schweizerische Grossmachtpolitik gründlich und endgültig Schiffbruch. Durch Uneinigkeit geschwächt, unterlagen die eidgenössischen Truppen dem Heer François I. von Frankreich. Ein Exponent dieser Politik war der Walliser Bischof Matthäus Schiner, der 1511 vom Papst zum Kardinal ernannt und 1521 beinahe selbst zum Papst gewählt wurde.

Matthäus Schiner wurde 1465 in Mühlebach bei Ernen geboren. Nach seinen Studien, die er in Sion, Bern und Como durchlief, wurde er 1489 zum Priester geweiht. Schiner war ein Mann mit Ambitionen, auch politischen. Damals war der gängige Weg, seinen Einfluss geltend zu machen und ihm das nötige Gewicht zu verleihen, jener einer Priesterkarriere. Die Kirche stand als mächtigste Lobby jener Zeit den Ehrgeizigen Pate. Stark gefördert wurde er dabei von Georg uf der Flüe, der sich lieber mit der lateinischen Übersetzung seines Familiennamens anreden liess: Supersaxo. Bereits zehn Jahre nach seiner Priesterweihe, im Alter von 34 Jahren, wurde Matthäus Schiner zum Bischof von Sion gewählt. Sein Ausweis in dieser Funktion ist absolut beeindruckend. Mit grosser Tatkraft setzte er sich für Reformen ein, bekämpfte energisch die zahlreichen und haarsträubenden Missstände in der Priesterschaft, förderte nachhaltig das Schulwesen und baute sehr viele Kirchen. Die Verbindung von kirchlicher und weltlicher Macht im Sittener Bischofsamt erlaubte es ihm, auch seine vortrefflichen Qualitäten als Diplomat und Staatsmann auszuspielen. Mit den Eidgenossen fand er zuverlässige Verbündete, um seiner papstfreundlichen Italienpolitik mehr Druck zu verleihen. Der Papst dankte es ihm mit der Verleihung des Kardinalstitels anno 1511, Schiner war gerade 46 Jahre alt geworden. Aber diese Politik war auch schweizerische Grossmachtpolitik. Die Eidgenossen verwüsteten im «Kalten Winterzug» 1511 die Lombardei und eroberten Mailand. Ein Jahr später wurden mit dem «Pavierzug» die Franzosen aus Norditalien vertrieben. 1513, nach der sehr blutigen Schlacht bei Novara, folgte die Besetzung des Maggiatals, von Locarno, Lugano, dem Mendrisiotto, des Eschentals, Bormio, des Veltlins und Chiavenna.

Die Franzosen kamen mit Macht zurück, und bei Marignano wurde das Schicksal der
Eidgenossen besiegelt, Mailand ging wieder verloren. Aber auch die Position Matthäus
Schiners wurde empfindlich geschwächt. Sein Mentor Georg Supersaxo, ein Ränke-
schmied, wurde plötzlich sein erbittertster Gegner. Kardinal Matthäus Schiner wurde
1517 aus dem Wallis vertrieben und erlag am 1. Oktober 1522 in Rom der Pest.

**Sonnengebräunte Lärchenbalken an einem Speicher in Fäld
(Tour 21)**

Etappe 22

Alle Wege führen nach Rom

Langsam neigt sich unsere Haute Route von der Forclaz zur Furka dem Ende zu. Wir betreten heute einmal italienischen Boden, auf dem wir uns südlich des dominierenden Blinnenhorns den Ziel der Reise ein ganzes Stück nähern. Dabei wandeln wir über den Albrunpass auf den alten römischen Wegen, die bekanntlich alle nach Rom führten. Die Etappe ist sehr gemütlich und bei guter Sicht offenbaren sich die Gegensätze zwischen Hochgebirge, Hochebenen und Steilhängen.

Diese Tagestour führt uns über den historisch bedeutsamen Albrunpass ins Valle Dèvero, das wir aber über einen zweiten Pass sofort wieder verlassen. Schliesslich gelangen wir zu den Stauseen, welche die Alpe Vannino beherrschen. Dort steht auch unser Tagesziel, das Rifugio Margaroli CAI.

T3	4 bis 5 Std.	▲ 519 m	▼ 592 m

Routencharakter und Schwierigkeit T3   Es sind keinerlei nennenswerte Schwierigkeiten zu erwarten. Bei schlechter Sicht jedoch kann die Routenfindung im Abstieg zum Problem werden.

Zeit 4 bis 5 Std.
Binntalhütte SAC – Albrunpass, ½ Std.
Albrunpass – Scatta Minoia, 2 ½ Std.
Scatta Minoia – Rif. Margaroli CAI, 1 ¼ Std.

Ausgangspunkt   Binntalhütte SAC. 2267 m. Koordinaten 665 650 / 136 280. CAS Section Delémont, 2800 Delémont, Tel. Hütte 027 971 47 97.

Talort   Binn. 1400 m. Bus ab Fiesch, Fahrplanfeld 610.15. Verkehrsverein Binntal, 3996 Binn, Tel. 027 971 45 47. Route zur Hütte siehe Tour Nr. 21.

Lago Vannino: Rifugio Margaroli CAI und der Passo di Nefelgiù

Endpunkt Rifugio Eugenio Margaroli CAI. 2194 m. Am Nordende des Lago Vannino auf der Alpe Vannino gelegen. Koordinaten 671 250 / 137 500. CAI Club Alpino Italiano, Tel. Hütte 0039/0324 63 155 oder 63 054.

Einfachster Abstieg ins Tal Nach Ponte/Zumstäg. 1286 m. Von der Hütte am Nordhang links (N) des Torrente Vannino über Cra della Dighetta in die Waldzone hinunter. Vorbei am Sagersboden (1772 m, abgebrochene Seilbahn, Neubau in Vorbereitung) hinunter in den Talboden des Val Formazza (Pomatt) und nach Ponte/Zumstäg (1286 m), 2 Std.

Talort Ponte/Zumstäg. 1286 m. Zentrum der Walsersiedlungen im Val Formazza/Pomatt. Bus nach Baceno/Bätsch und Domodossola. Bahn ab Domodossola nach Brig (Fahrplanfeld 100.3) und Locarno (620). Azienda di Promozione Turistica, I-28863 Ponte Formazza. Tel. 0039/0324 63 059.

Karten 1270 Binntal. Für den Abstieg nach Ponte/Zumstäg benötigt man zusätzlich 1271 Basòdino.

Verschiedenes Keine Verpflegungsmöglichkeit unterwegs, jedoch Unterkunft im Bivacco Conti CAI auf der Scatta Minoia.

Sehenswürdigkeiten Historischer Weg über den Albrunpass; durch Stauseen geprägte hochalpine Landschaft mit südlichen Akzenten; Spuren der Walser, die sich im durchwanderten Gebiet vornehmlich durch Flurnamen äussern.

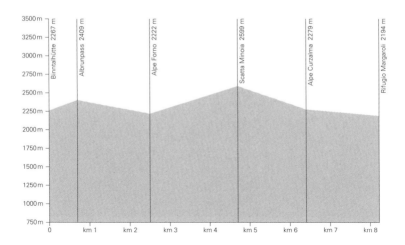

Die Route   Binntalhütte SAC – Rif. Margaroli CAI. Wir verlassen die gastliche Binntalhütte SAC (2267 m) und streben in südöstlicher Richtung über
Weide, dann felsige Partien zum Albrunpass (Bochetta d'Àrbola) (2409 m),
knapp ½ Std.

Vom Pass steigen wir gemächlich ab, überqueren den kleinen Bach und
kommen vor einen charakteristischen Felsbuckel. Der Hauptweg geht
rechts (SW) an diesem vorbei, wir nehmen jedoch eine Wegspur, die links
(NE) auf etwa 2300 m dem Hang entlang führt. Wir gelangen so in den Kessel
des Rio d'Àrbola und hinunter zur Alpe Forno Superiore, 2257 m, ¾ Std.
Nun südlich über Weiden zu einem kleinen See, Alpe Forno Inferiore. Hierher
kommt man auch von der Alpe Devero-Crampiolo, auf der «hintere Gasse»
(s. Route 19). Wir steigen nach Osten in einem kleinen Tal zu einem Seelein in flacher Weide. Nun in einem Geröllhang hinauf bis zur Scatta
Minoia (2599 m), 1 ¾ Std. Hier befindet sich eine unbewartete Schutzhütte
des CAI: das Bivacco Conti.

Wir steigen nun in NE-Richtung auf einen breiten Balkon auf etwa 2400 m
ab, gegenüber sehen wir die Geröllpyramide des M. Clogstafel (die Walser
lassen grüssen). Der Weg geht nun etwas nach links (N). Wir lassen die
Alpe Curzalma (2279 m) jedoch links liegen und steigen ab zu den Gesta-
den des Lago Vannino, den wir an seinem linken (NW) Ufer erreichen. Nun
flach im Uhrzeigersinn um den See und zur Felskuppel nördlich der Staumauer, Alpe Vannino, Rifugio Eugenio Margaroli CAI, 2194 m, 1 ¼ Std.

Ein Augenschein im Pomatt und Bedretto

Das Val Formazza oder Pomatt, wie es von den Walsern ge-nannt wird, verästelt sich an seinem nördlichen Ende in viele kleine Täler. Diese sind eindeu-tig von den Eiszeitgletschern geformt worden und tragen deshalb ihre eisige Handschrift. Beeindruckend sind zudem die Weite des Landes und die zahlreichen Installationen der Elektrizitätswirtschaft.

Wir überqueren zunächst den Passo di Nefelgiù. Danach steigen wir ins Valle Morasco ab, wo gleichzeitig der Aufstieg zum Griespass beginnt. Nach dem Grenzübertritt treten wir ins Valle Corno und damit in die obersten Gefilde des Val Bedretto ein. Dort finden wir die Capanna Corno-Gries CAS, unser heutiges Quartier. Man beachte den feinen Unterschied: der CAI benennt seine Hütte «Rifugio», der Club Alpino Svizzero eben «Capanna».

T3	6 Std.	▲ 1053 m	▼ 910 m

Routencharakter und Schwierigkeit T3 Szenische, gut ausgebaute Wege. Auf der Nordseite des Passo di Nefelgiù liegt oft bis in den Sommer hinein Schnee. Die Orientierung zwischen Griespass und dem Tagesziel kann bei schlechter Sicht eine gewisse Herausforderung darstellen.

Zeit 6 Std.
Rifugio Margaroli CAI – Lago Morasco, 3 Std.
Lago Morasco – Griespass, 2 Std.
Griespass – Capanna Corno-Gries CAS, 1 Std.

Ausgangspunkt Rifugio Margaroli CAI. 2194 m. Koordinaten 671 250 / 137 500. CAI Club Alpino Italiano, Tel. Hütte 0039/0324 63 155 und 63 054.

Zwischen Griespass und Cornopass: im östlichsten Wallis

Talort   Ponte/Zumstäg. 1286 m. Bahn ab Brig (Fahrplanfeld 100.3) und Locarno (620) nach Domodossola. Bus ab Domodossola und Baceno/ Bätsch nach Ponte. Azienda di Promozione Turistica, I-28863 Ponte Formazza. Tel. 0039/0324 63 059.

Endpunkt   Capanna Corno-Gries CAS. 2338 m. Koordinaten 674 610 / 146 650. CAS Sezione Bellinzona e Valli, 6500 Bellinzona, Tel. Hütte 091 869 11 29.

Einfachster Abstieg ins Tal   Nach All'Acqua. 1614 m. Von der Capanna Corno-Gries CAS (2338 m) über die Alp Corno (2204 m) zur Nufenenpassstrasse, die man bei Alpe di Cruina (2002 m) erreicht, ½ Std. Von dort mit Postauto nach Ulrichen oder All'Acqua (Fahrplanfeld 600.51), oder zu Fuss (1 ¼ Std.) nach All'Acqua (1614 m).

Talort   All'Acqua. 1614 m. Postauto nach Airolo oder Ulrichen, Fahrplanfeld 600.51. Verkehrsbüro, 6780 Airolo, Tel. 091 869 15 33.

Karten   1270 Binntal, 1271 Basòdino, 1251 Val Bedretto.

Verschiedenes   Unterkunfts- und Verpflegungsmöglichkeit unterwegs: am direkten Weg sind keine vorhanden, jedoch abseits im Pomatt (Rifugio Città di Busto CAI) oder auf dem Nufenenpass.

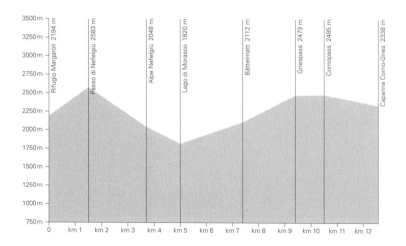

Sehenswürdigkeit   Von den Eiszeitgletschern stark gerundete und ausgehobelte Geländeformen. Ein Besuch in den Walserdörfern wird empfohlen.

Die Route   Rifugio Margaroli CAI – Capanna Corno-Gries CAS. Wir verlassen das Rifugio Margaroli CAI (2194 m) zunächst in nordwestlicher Richtung. Nach Überschreitung eines kleinen Bachs steigen wir nach rechts (N) in ein enges, zunehmend steiniges Tal hinauf. Der Weg folgt der Talkerbe. Bald erreichen wir die Steinwüste des Passeinschnitts: Passo di Nefelgiù (2583 m), 1¼ Std. Wir treten nun in das Vallone di Nefelgiù. Wir gehen auf gutem Weg meist in der Talmitte und gelangen auf etwa 2350 m wieder auf Weide. Dort macht das Tal einen kleinen Bogen nach rechts (NE). Weiter unten sehen wir die Alpe Nefelgiù (2048 m), die wir in 1 Std. erreichen. Danach wird es kurz flach. Plötzlich sehen wir von einem Balkon hinunter auf den Lago di Morasco. Auf gutem Weg nach rechts (E), vorbei an der Alp Furculti und hinunter zur Staumauer, von dort links (S) des Sees zu den Gebäuden bei P. 1820, 1¼ Std.
Auf der Strasse gelangen wir in das Valle del Gries. Im Talkessel kommen wir vorbei an zwei Seilbahnen, die in Richtung Lago del Sabbione zeigen. Nun erklimmen wir die Talrampe, vorbei am P. 1947 und 2064 erreichen wir die idyllisch gelegene Alp Bättelmatt (2112 m), 1 Std. Dort etwas nach rechts (NW) zur zweiten Talrampe, durch die ein schöner Zickzackweg hinaufführt. Plötzlich wird es flach, und nach einigen Schritten stehen wir an der Landesgrenze und betreten den Kanton Wallis, Griespass (2479 m), 1 Std.
Wir wenden uns nach rechts (NE) und gelangen oberhalb des milchigen Griessees zu einer Weggabelung, wir bleiben rechts und steigen noch etwas auf zum Cornopass/Passo del Corno (2485 m), ½ Std. Dort beginnt der Kanton Tessin. Abstieg links (N) eines länglichen Sees, der in Schutthalden eingebettet liegt. Das Tal, Val Corno genannt, weitet sich bald, und auf einem gefälligen Weg erreichen wir schliesslich die Capanna Corno-Gries CAS (2338 m), ½ Std.

Variante   Wir können von der Staumauer des Lago Morasco auch nach All'Acqua im Bedretto gelangen: Von der Krone der Staumauer des Lago Morasco steigen wir auf dem Strässchen hinunter bis Riale/Kehrbächi (1731 m). Nach dem Dorf überqueren wir den Bach und steigen nach links (NE) auf die Alpe Toggia, wo sich auch die Capanna Maria Luisa CAI (2155 m) befindet. Nun links (W) des Lago Toggia/Fischsee zum Passo S. Giacomo (2313 m). Von dort über die Alpe Formazzora hinunter in den Talboden, den man bei Formazzora (1652 m) erreicht. Von hier talaus, über den Ticino und kurzer Aufstieg bis All'Acqua (1614 m). Gesamtzeit Rif. Margaroli – All'Acqua, ca. 7 Std.

Die Sbrinz-Route

Die Alpen, so mächtig sie auch in der zentraleuropäischen Landschaft stehen mögen, bestehen, einem Käse nicht unähnlich, aus vielen Löchern. Dabei haben wir nicht jene Löcher im Visier, durch welche heute der moderne, schnelle Verkehr hindurchgeschleust wird, sondern vielmehr die vielen kleinen und grossen Lücken und Scharten in den Kämmen, die wir als Pässe benutzen.

Wie wir an anderer Stelle bereits gesehen haben, werden sehr viele dieser Pässe seit Jahrtausenden von Menschen benutzt, Menschen, die aus purer Entdeckerlust oder aus wirtschaftlichen Ueberlegungen das Land «dahinter» besuchten, erkundeten und zu ihrem Vorteil nutzten.

Der Albrunpass gehört zu diesen «alten» Pässen, die zu gewissen Zeitpunkten der Geschichte eine sehr grosse Rolle im interregionalen, ja internationalen Verkehr gespielt haben. Ein zweiter Übergang im Grenzgebiet zwischen Wallis und Norditalien, der zeitweise eine grosse Bedeutung hatte, heute aber nur noch touristischen Wert besitzt, ist der Griespass. Wenn wir uns eine Schweizer Karte näher anschauen, so fällt uns auf, dass westlich des St. Gotthard eine weitere direkte Nord-Süd-Route besteht, welche von Grimsel- und Griespass gebildet wird. Wir möchten diese Achse als die «Sbrinz-Route» bezeichnen.

Wenn wir heute in der Schweiz über die Teigwaren Parmesan streuen, dann tun wir es im Wissen, dass unsere Nachbarn im Süden für die pasta eigentlich lieber Sbrinz benutzen. In Italien ist man sogar dazu übergegangen, jeglichen Hartkäse als «sbrinza» zu bezeichnen, ungeachtet dessen, ob er aus der Schweiz stammt oder nicht. Der Original-Sbrinz, der urharte Käse aus dem Berner Oberland, war schon ein Exportschlager, lange bevor es die Käseunion gab, die es übrigens verstand, den Sbrinz auch wieder in der Schweiz bekannter und beliebter zu machen. Schliesslich hat der Sbrinz die Käseunion sogar überlebt...

Der kürzeste Weg nach Italien war jener über Grimsel und Griespass. Die wirtschaftliche Bedeutung dieser Route war vor 600 Jahren dermassen gross, dass der Bau und Unterhalt dieser Passroute bereits vertraglich geregelt wurde. Die Anlage des Weges, der Passagen in Sümpfen und an Steilhängen, die Brücken und Stege wurden genau auf das Gewicht und die Aussenmasse eines beladenen Saumtiers ausgerichtet. Nach der Überschreitung des Grimsel stiegen die Säumerkolonnen ins Obergoms ab und durch das Aeginetal zum Griespass auf, der trotz seiner Meereshöhe von «nur» 2479 Metern bis in dieses Jahrhundert hinein vergletschert war. Die Hufe der Saumtiere (von lat. *sagma* = Packsattel, Saum) wurden deshalb speziell ausgerüstet mit sogenannten Hippo- oder Mulo-sandalen, die mit geschmiedeten Stollen an Zehen und Ruten versehen waren, um die Trittsicherheit auf den «hälen» (glitschigen) Abschnitten zu erhöhen. So gelangte die kostbare Käselast auf die Märkte von Domodossola und Mailand. Auf dem Rückweg luden die Säumer ihre Packpferde und Maultiere mit Wein, Reis, Salz, Gewürzen, Stoffen und Lederwaren. Die Geschichte spielte dem Griespass jedoch übel mit, denn mehrheitlich politische Gründe sprechen dafür, dass er im Zuge der Zeit lediglich eine kleine und eng regionale Bedeutung behielt.

Durch das Quellge-biet des Ticino

Unser kurzer Streifzug durch das obere Val Bedretto und damit das Quellgebiet des Ticino beenden wir heute bereits wieder. Unser Ziel ist die Furka, und diese ist nicht mehr weit! So zieht es uns wieder ins Wallis zurück, das wir auf dem Nufenenpass oben wieder betreten. Danach gelangen wir in eine anders geartete Landschaft hinein. Die herben Seitentäler des Obergoms sind steil, waldlos und durch mächtige Grasrücken, Galen genannt, unterteilt.

Von der Capanna Corno-Gries CAS wandern wir zunächst zur Alpe di Cruina und überqueren den «alten» Nufenenpass, der sich etwa 500 Meter südlich der heutigen Strasse befindet. Danach steigen wir ab ins Ägenetal und folgen diesem bis zum Rotten bei Ulrichen. Von dort nehmen wir den beschaulichen Waldweg hinauf nach Unterwassern und Oberwald.

| T3 | 6 Std. | ▲ 376 m | ▼ 1337 m |

Routencharakter und Schwierigkeit T3 Durchwegs gefällige Wege führen uns zum Ziel. Besonders der neue Weg im Ägenetal ist eine Augenweide. Der Abschluss findet im kühlen Wald statt.

Zeit 6 Std.
Capanna Corno-Gries CAS – Nufenenpass 1 ½ Std.
Nufenenpass – Zum Loch (Ulrichen) 2 ¾ Std.
Zum Loch– Unterwassern 1 ¾ Std.

Ausgangspunkt Capanna Corno-Gries CAS. 2338 m. Koordinaten 674 610 / 146 650. CAS Sezione Bellinzona e Valli, 6500 Bellinzona, Tel. Hütte 091 869 11 29

Im Goms: Schwarznasenschafe

Talort All'Acqua. 1614 m. Postauto von Ulrichen und Airolo bis Alpe Cruina, Fahrplanfeld 600.51. Verkehrsbüro, 6780 Airolo, Tel. 091 869 15 33.

Endpunkt Unterwassern. 1377 m. Wenn wir einmal von Gletsch absehen, so ist diese Doppelgemeinde (Oberwald/Unterwassern) die letzte Siedlung im Obergoms. Hier verschwindet auch der Schienenstrang in den Furkatunnel. Bahn ab Brig oder Andermatt, Fahrplanfeld 610. Obergoms Tourismus, 3999 Oberwald, Tel. 027 973 32 32.

Karten 1251 Val Bedretto, 1250 Ulrichen.

Verschiedenes Verpflegung unterwegs: Nufenenpass (das Restaurant kann vom Wanderweg aus sogar gesehen werden...), Ulrichen.

Sehenswürdigkeit Quellbäche des Ticino; mit Ausnahme der Nufenenpassstrasse sehr wilde und eindrückliche Gegend im Grenzbereich zweier Länder und zweier Kantone.

Die Route Capanna Corno-Gries CAS – Nufenenpass – Unterwassern. Wir verlassen die Capanna Corno-Gries CAS, 2338 m hinunter zur Alp Corno, 2204 m und zum P. 2083. Dort schwenken wir vom Hüttenweg ab, der zur Strasse führt. Wir gehen links (N) zu den Weiden von Foppe, ½ Std. Bei einem Brunnen geht es wieder nach links (W) auf einem gefälligen Weg, dem wir

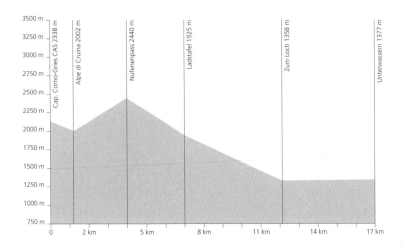

über Motto Valles bis zur Passhöhe des Nufenen, 2440 m folgen, 1 Std. Nun steigen wir steil ab zum P. 2303 auf der Nufenenpassstrasse. Dort benutzen wir für etwa 500 m den Fahrweg, der links (S) abzweigt. Beim P. 2327 steigen wir rechts hinunter, überqueren zwei Mal die Strasse und gelangen so zu einer mit Rostflechten überwachsenen Brücke bei Ladstafel, 1925 m. 1 Std. Wir überqueren die Brücke und gehen danach rechts, aber links der Ägene, zur Alpe Hosand. Nach etwa $1/2$ Std. geht es über eine Brücke auf das rechte Ufer des Bachs, den wir später auf einer originellen Hängebrücke wieder überqueren. Nun auf Waldweg gemütlich zur Strasse und zum Chientalbach, und hinunter zur Brücke bei P. 1416 und nach Zum Loch, 1358 m, $1 3/4$ Std. von Ladstafel.

Wir gehen nach rechts (N) zum Rotten und nehmen später rechts etwas steigend den Waldweg in Angriff, der uns in $1 1/2$ Std. nach Unterwassern, 1377 m, führt. Übernachtung dort oder in Oberwald, 1368 m, $1/4$ Std.

Varianten, Alternativen

Variante 1   Der ehemals direktere Weg über die Gonerlilücke (Capanna Gonerli) und das Gonerlital nach Unterwassern und Oberwald ist derzeit nicht begehbar, da von der Passhöhe der Gonerlilücke auf der Walliser Seite grössere Felsmassen abgestürzt sind. Auch die Hütte ist verschwunden, sie wurde von Schneemassen erdrückt.

Variante 2   Das Ziel kann man auch auf folgender, etwas verwegener Route gelangen: Von der Capanna Corno-Gries hinunter zur Strasse, dann von Ciurei di mezzo auf dem Höhenweg zur Alpe die Maniò und zu den Alpe di Rotondo. Kurz vor der Capanna Piansecco CAS steigen wir links hinauf, zunächst auf Weg, dann Wegspuren zum Gerenpass, 2691 m, $4 1/2$ Std. Wir überqueren den Chüebodengletscher (Schwierigkeit L) nach W und steigen steil auf unangenehmen Geröll- und Grashalden ab in den Talboden, den wir bei Im Cher, 2109 m, erreichen. Nun folgen wir dem Gerewasser, gelangen später auf eine Alpstrasse und folgen dieser zur Brücke, 1496 m. Nun auf der Strasse hinunter nach Unterwassern und Oberwald, 1368 m, etwa 4 Std. vom Gerenpass, total 8 bis 9 Std., Schwierigkeit T4.

Etappe 25

Der letzte Tag?

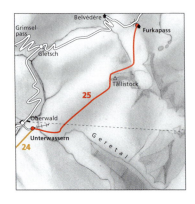

Vom Col de la Forclaz zum Furka-pass! Eine Haute Route von fünfundzwanzig Tagen über viele Pässe geht zu Ende. Wir nähern uns dem Beginn und dem Ende des Wallis, dem Rhonegletscher. Der östlichste Punkt des Wallis liegt zwar auf dem Passo dei Sabbioni beim Witenwasserenstock, wir wäh-len jedoch eine gangbarere Route, die uns schliesslich auf den Furka-pass führt.

Von Unterwassern steigen wir zunächst über den Hungerberg und den Galestafel zum Tällistock empor. Zwar gibt es einen Berg mit diesem Namen, der dazugehörige Pass umrundet ihn an seinen Gip-felfelsen. Danach folgt nur noch der Abstieg zu jenem Ziel, das wohl nun mit berechtigter Dankbarkeit erreicht wird.

T3	5 Std.	▲ 1392 m	▼ 340 m

Routencharakter und Schwierigkeit T3   Bei Tällisegg und am Tälligrat ist der nicht immer klar ersichtliche Weg mit Pfosten markiert, an denen sich die Schafe intensiv kratzen, denn die meisten dieser Holzbalken liegen im Gras verstreut herum.

Zeit 5 Std.
Unterwassern – Tällistock 4 Std.
Tällistock – Furkapass 1 Std.

Ausgangspunkt   Unterwassern. 1377 m. Bahn ab Brig und Andermatt, Fahrplanfeld 610. Obergoms Tourismus, 3999 Oberwald, Tel. 027 973 32 32.

Endpunkt   Furkapass. 2429 m. Bedeutender, stark befahrener Passüber-gang in der Zentralschweiz, verbindet das Wallis mit Uri oder das Goms mit dem Urserental. Bahntunnel zwischen Oberwald und Realp (Furkatunnel, Autoverlad); die alte Bahnstrecke über den Pass mit Scheiteltunnel wurde

Rhonegletscher: hier endet die Haute Route, hier beginnt
der Rotten

wieder hergerichtet und ist in Betrieb. Postauto nach Gletsch und Oberwald, Fahrplanfeld 610.20. Bahn ab Oberwald nach Brig und Andermatt, Fahrplanfeld 610. Postauto nach Realp und Andermatt, Fahrplanfeld 610.20. Bahn ab Andermatt nach Göschenen, Fahrplanfeld 610. Obergoms Tourismus, 3999 Oberwald, Tel. 027 973 32 32. Verkehrsbüro Andermatt, 6490 Andermatt, Tel. 041 887 14 54.

Karten   1250 Ulrichen, 1251 Val Bedretto, 1231 Urseren.

Verschiedenes   Keine Unterkunfts- und Verpflegungsmöglichkeiten unterwegs.

Sehenswürdigkeiten   Herrliche Sicht vom Tällistock ins weite Obergoms und hinüber zum stark zusammengeschmolzenen Rhonegletscher uns seinem Bergkranz. Eisgrotte beim Hotel Belvedere, Tel. 027 973 11 29.

Die Route   Unterwassern – Tällistock – Furkapass. Von Unterwassern (1377 m) gehen wir in Richtung der Talstation der Sesselbahn auf den Hungerberg. Nach der Brücke über das Gonerliwasser folgen wir dem Alpsträsschen, das sich nach SE wendet. Bei Roosseltini gehen wir links (E) auf dem alten Saumpfad hinauf und erreichen bald Gere (1535 m). Nach der zweiten Kapelle kreuzen wir die Alpstrasse und gehen rechts durch die Häuser und auf der Weide und zwischen einzelnen Lärchen steil hinauf bis Bärg (1734 m), sehr schöner Ort mit origineller Kapelle. Nun sehen wir vor uns die Bergstation der Sesselbahn, 1 Std. Rechts davon steigen wir links

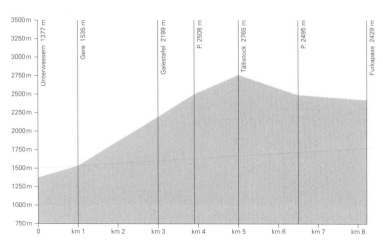

(NW) von zwei Skiliften gemächlich hinauf bis Galestafel (2199 m), 1 Std. Danach wird der Weg weniger klar, er ist teilweise unterbrochen und mit umgeworfenen Holzpfosten markiert. Es geht möglichst gerade hinauf zur Tällisegg, an deren oberen Ende steht ein grosses Holzkreuz unterhalb P. 2508, 1 Std. Herrliche Sicht ins Obergoms. Vom Kreuz führt ein Weg schräg hinunter in Richtung Neu Stafel, wir jedoch nehmen rechts den Kamm, Tälligrat genannt, der uns direkt in einen Sattel (2769 m) beim Tällistock führt. Dort gehen wir links (N) zum eigentlichen Pass (ca. 2750 m), 1 Std., alte Schutzhütte und einige militärische Zeltplätze sind dort zu sehen. Vom P. 2762 grossartige Sicht zum Rhonegletscher hinüber.

Wir verlassen den Pass nach Westen und gelangen im Geröll auf einen grösseren Weg, dem wir nach rechts folgen. In einem Bogen wandern wir unterhalb des Muttgletschers in den Steilhang der Gratschliecht, dort auf grossem Höhenweg direkt zum Furkapass (2429 m), 1 Std. Lust auf mehr? Es folgen noch einige Rundwanderungen...

Keine Angst vor dem Wolf!

«Konkurrenz belebt das Geschäft» – dies ist eine gängige Devise in unseren Breitengraden. Was in der Wirtschaft also gang und gäbe ist, wird in der Landwirtschaft und in Kreisen der hegenden und pflegenden Jäger nicht immer vorbehaltlos akzeptiert. Der Luchs musste dies bereits erfahren, das jüngste Beispiel ist nun der Wolf.

Im Wallis wurden in den letzten Jahren verschiedentlich Wölfe gesichtet. Der erste Vertreter der Spezies *Canis lupus* machte das Val Ferret unsicher und riss dort eine stattliche Anzahl Schafe. Er verschwand nach seinen Untaten unerkannt und ebenso lautlos, wie er gekommen war. Neuerdings sind auch Wölfe im Oberwallis zu Gast gewesen. Im Goms streifte ein junger Wolf umher. Dazu kam der nun berühmte «Wolf vom Simplon», ebenfalls ein junges Männchen, das vermutlich den Simplonpass als Aufmarschroute bis nach Brig benutzte. Er riss in Gehege gehaltenes Wild und erregte die Walliser Gemüter gewaltig. Jäger und Schafzüchter trafen sich darauf in Naters zu einer denkwürdigen Versammlung, die sogar teilweise im Fernsehen übertragen wurde. Eigenartigerweise wurde dieser «Wolf vom Simplon» bereits tags darauf von einem Auto überfahren, das hinter einem arbeiten-den Schneepflug her schlich.

Der Wolf gehört leider zu den verkanntesten Kreaturen der Tierwelt. Wir akzeptieren ihn zwar als Stammvater aller Haushunde, sonst jedoch ist das menschliche Verhalten ihm gegenüber durch ein Gemisch von Angst, Schrecken und Hass geprägt. Dies ist wohl die markanteste Fehleinschätzung und der grösste Aberglaube, der sich bis in unsere, durch den Verstand sonst so stark geprägte Zeit hartnäckig halten konnte. Das ist kein Zufall. Der Wolf wurde immer als Raubtier dargestellt, das eine direkte Gefahr für den Menschen darstellt. Märchen wie «Rotkäppchen» zementierten dieses Bild, lange nachdem der «böse» Wolf bei uns beseitigt war. Der Wolf verschwand also aus unserem Gesichtsfeld, die Zeit «nach dem Wolf» wurde durch neue Verhaltensmuster geprägt. So werden heute in den Alpen Schafe ohne Hirten und praktisch ohne Aufsicht völlig verstreut auf hunderten von Alpwiesen gehalten. Die ehemaligen Lagerstellen und Pferche der Schäfer (im Wallis «Färich» genannt), wurden nicht mehr benötigt und sind weitgehend zerfallen. Die Schafe und Ziegen nächtigen seither unbeaufsichtigt und verzettelt auf freier Weide. Zudem war die Dezimierung des Wildbestandes fortan das Privileg und offenbar das sich selbst erteilte Exklusivrecht der Jäger.

Es gibt jedoch wesentlich mehr Länder mit Wölfen, als solche ohne. In allen diesen konnten Schafzüchter und Jäger ebenfalls überleben. Einer dieser Staaten ist unser Nachbar Italien. Dort hat der Wolf seit Romulus und Remus allen Ausrottungsversuchen widerstehen können und sich bis in unsere Zeit hinüber gerettet. Trotzdem werden in Italien Schafe und Ziegen gezüchtet und gejagt wird auch. Die Population der Wölfe gedeiht in unserem südlichen Nachbarland offenbar prächtig. Deshalb sind die ersten Vorboten vom Apennin her über Piemont bereits ins Wallis vorgestossen, wo sie eine Bereicherung für den Tierbestand darstellen könnten. Diese Wanderung nach Norden werden wir wohl kaum aufhalten können, deshalb gilt es vor allem, die Schaf- und Ziegenhaltung (besonders die Sömmerung auf den Alpweiden) zu überdenken, um Verluste durch Wolfsriss zu vermeiden. Völlig zerstreute Kleinherden bilden für den Wolf im wahrsten Sinn des Worts ein «gefundenes Fressen». Und die Jäger müssen sich wohl oder übel an einen Konkurrenten gewöhnen, der ihnen das Privileg und einen Teil des Exklusivrechts streitig macht. Da der Wolf kein aggressives Tier ist und von sich aus nur in äusserst seltenen Fällen einen Menschen angreift, darf für alle der Grundsatz gelten: Keine Angst vor dem Wolf!

Der Grand Combin von der Gletscherpassage über den
Glacier de Corbassière (Tour 105)

V Tour des Combins

Rund um den Schweizer Himalaja

Das Massiv der Combins liegt in der Mitte zwischen dem Mont Blanc und den Zermatterbergen. Der Hauptgipfel, der Grand Combin, ist 4314 Meter hoch. Um ihn herum gesellen sich einige Berggestalten, die in anderen Landesteilen sehr auffallen würden: Combin de Boveire, Combin de Corbassière, Petit Combin, Tournelon Blanc. Der Grand Combin selbst weist zudem noch eine ganze Anzahl von Nebengipfeln auf. Das ganze Massiv ist (noch) stark vergletschert und erinnert etwas an den Himalaja. Unsere Tour umrundet diese faszinierende Berggruppe, dabei werden auch die Täler südlich davon berührt, die bereits zu Italien gehören.

Die Tour des Combins dauert fünf bis sechs Tage. Wir beginnen die Umrundung in Bourg-St-Pierre und begeben uns zunächst zur historisch bedeutungsvollen Passhöhe des Grand-St-Bernard. Nach einem Abstecher durch die nördlichen Seitentäler des Aostatals gelangen wir ins Val de Bagnes und über verschiedene Pässe an den Ausgangspunkt zurück. Technische Schwierigkeiten sind keine zu erwarten. Die schwierigsten Passagen (z.B. die Überquerung des Glacier de Corbassière), können auch umgangen werden.

Die Tagesetappen

101 Bourg-St-Pierre – Col du Grand-St-Bernard – St-Rhémy
Wege und Strassen aus allen Epochen
Wegbrecher, Ruttner, Schneeweger

102 St-Rhémy – Col Champillon – Ollomont
Le café valdôtain

103 Ollomont – Fenêtre Durand – Cabane de Chanrion CAS
Auf der Terrasse hoch über der Schlucht

104 Cabane de Chanrion CAS – Col des Otanes – Cabane Bagnoud
Von Teufelssteinen, Knoblauchwiesen und Lawinenzügen
Die Entwicklung verpasst?

105 Cabane Bagnoud – Col de Mille – Bourg-St-Pierre
Von Hütte zu Hütte zu Hütte
Die kulinarische Haute-Route

Etappe 101

Wege und Strassen aus allen Epochen

Das Massiv der Combins gehört zu den eindrücklichsten Natur-schauspielen des ganzen Wallis. Ein Stück Himalaja hat sich hier zwischen den Tälern von Entre-mont und Bagnes niedergelas-sen. Die folgende Tour be-schreibt die Route rund um diese gletscherbeladene Berglandschaft. Auf der ersten Etappe ziehen wir auf der historischen Route über den Col du Grand-St-Bernard hinunter ins Aostatal. Wir wandeln auf Strassen aus allen Epochen. Dies ist übrigens auch ein Teil der Via Francigena, die Canterbury mit Rom verbindet.

Von Bourg-St-Pierre folgen wir mehr oder weniger der alten Strasse und alten Maultierpfaden bis zum berühmten Hospiz und hinun-ter nach St-Rhémy, dem ersten Dorf nach dem Pass. Die Gegenwart der Strasse stört vielleicht manchmal, doch der technischen Errun-genschaft kann man auch eine gewisse Faszination abringen. Die Strasse hat den Vorteil, dass man die Wanderung etwas abkürzen könnte, z. B. mit einer bequemen Busfahrt bis Bourg-St-Bernard oder sogar auf die Passhöhe. Übrigens: Pass oder Identitätskarte nicht vergessen!

T2	6 Std.	▲ 837 m	▼ 851 m

Routencharakter und Schwierigkeit T2   Die Hauptschwierigkeit besteht darin, einen Weg abseits der Strasse zu finden...

Zeit 6 Std.
Bourg-St-Pierre – Col du Grand-St-Bernard, 4 Std.
Col du Grand-St-Bernard – St-Rhémy, 2 Std.

Ausgangspunkt   Bourg-St-Pierre. 1632 m. Sehr malerisches Passdorf mit vielen Steinhäusern und einer sehenswerten Pfarrkirche (St-Pierre) mit einem Turm aus dem 11 Jahrhundert. Bus ab Orsières, Fahrplanfeld 100.46.

Hoch über dem Val d'Entremont: Mont Vélan und die Passlandschaft
am Grand-St-Bernard

Bahn von Martigny nach Orsières, Fahrplanfeld 133. Office du Tourisme, 1946 Bourg-St-Pierre, Tel. 027 787 12 00. Wenn keine Antwort: 027 787 12 71.

Endpunkt St-Rhémy. 1619 m. Das erste Dorf auf der Südseite des Col du Grand-St-Bernard, in einem sehr engen Tal gelegen. Die Hauptstrasse führt heute in einer eleganten Galerie hoch über die Siedlung hinweg. Bus nach Martigny oder Aosta ab Bosses oder Etroubles, Fahrplanfeld 100.46. Azienda di Promozione Turistica, Etroubles, Tel. 0039/0165 78 559 oder 78 565.

Karten 1345 Orsières, 1365 Gd St-Bernard.

Verschiedenes Unterkunfts- und Verpflegungsmöglichkeit unterwegs: Hospice du Grand-St-Bernard und Hôtel Hospice (Tel. 027 787 11 53).

Sehenswürdigkeiten Beeindruckende Passlandschaft, die Kirche mit ihren Deckengemälden und dem Museum, die berühmten Bernhardiner-hunde, das Hospiz auf dem Grand-St-Bernard (Tel. 027 787 12 36).

Die Route Bourg-St-Pierre – Col du Grand-St-Bernard – St-Rhémy. Wir verlassen Bourg-St-Pierre (1632 m) nach Süden. Bei der Kirche gehen wir links etwas hoch und verlassen das Dorf. Mittels einer Brücke überqueren wir die kleine Schlucht des Valsorey und wandern auf der alten Passstrasse

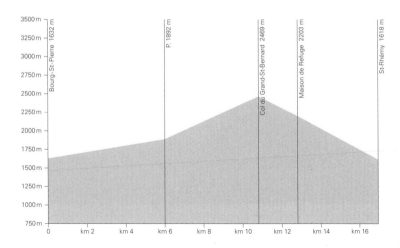

gemütlich bis unter die Staumauer (1730 m) des Lac des Toules, ¾ Std. Der Fahrstrasse folgend steigen wir bis zum Steg des Torrent du Lavancher, danach sofort links (W) hinauf, wo wir wieder auf die Fahrstrasse gelangen, die eine lange Kehre nach Norden ausführt. Nun rechts (W) des Lac des Toules zum Torrent des Erbets (Ende des Fahrwegs) und über die Felskanzel von Sur le Four auf einen prächtigen, breiten Weg, der uns bis an das Ende des Sees führt, bald darauf erreichen wir den P. 1892 bei einem kleinen Haus, gegenüber von Bourg-St-Bernard und der gut sichtbaren Aushubmasse des Strassentunnels, 1¼ Std. Wir bleiben auf diesem Weg, der uns über Plan de Sale zu einer Wasserfassung (1978 m) führt. Dort wechseln wir auf das linke (E) Ufer der Dranse d'Entremont. Sofort sehen wir unterhalb der stark befahrenen Strasse einen Weg, der uns bis kurz vor L'Hospitalet bringt. Dort gehen wir links (E) der Strasse hinauf über Comba Martchanda und Plan des Dames an den Fuss der Combe des Morts (ca. 2300 m). Nun in dieser düsteren Schlucht hinauf bis kurz vor das Hospiz, das wir auf der Strasse erreichen: Col du Grand-St-Bernard (2469 m), 2 Std.

Vom Hospiz nehmen wir den Wanderweg, der rechts (N) oberhalb der Strasse den See umrundet. Nach dem Grenzübertritt folgen die Ruinen um P. 2460. Wir gehen zur Strasse hinunter, überqueren diese sofort und gehen nun links (S) von ihr auf Alpwiesen, über die Strasse und hinunter zum Maison de Refuge (2203 m). Dort überqueren wir die Strasse abermals und nehmen einen Weg der nach links in den steilen Hang unterhalb Plan de Raye führt. Wir bleiben auf diesem Pfad, kommen vorbei am P. 2012 und steigen von dort zu einem Parallelweg weiter unten. Kurz vor Thoules (1721 m) gelangen wir auf die alte Passstrasse, von der wir kurz danach nach rechts auf die noch ältere Römerstrasse abbiegen, der wir bis St-Rhémy (1619 m) folgen, 2 Std.

Variante   Vom P. 1892 gegenüber von Bourg-St-Bernard besteht folgende Alternativroute: Wir überqueren die Dranse d'Entremont, danach die Galerie und nehmen bei P. 1927 einen steilen Weg, der parallel zur Seilbahn hinauf zum Col Nord de Menouve (2775 m) führt, 2½ Std. Auf der Südseite steil auf Wegspuren durch Geröll zum P. 2446 und in der Nähe der Alp Tsa Nouva auf einem Fahrweg in das Vallon de Menovy. Diesem Tal folgen wir hinunter bis Etroubles (1270 m), 2½ Std. vom Pass. Total 5 Std., oder 7 Std. von Bourg-St-Pierre.

Wegbrecher, Ruttner, Schneeweger

Der Col du Grand-St-Bernard gehört nebst dem Simplon zu den bedeutendsten Alpen-
pässen des Wallis. Schon die Römer haben den «Mons Jovis» rege benutzt, ebenso die
Sarazenen. Ab dem Mittelalter entwickelte sich ein internationaler Passverkehr. Waren
aus Norditalien gelangten so nach Frankreich. Zudem war der Grosse St. Bernhard für
Rompilger aus Nordeuropa einer der bequemsten und kürzesten Alpenübergänge. Wenn
wir heute aber die Strasse über diesen Pass betrachten, so fällt uns auf, dass sie praktisch durchgehend in Galerien verläuft, Galerien, die zum grossen Teil auf Pfeilern stehen.
Diese immense,12 Kilometer lange Galerie wird nur vom 6 Kilometer langen Scheiteltunnel unterbrochen. Mit anderen Worten : 18 Kilometer gedeckte Strasse machen diesen
Pass wintersicher. Schnee und Lawinen behindern den Verkehr kaum mehr. Der Mensch
hat mit grossem Kostenaufwand die Natur überlistet.

Zu Zeiten der Maultierkarawanen war der Winter zwar eine grosse Behinderung des
Verkehrs, aber kein unüberwindbares Hindernis. Wenn möglich wurden die wichtigen
Passrouten auch in der kalten Jahreszeit offengehalten. Das war nach sehr ergiebigen
Schneefällen nicht immer sofort durchführbar, aber nach wenigen Tagen schon konnte
man die Passroute wieder begehen.

Die Karawanen beschäftigten in dieser Situation sogenannte Wegbrecher, Ruttner oder
Schneeweger. Mehrere ortskundige, starke Männer zogen abwechslungsweise eine Spur
durch den frischen Schnee, die Wegbrecher. Wie das heute noch üblich ist, wurden schon
vor dem Wintereinbruch die wichtigen Wege mittels Stangen markiert, um die Orientierung zu erleichtern. Dahinter folgten die Ruttner, meist unbeladene Pferde oder Maultiere, welche in der vorbereiteten Spur den Weg durch ihr Gewicht weiter festigten. Um
Verletzungen vorzubeugen, wurden diesen Pferden vorher die Hufeisen abgenommen.
In dieser schon trittfesten Spur folgten nun die beladenen Maultiere. Solche Schneeweger
wurden von Gesellschaften in der Regel für die Ueberquerung des Passes angestellt.
Während die Schneewegerei bei Pulverschnee ein relativ einfaches Unterfangen darstellte,
konnte sich die Aufgabe bei Bruchharsch oder Nassschnee ins schier Unmögliche steigern. Viele Ruttnerpferde haben sich bei diesem Dienst vollständig verausgabt und sind
oft an Ort und Stelle an Erschöpfung gestorben. Weitere herbe Verluste an Tieren, Gut
und Menschen mussten jeweils bei Lawinenniedergängen in Kauf genommen werden.
Die Überquerung des Passes im Winter war also bei weitem kein Kinderspiel.

Auf der italienischen Seite des Grossen St. Bernhard war diese Schneewegerei sehr gut
organisiert. Es gab in Etroubles die sogenannte «Armée des Neiges», ein Trupp von Frei-
willigen, die im Turnus die Passstrasse offenhielt. Dies war ein eigentliches Gemeinwerk,
mit der «normalen» Armee hatten diese Leute aber nichts zu tun.

Stadel in saftigem Grün (Tour 24)

Etappe 102

Le Café valdôtain

Die zweite Etappe unserer Reise rund um den Grand Combin verläuft ganz in den nördlichen Seitentälern des Aostatals. Dieses Tal liegt parallel zum Wallis, doch die Wasser seines Hauptflusses, der Doire Baltée oder Dora Baltea fliessen nach Osten. Im Aostatal wird hauptsächlich Französisch gesprochen. Die freundlichen Einheimischen haben in der Regel französisch klingende Familiennamen, aber italienische Vornamen. Im östlichen Teil finden wir aber auch Deutsch sprechende Minderheiten, die Walser. Diese werden wir auf der Tour rund um den Monte Rosa näher beleuchten. Der Hauptort heisst Aosta, eine stark industriell geprägte Stadt. Der Name wurde von der ursprünglichen römischen Bezeichnung abgeleitet: Augusta Praetoria. Aus Augusta ist Aoste oder Aosta geworden.

Von St-Rhémy queren wir zunächst ins Vallon de Menovy. Von dort steigen wir zum «pièce de résistance» dieses Tages auf: der Col Champillon. Es folgt ein langer Abstieg zum heutigen Ziel, der Ortschaft Ollomont, wo wir uns einen «Café valdôtain» gönnen werden. Dieser «Kaffee» enthält allerlei gebrannte Wasser und wird in einem Holzgefäss gereicht, das mehrere Trinklöcher aufweist. Dieses Gefäss wird in die Runde gegeben und wandert von Gast zu Gast.

T3	8 Std.	▲ 1289 m	▼ 1552 m

Routencharakter und Schwierigkeit T3 Gut ausgebauter Weg, am besten geht man mit der Karte in der Hand, denn Markierungen sind manchmal nur schwer zu finden. Es hat einige sehr steile Passagen zu bewältigen. Technische Schwierigkeiten sind jedoch nicht zu erwarten.

Zeit 8 Std.
St-Rhémy - Col Champillon 5 Std.
Col Champillon - Ollomont 3 Std.

Im Aostatal: südliches Licht

Ausgangspunkt   St-Rhémy. 1619 m. Bus ab Martigny oder Aosta, Fahrplanfeld 100.46. Azienda di Promozione Turistica, Etroubles, Tel. 0039/165 78 559.

Endpunkt   Ollomont. 1356 m. Schönes, altes Dorf auf einer Terrasse unterhalb des sehr steilen M. Berria. Unterkunft in Hotel. Bus nach Valpelline und Aosta. Azienda di Promozione Turistica, Piazza Chanoux Emilio 3, I-11100 Aosta. Tel. 0039/165 236 627.

Karten   1365 Gd St-Bernard, 1366 Mont Vélan.

Verschiedenes   Keine Verpflegungsmöglichkeit unterwegs.

Sehenswürdigkeit   Herrliche Sicht auf die Südabstürze des Mont Vélan, sowie ins Valpelline vom Col Champillon.

Die Route   St-Rhémy - Col Champillon - Ollomont. Wir verlassen St-Rhémy, 1619 m auf der Strasse, die links zum P. 1621 führt. Dort treffen wir auf einen breiten Weg, der uns nach links über zwei Kehren zu einer Weggabelung führt, dort nehmen wir den linken (oberen) Weg nach Plantaluc. Von dort steigt dieser Fahrweg gemächlich durch den Bois Coupé in die Comba de Barasson. Kurz nach Verlassen des Waldes stehen wir vor den Alphütten von Barasson, 1865 m, 1¼ Std. Wir gehen hinunter zum Steg über den Torrent du Barasson und steigen im Bois de Rovine etwas hinauf, dann wieder kurz hinunter zur Lichtung oberhalb von Essanaz. Wir gehen

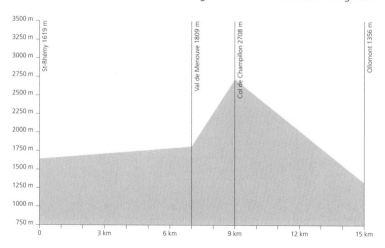

dort nach links (E) einer Wasserleitung entlang, die den Namen Ru Neuf d'Eternon trägt. Im Wald gewinnen wir so den Eingang des Vallon de Menovy. Der Weg führt nun nach Norden direkt zur Alp Plan Bois. Wir verlassen die lauschige Wasserleitung und steigen auf dem Fahrweg hinunter zum Steg über den Torrent de Menovy, 1¼ Std. Auf der anderen Talseite gelangen wir zunächst zu den Hütten von Ponteilles Dèsot, 1809 m. Nun steigen wir nach links (N) hinauf, wo wir auf den Weg von Grand Menovy treffen. Mit diesem schwenken wir wieder nach rechts (E). Bald treffen wir auf einen Weg, der von Etroubles via Cerisey und Bleintse hier einschwenkt. Wir steigen nun gemächlich zu einer Alp bei P. 2381, 1½ Std. und von dort in einem engen Kessel sehr steil hinauf bis zum Col Champillon, 2708 m, 1 Std.

Vom Pass steigen wir nach rechts durch ein steiles Geölltal hinunter zu den Alphütten bei P. 2297. Von dort auf der Alpstrasse hinunter zu den Häusern und zur Capella von Champillon, 2078 m, 1½ Std. Einen Kilometer südlich von hier, beim P. 1968, befände sich das Rifugio Giorgio e Renzo CAI (Koordinaten 588 750 / 079 500, Tel. Hütte 0039/0362/562 900), leider ist diese schön gelegene Hütte nur ganz selten für Jugendlager des CAI bewartet, aber ein Telefon am Vortag schafft Klarheit. Wir steigen also zunächst über Wiesen, dann steilen Wald über Les Prunayes, 1617 m hinunter in den Talboden, den wir bei Rey, 1392 m, erreichen. Von hier nach SE auf der Fahrstrasse nach Ollomont, 1356 m, 1½ Std.

Etappe 103

Auf der Terrasse hoch über der Schlucht

Wir verlassen leider Italien und das gastliche Aostatal bereits wieder. Dazu benutzen wir einen schönen Höhenweg, der uns die Schönheiten des oberen Val d'Ollomont zeigt, vor allem die hohe und zerklüftete Ostwand des Mont Vélan. Während wir auf einer breiten Terrasse wandern, sehen wir weit unter uns in einem engen Kessel die Siedlungen von Vaud und Ollomont.

Zunächst steigen wir von Ollomont auf dem gestrigen Weg etwas zurück, gelangen bei Combe Crêtes auf einem guten Fahrweg in Richtung By, einem breiten Alpkessel. Nur wenig steigend erreichen wir bald darauf die Alpe Thoules. Nun sehen wir bereits das Haupthindernis des heutigen Tages vor uns, das Fenêtre de Durand. Von diesem Pass steigen wir schliesslich ins Tal hinunter und nach einem kurzen Gegenanstieg erreichen wir die auf einem schönen Plateau gelegene Cabane de Chanrion CAS.

| T3 | 8 bis 9 Std. | ▲ 1721 m | ▼ 615 m |

Routencharakter und Schwierigkeit T3

Zeit 8 bis 9 Std.
Ollomont - Fenêtre de Durand 6 Std.
Fenêtre de Durand - Cabane Chanrion CAS 2 ½ Std.

Ausgangspunkt Ollomont. 1356 m. Bus ab Aosta und Valpelline, Hotels und Restaurants. Azienda di Promozione Turistica, Piazza Chanoux Emiglio 3, I-11100 Aosta. Tel. 0039/165 236 627

Endpunkt Cabane de Chanrion CAS. 2462 m. Koordinaten 595 520 / 087 510. CAS Section Genevoise, 1200 Genève, Tel. Hütte 027 778 12 09. Diese Hütte kann auch mit dem PW von Mauvoisin her erreicht werden.

Im Val de Bagnes: herrliche, beinahe schwarz gebrannte
Walliserhäuser

Einfachster Abstieg ins Tal   Nach Mauvoisin. 1841 m. Von der Cabane de Chanrion CAS, 2462 m über die Tse des Violettes hinunter zum Steg bei P. 2040. Nun links (W) des Bachs auf dem Fahrweg zum Lac de Mauvoisin und an dessen links (W) Ufer bis zur Staumauer, dort teils auf kleinem Weg, teils auf der Strasse bis Mauvoisin, 1841 m, 2 ¼ Std. Von dort mit Postauto nach Fionnay oder Le Châble. Achtung: auf dieser Seestrasse sind diverse dunkle Tunnels zu durchqueren, eine Stirnlampe ist zu empfehlen.

Talort   Fionnay. 1491 m. Postauto ab Mauvoisin via Fionnay nach Le Châble VS, Fahrplanfeld 133.45. Office du Tourisme Val de Bagnes, 1934 Le Châble VS, Tel. 027 776 16 82.

Karten   1366 Mont Vélan, 1346 Chanrion.

Verschiedenes   Keine Verpflegungsmöglichkeit unterwegs.

Sehenswürdigkeiten   Eigenartiger, hufeisenförmiger Bergkessel im hintersten Val d'Ollomont, die bereits etwas südlicher anmutende Flora und Fauna; der Grand Combin, vom Zielpunkt aus endlich einmal zu sehen…

Die Route   Ollomont – Cabane de Chanrion CAS. Von Ollomont gehen wir zurück nach Rey und steigen auf dem bekannten Pfad zurück zur Lichtung Les Prunayes, 1617 m, 1 Std. Kurz weiter durch Wald, dann verlassen wir die Abstiegsroute vom Vortag und gehen nach rechts (N) weniger steil,

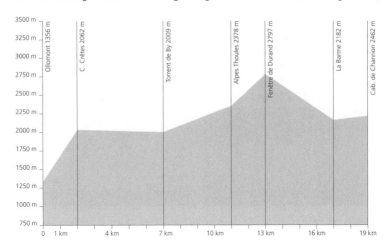

vorbei an einigen Alphütten hinauf zur Combe Crêtes, 2062 m, 1¼ Std. Hier treffen wir auf den Weg vom Rifugio Giorgio e Renzo CAI, und gehen nordwärts dem Alpweg entlang zum Fuss der mächtigen Ostwand des Mont Vélan, Alp auf 2048 m. Wir bleiben auf diesem Fahrweg und gelangen zum breiten Talkessel von By. Wir zweigen beim Eingang dieses Tals rechts (E) vom Fahrweg ab und überqueren den Bach oberhalb einer steilen Schlucht. Auf der anderen Seite steigen wir über P. 2009 hinauf zum Fahrweg, der von By her kommt, Balme, 2128 m, 1½ Std. Wir folgen diesem bequemen Weg hinauf zur Alpe Thoules, 2378 m. Jetzt wenden wir uns nach links (N) in ein steiles, steiniges Tal, an dessen Ende wir den Pass erkennen können. Nach einem kurzen flachen Stück steigen wir sehr steil auf in eine Geröllhalde, rechts liegt ein kleiner See, von dem wir das Fenêtre de Durand, 2797 m bald erreichen, 2¼ Std. Grenzübertritt.

Wir steigen nach links (NE) über Geröllhänge hinunter, gehen dann links (NW) des Bachs stetig hinunter zu den ersten Hochweiden. Über den Plan de Petit Giétro steigen wir zur Alp Grand Charmotane, 2255 m, 1¼ Std. Nun gehen wir etwas links (N) zum P. 2208, nehmen dort den Alpweg nach rechts hinunter zur Brücke über den Bach, La Barme, 2182 m. Wir gehen gleich dem Bach entlang hoch, der vom Lac de Chanrion herunterkommt. Nun auf dem Alpweg wieder nach rechts (S) bis zu einem Haus rechts des Wegs. Dort steigen wir links (E) hinauf auf die Ebene von La Paume, bald können wir geradeaus die Cabane de Chanrion CAS, 2462 m erkennen, 1¼ Std.

Varianten, Alternativen

Variante 1   Von Ollomont aus besteht folgende steile Alternativroute. Von Ollomont, 1356 m steigen wir östlich hinauf zu einem Alpweg, von dem wir nach rechts (E) steil zur Alpe del Berrio, 1932 m, 2 Std. Nun nach links (N) einen Steilhang querend zu einer weiteren Alphütte, von dort nach rechts (NE) zu einem Pass, 2354 m, 1¼ Std. Wir steigen am Lago Cornet vorbei in die grosse Ebene hinunter und folgen links (NW) der Acqua Bianca bis zur Alpe Thoules, 2378 m, 1 Std. Fortsetzung gemäss Hauptroute in 2¼ Std. zum Pass. Von Ollomont bis zum Fenêtre de Durand 6½ Std.

Etappe 104

Von Teufelssteinen, Knoblauchwiesen und Lawinenzügen

Das Val de Bagnes, an seinem oberen Ende geprägt von einer engen Schlucht, in der heute der Lac de Mauvoisin ruht, windet sich weiter unten in einer langen Linkskurve in Richtung Sembrancher hinunter, wo es sich mit dem Val d'Entremont vereinigt. Wir folgen jedoch diesem Tal nur noch ein kurzes Stück. Um endlich einen Blick auf die erhabene Nordseite des Grand Combin erhaschen zu können, wandern wir an den Meilensteinen des Teufels vorbei, durchqueren Knoblauchwiesen und folgen schliesslich dem Zug einer Lawine.

Wieder einmal beherrscht ein Stausee die Landschaft. Zumindest zu Beginn der Route ist dies so. Wir wandern linksufrig hoch über dem Lac de Mauvoisin, steigen hinauf zum Col des Otanes, um schliesslich nach einem Steilhang beim Glacier de Corbassière zur neuen Cabane Bagnoud zu gelangen.

T3	6 bis 7 Std.	▲ 1386 m	▼ 1203 m

Routencharakter und Schwierigkeit T3   Durchwegs gute Wege in hochalpinen Gebiet.

Zeit 6 bis 7 Std.
Cabane de Chanrion CAS – Col des Otanes, 6 Std.
Col des Otanes – Cabane Bagnoud, ½ Std.

Ausgangspunkt   Cabane de Chanrion CAS. 2462 m. Koordinaten 595 520 / 087 510. CAS Section Genevoise, 1200 Genève, Tel. Hütte 027 778 12 09.

Endpunkt   Cabane Bagnoud. 2645 m. Sehr komfortable Hütte (mit vollem Namen: Cabane F.-X. Bagnoud à Panossière), wurde als Ersatz für die durch eine Lawine zerstörte Cabane Panossière CAS auf der rechten Moränen des

Bei Mauvoisin: steile Hänge und schöne Wege

Glacier de Corbassière gebaut. Koordinaten 589 240 / 094 140. Association François-Xavier Bagnoud, 1950 Sion, Tel. Hütte 027 771 33 22.

Einfachster Abstieg ins Tal Nach Fionnay. 1491 m. Von der Hütte in nördlicher Richtung hinunter über La Tsessette und Plan Goli in die steilen Weiden von Corbassière. Bei Vers le Grenier de Corbassière (1959 m) gehen wir nach rechts steil hinunter, durch Buschwerk und Wald bis nach Fionnay (1491 m), 2 ½ Std.

Talort Fionnay. 1491 m. Postauto nach Mauvoisin und Le Châble, Fahrplanfeld 133.45. Office du Tourisme Val de Bagnes, 1934 Le Châble VS, Tel. 027 776 16 82.

Karte 1346 Chanrion.

Verschiedenes Unterkunft und Verpflegungsmöglichkeit unterwegs: Hôtel Mauvoisin, 1948 Mauvoisin, Tel. 027 778 12 17. (Unterhalb der Staumauer gelegen, Endstation des Postautos von Le Châble.)

Sehenswürdigkeiten Stausee und Staumauer von Mauvoisin, wunderschön geschwungene Mauer mit exakt 200 Metern Höhe; Glacier du Giétro, Hängeletscher am rechten Seeufer.

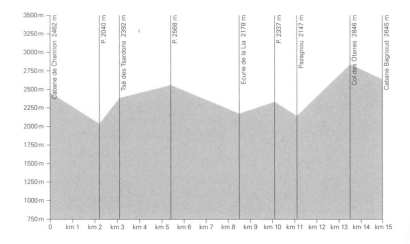

Die Route   Cabane de Chanrion CAS – Cabane Bagnoud. Wir verlassen die Cabane de Chanrion CAS (2462 m) und die Ebene von Tsè des Violettes in Richtung NW. Abstieg über Le Lancet links des Fahrwegs hinunter über P. 2126 zur Brücke bei P. 2040, ¾ Std. Wir steigen nun links (W) über flache Matten zu einer Steilstufe bei P. 2199 und gelangen in einen vom Gletscher geformten Felsengarten, Tsè des Tsardons (2392 m). Nun sind wir auf dem Höhenweg, der flacher und nordwärts unter dem Glacier de la Tsessette hindurch zum kleinen See bei La Tsessette (2517 m) führt, 1 ¾ Std. Wir steigen noch ein wenig auf, später leicht ab, über die Bornes du Diable (Meilensteine des Teufels) hinunter über Les Plans bis zum P. 2178 oberhalb der Ecurie de la Lia, 1 Std. Hier soll es wilden Knoblauch geben, deshalb der Name. Nun steigen wir ein wenig auf, umrunden den Pierre à Vire im Gegenuhrzeigersinn zum P. 2337 und steigen ab zum P. 2147, Pazagnou, ½ Std. Dort zweigt ein Weg steil nach Mauvoisin hinunter ab. Wir steigen links hinauf zu den Hütten von La Tseumette (2297 m). Bald queren wir leicht steigend weitere Felsbuckel und kommen vorbei am P. 2520. Etwas weiter oben ändert der Weg seine Richtung. Wir gehen nun nach links (SW) hoch in ein Gerölltal, teilweise etwas mühsam bis zum Col des Otanes (2846 m), 2 Std.
Zuerst flach unterhalb der spärlichen Reste des Glacier des Otanes zu einem weiteren Pass mit gelben Felsen. Weiter durch ein Geröllkar in einen Steilhang, durch den jene Lawine heruntersauste, der die Cabane Panossière CAS damals vollständig zertrümmerte. Unten bei der Moräne sehen wir den alten Standort, und endlich den gletscherbeladenen Grand Combin! Jetzt gehen wir nach rechts (N) und erreichen wenig später die neue Cabane Bagnoud (auf LK: Cab. FXB-Panossière, 2645 m), ½ Std.

Gipfel T4   Grand Tavé. 3158 m. Dieser mit viel Schutt beladene Aussichtspunkt ist leicht vom Col des Otanes aus zu erreichen: Vom zweiten Pass (westlich P. 2880) wenden wir uns nach links (SW) und einem Geröllband zu, das in ein Geröllcouloir führt. Auf ca. 3100 m erreichen wir einen Sattel. Von dort über Schnee und leichte Felsen zum Gipfel, 1 Std. Schöne Rundsicht in das Gletscherbecken des Glacier de Corbassière und zum Grand Combin und seinen Trabanten. Abstieg auf gleicher Route zum Pass, ¾ Std. Total 1 ¾ Std. vom Col des Otanes.

Die Entwicklung verpasst?

In den südlichen Seitentälern des Unterwallis finden sich – vielleicht mit der Ausnahme von Verbier – keine sehr mondänen, belebten und stark frequentierten Touristenorte. Die Wirtschaft in diesen Bergtälern wird beherrscht durch die Kraftwerke und jene Industrien, die sich im Haupttal angesiedelt haben und welche für die Menschen aus den Bergdörfern eine Beschäftigungsmöglichkeit darstellen. Noch sehr viele Dörfer im Val Ferret, im Val d'Entremont, im Val de Bagnes, Val d'Hérémence, Val d'Hérens und im Val d'Anniviers scheinen in einem Dornröschenschlaf zu verharren. Das Leben nimmt dort zwischen Hauptberuf – sehr oft ausserhalb des Dorfes ausgeübt – und Nebenerwerb aus einem kleinen Landwirtschaftsbetrieb seinen gewohnten, relativ unspektakulären Lauf. Haben diese Siedlungen die Entwicklung verpasst?

Schauen wir uns ein solches Dorf einmal genauer an: Alle Infrastrukturen sind vorhanden, gute Luft, ausgezeichnetes Trinkwasser, angenehme Temperaturen, grosse Ruhe, viel Wald, saubere, blumengeschmückte Häuser, freundliche Menschen, die Lebensqualität ist hoch. Auf den Weiden grasen die stämmigen Eringerkühe. Diese Rasse wird wohl weniger der Milch wegen gehalten als um ihrer selbst willen. Die Eringerkuh ist sehr aufmerksam, äusserst schlau. Der Besitzer muss sie nicht rufen, sie kommt alleine. Sie ist anspruchslos und robust, eine Freude und eine Freundin der Familie. Diese eher untersetzten Rinder sind übrigens weit über die Kantonsgrenzen des Wallis bekannt, werden doch mit ihnen während des Sommers an vielen Orten Kuhkämpfe («Stechen» genannt) veranstaltet, die jeweils eine Menge Schaulustige anziehen.

Auf den Maiensässen oberhalb der Siedlung sind die Schafe und Ziegen zu finden, rund um die Häuser herum sehen wir Obstbäume und üppige Gemüsegärten. Die Bewohner dieser Dörfer haben sehr oft eine Beschäftigung in den Dienstleistungssektoren des Haupttals gefunden. Die Landwirtschaft gilt als Nebenberuf.

Beim Betrachten dieser Idylle ist man beinahe geneigt zu sagen: Zum Glück wurde hier die Entwicklung verpasst. Denn mit einem Seitenblick auf jene grossen Stationen mit ihren latenten, sich wie Spiralen weiterentwickelnden Problemkreisen, ist man sehr froh, sich einen lebenswerten, organisch gewachsenen Raum erhalten zu können. Viele dieser eher verschlafen anmutenden Dörfer konnten von den Erfahrungen der grossen Tourismuszentren profitieren und daraus Schlüsse ziehen. Eine weitere Chance einer nachhaltigen Entwicklung ist die «Allianz in den Alpen», ein Gemeindenetzwerk, welches die Alpenkonvention auf verschiedensten Ebenen umzusetzen gedenkt. Die Erfahrungen von mehreren Dutzend Gemeinden in den Alpen können hier profitabel ausgetauscht werden.

Nebst der Sorge zum Lebensraum sind vor allem Beteiligungen an ortsgebundenen Aktivitäten die Regel. Die Dorfbewohner können sich am Ausbau der Berglandwirtschaft und an der Kreation von neuen lokalen Produkten, die auch lokal vermarktet werden, beteiligen. Erstaunlicherweise lassen sich sehr viele Synergien zwischen Schutz und Nutzen finden. Viele interessante Wege in Richtung sanfter Tourismus werden hier aufgezeigt. Diese Bemühungen sind auch deshalb sehr wertvoll und aufschlussreich, weil sich aufgrund der doch unbestreitbaren Klimaveränderungen in den letzten Jahrzehnten auch in den sogenannt «entwickelten» Ferienorten eine Umorientierung breit machen muss, denn auf den alten Schienen wird wohl kaum noch sehr lange gefahren werden können. Das Projekt «Allianz in den Alpen» hat auch aufgezeigt, dass man sehr wohl voneinander lernen kann, Gemeinden mit verschiedensten Sozial- und Unternehmensstrukturen können dies ebenso wie Unternehmer und «Grüne». Umweltvertreter denken heute auch wirtschaftlicher, Unternehmer und Initianten da und dort auch einmal etwas bewusster. Das Umfeld in unserem Land zeigt auch auf, dass gute Projekte durchaus finanzierbar sind. Der stete und umfassende Erfahrungsaustausch ist dabei sehr wichtig und gewinnbringend.

Eine grosse Herde Eringerkühe weidet unter dem Col de Mille (Tour 105)

Von Hütte zu Hütte zu Hütte

Wir verlassen heute – bereits auf der letzten Etappe dieser Rundtour – das Gletscherbecken des Combin-Massivs und umrunden es noch in seinen nördlichsten Abschnitten. Dabei gelangen wir unvermittelt in eine Bergregion, die eher an Hügelkuppen und nicht mehr an Eisriesen erinnert. Schliesslich treffen wir wieder auf den Ausgangspunkt unserer Tour, Bourg-St-Pierre im Val d'Entremont.

Wir überqueren den Glacier de Corbassière und steigen steil hinauf zum Col des Avouillons. Nach einem kurzen Abstieg zur Cabane Brunet beginnen wir den langen, aber wenig steilen Aufstieg zum Col de Mille, wo sich eine Hütte befindet, in der man die Route unterbrechen könnte. Danach steigen wir auf sehr schönen Wegen langsam nach Bourg-St-Pierre ab.

T4	8 bis 9 Std.	▲ 535 m	▼ 1548 m

Routencharakter und Schwierigkeit T4   Überquerung des Glacier de Corbassière: Schwierigkeit L.

Zeit 8 bis 9 Std.
Cabane Bagnoud – Cabane Brunet, 2 ½ Std.
Cabane Brunet – Col de Mille, 3 Std.
Col de Mille – Bourg-St-Pierre, 2 ¾ Std.

Ausgangspunkt   Cabane Bagnoud. 2645 m. Koordinaten 589 240 / 094 140. Ass. François-Xavier Bagnoud, 1950 Sion, Tel. Hütte 027 771 33 22.

Talort   Fionnay. 1491 m. Postauto ab Le Châble VS, Fahrplanfeld 133.45. Office du Tourisme Val de Bagnes, 1934 Le Châble VS, Tel 027 776 16 82. Aufstieg zur Cabane Bagnoud von Fionnay über Les Carres, Corbassière und La Tsessette in 4 Std., Schwierigkeit T3.

Beim Col de Mille: umfassende Rundsicht ins Mont-Blanc-Massiv

Endpunkt Bourg-St-Pierre. 1632 m. Bus nach Orsières, Fahrplanfeld 133.25. Bahn ab Orsières nach Sembrancher und Martigny, Fahrplanfeld 133. Office du Tourisme, 1946 Bourg-St-Pierre, Tel. 027 787 12 00. (Wenn keine Antwort: 027 787 12 71.)

Karten 1346 Chanrion, 1326 Rosablanche, 1345 Orsières.

Verschiedenes Unterkunft und Verpflegungsmöglichkeit unterwegs: Cabane Brunet (2103 m). Koordinaten 587 260 / 097 660, Tel. 027 778 18 10. Cabane du Col de Mille (2478 m). Koordinaten 582 020 / 095 820, Tel. 079 221 15 16.

Sehenswürdigkeit Glacier de Corbassière, mächtiger, direkt nach Norden abfliessender Gletscherstrom des Combin-Massivs; weite Alpweiden zwischen Cabane Brunet und dem Zielort.

Die Route Cabane Bagnoud – Col de Mille – Bourg-St-Pierre. Von der Cabane Bagnoud gehen wir ein paar Schritt nach Süden und nehmen rechterhand einen Weg durch den Moränenschutt hinunter zum Glacier de Corbassière. Wir betreten den Gletscher (Schwierigkeit L), folgen der rechten (E) Moräne eine kurze Strecke und folgen den Markierungen über den Eisstrom. Auf der anderen (W) Seite betreten wir die Moräne und steigen zu P. 2510 auf. Nun auf diesem Moränenkamm etwas absteigend bis zu den Seen bei P. 2483, dort verlassen wir die Moräne nach links und steigen

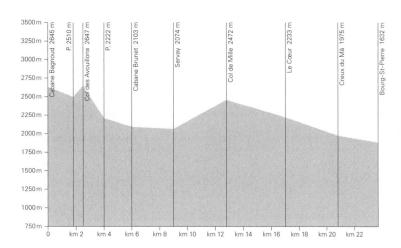

Der Glacier de Corbassière vom Col des Avouillons aus betrachtet (Tour 105)

sehr steil auf zum Col des Avouillons (2647 m), 1 Std. Abstieg durch ein Gerölltal. Wir bleiben am rechten (NE) Talhang und steigen über Alpweiden hinunter in die Ebene von Pron Sery, dort nach rechts zum P. 2222, über den Steg, durch ein Felsental und dann nach links (N) hinauf zu den Ecuries de Sery (2233 m). Wir folgen nun dem Fahrweg hinunter bis zur Cabane Brunet (2103 m), 1 ½ Std.

Wir folgen dem Fahrweg bis zum P. 2001, dort gehen wir geradeaus weiter auf einem herrlichen Wanderweg inmitten schöner alpiner Vegetation um die Goli des Seyons herum zur schön gelegenen Alp Servay (2074 m), 1 Std. Wir nehmen nun den Weg über La Chaux (2091 m) und die Plan d'Arolle, vorbei am P. 2175 zu den Geröllfeldern von Le Mortay. Ueber diese steigen wir hinauf zu fetten Alpweiden, auf denen wir schräg nach oben zum Col de Mille (2472 m) gelangen, 2 Std. Etwas rechts (W) oberhalb des Passes befindet sich die Cabane du Col de Mille (2478 m). Dieser Weg ist ganz neu angelegt und auf der Karte noch nicht durchgehend eingezeichnet.

Von Col de Mille (2478 m) steigen wir nach links (SE) etwas an zur Kanzel bei P. 2563. Abstieg auf gut gesichertem Felsweg hinunter zum Plan Sovéreu (2493 m). Von dort etwas absteigen zu einem Pass bei La Vuardette (2453 m), ¾ Std. Nun auf fallendem Hangweg in den Kessel des Torrent de Palasui zur Alphütte von Le Cœur (2233 m), ½ Std. Wir bleiben auf diesem Höhenweg, der zunächst flach, dann etwas ansteigend, schliesslich fallend zur Brücke unterhalb Boveire d'en Bas (2230 m) führt. Wir gehen zum zweiten Steg (über den Torrent d'Allèves), queren einen feuchten Hand und steigen ab zur Alp Creux du Mâ (1975 m), ½ Std. Nun auf dem Fahrweg hinunter über P. 1844 bis in den Talboden, den wir kurz vor der Kapelle Notre Dame de Lorette erreichen. Auf dem Spazierweg gelangen wir schliesslich nach Bourg-St-Pierre (1632 m), 1 Std.

Varianten

Variante 1   Wer die Passage des Glacier de Corbassière und den Col des Avouillons vermeiden möchte, kann dies wie folgt tun: von der Cabane Bagnoud (2645 m) gehen wir nach NW auf der Moränenkrone hinunter, vorbei oberhalb von La Tsessette und Plan Goli. Links (W) des Hauses mit der Höhenkote 2233 m (Les Plans) steigen wir links (W) hinunter zum Steg, der über die Dyure de Corbassière führt. Auf der anderen Seite steigen wir schräg hinauf zum P. 2140, wo wir den Kamm einer alten Seitenmoräne erreichen. Nun flach bis La Maye (2106 m) und hinunter zur Dyure de Sery, die wir ebenfalls überschreiten. Auf der anderen Seite wieder hinauf, dann nach rechts zur Cabane Brunet (2103 m), 2¾ Std. Fortsetzung gemäss obiger Beschreibung.

Variante 2   Vom Col de Mille (2472 m) besteht die Möglichkeit, sofort ins Tal abzusteigen. Über die Alpen Erra d'en Haut und Erra d'en Bas geht es in den Wald hinunter. Bei der Lichtung von Le Clou treffen wir auf einen Fahrweg, dem wir bis zum P. 1537 folgen, nun links (S) durch Wald direkt nach Liddes (1346 m), 2 Std. Von hier mit dem Bus nach Orsières, Fahrplanfeld 133.25.

Die kulinarische Haute Route

Wer an das Wallis denkt, denkt fast automatisch auch an Roggenbrot, Fondue, Raclette, Hobelkäse, Trockenfleisch, Hauswurst, Aprikosen, Tomaten, Safran und natürlich den Walliser Wein, dem wir noch ein besonderes Kapitel widmen werden. Gerade vor oder nach einer langen Wanderung ist eine gründliche, gesunde Ernährung der Schlüssel zum Genuss, oder das Tüpfelchen auf dem i. Findet diese noch in einer gemütlichen Berghütte statt, so fühlt man sich weit weg von zu Hause und ist doch daheim.

Das bekömmliche, gut haltbare Rundbrot aus grobem Roggenmehl wird in verschiedensten Varianten gebacken, als dunkles, festes, kräftiges Brot ohne Zusatz, oder mit Walnüssen oder Trockenfrüchten als Beigabe. Besonders schmackhaft ist das Roggenbrot aus Sauerteig. Früher haben die Walliser im Herbst nach der Roggenernte das Brot für den ganzen Winter gebacken und es in orginellen hängenden Gestellen, sogenannten Brotleitern, gelagert. Die hängende Form war die einzige, welche das Brot effizient vor lästigen Nagern zu schützen vermochte. Durch die lange Lagerung wird das Brot sehr hart und kompakt und kann deshalb äusserst dünn geschnitten werden. Gewisse Leute behaupten, man könne das Roggenbrot so dünn schneiden, dass es nur noch eine Seite habe... Mit dem Aufschwung des Tourismus sind die kleinen Roggenfelder, die teilweise bis 2100 Meter über Meer zu finden waren, weitgehend verschwunden, haben Hotels, Ferienhäusern und anderen touristischen Infrastrukturen Platz machen müssen, oder sind zu Weideland umgewandelt worden.

Auf diesem Weideland und auf den Alpwiesen, die wir auf unseren Wanderungen durch das «Vieux Pays» so oft bestaunen, grasen im Sommer vor allem die Kühe, darunter auch die schwarzen, untersetzten Eringer, welche unter sich beim sogenannten «Stechen» die Königin erküren. Die Kuhmilch wird im ganzen Kanton zu feinen, würzigen Käsespezialitäten verarbeitet. Fondue und Raclette werden im Wallis das ganze Jahr hindurch eifrig verspeist, letzteres mundet besonders gut, wenn es unter freiem Himmel an der Glut aus Rebenholz zubereitet wird. Käsefondues gibt es in verschiedensten Varianten, man kann auch Pilze oder Safran dazugeben, oder es mit knackigem Gemüse statt mit Brot essen. Die Haltung und Zucht von Schafen und Ziegen gehören zu den beliebtesten Freizeitbeschäftigungen der Walliser. Nebst der Schafwolle und dem Schaffleisch kommt da und dort auch die Schafmilch in Form von Käse auf den Markt. Ziegenkäse in allen Variationen sind in den meisten Dörfern eine willkommene, meist sehr würzige Abwechslung. Hobelkäse wiederum gehört, zusammen mit dem Roggenbrot, zu den beliebtesten Zwischenverpflegungen, zusammen mit dem köstlichen, luftgetrockneten Trockenfleisch ziert er zudem jeden Walliser Teller. Etwas unübersichtlich wird die Situation, wenn man alle

Für Geniesser: Die Turtmannhütte SAC

lokalen Wurstspezialitäten aufzählen möchte. Praktisch jedes Dorf oder jede Region hat seine diesbezüglichen wohlmundenden Geheimrezepte.

Beinahe kalifornische Dimensionen erreicht im Wallis der Obst- und Gemüsebau. Aprikosen, Williamsbirnen und Aepfel gehören zu den Exportschlagern des Rhonetals, sowohl als Tafelobst wie auch in gebrannter Form. Hier wären speziell die Williamine und die Apricotine zu nennen. Auch ist das Wallis bekannt für seinen Spargel und die Tomaten, die hier in grossen Mengen geerntet werden. Der Spargel wird meist erst am Ende der eigentlichen Saison gestochen und erreicht mehr und mehr eine Qualität, die internationalen Standards gerecht wird.

In der Gemeinde Mund, die gegenüber dem Nanztal am Südhang des Haupttales liegt, wird Safran in einer hervorragenden Qualität produziert. Dieses gelb färbende Gewürz aus den Pollenständen der Krokusblume kann sowohl für Süsses, wie auch für gesalzene Speisen verwendet werden. Die Blüte dieses Krokus findet jeweils im Oktober statt, und die Ernte ist sehr arbeitsintensiv, weshalb der Safran zu den teuersten Gewürzen gehört. Er sollte aber in keiner Küche fehlen. Geradezu ideal ist das inneralpine Klima des Wallis für den Anbau von Gewürzen. Lokale Initiativen fördern an vielen Orten deren Kultivierung und Vermarktung als zusätzlichen Verdienst für die Bergbauern.

VI Tour Matterhorn

Rund um den Mythos Berg

Das Matterhorn brauchen wir wohl nicht besonders zu schildern, es gibt kaum einen Berg, der so viel abgelichtet, gezeichnet und vermarktet worden ist. Auf dieser Tour umrunden wir das Matterhorn. Dieser Weg beschreibt eine Ellipse, die sich auf Schweizer Gebiet stark vom Bergmythos entfernt. In Italien jedoch kommen wir in die Nähe des Monarchen, der letzte Tag bringt uns schliesslich auf Tuchfühlung und lässt uns begreifen, warum die Menschen auch heute noch fasziniert sind von dieser steilen Pyramide.

Die Tour Matterhorn ist eine lange Umrundung, man muss dafür neun Tage veranschlagen. Einzelne Etappen können komplett oder teilweise mit öffentlichen Verkehrsmitteln oder Seilbahnen abgekürzt werden. Die Tour kann an einem beliebigen Etappenort begonnen werden, hier folgt die Beschreibung mit Beginn und Ende in Zermatt, das – wie nur noch Breuil – mit dem Matterhorn identifiziert wird. Auf der Tour werden der Europaweg, einige Pässe bis Arolla, ein heikler Pass in Italien und schliesslich zwei Gletscherpässe überschritten. Sie ist auf Grund der Länge und der Schwierigkeiten den erfahrenen Berg- und Alpinwandern und Bergsteigern vorbehalten.

Die Tagesetappen

111 Zermatt - Europahütte
Ein Einstieg nach Mass
Edward Whymper, Bergsteiger

112 Europahütte – St. Niklaus
Im Tal mit zwei Namen

113 St. Niklaus – Augstbordpass – Gruben
Zwischen Weiss und Schwarz
Daniel Wismer, Selbstverwirklicher

114 Gruben – Meidpass – Zinal
Schöne und gefährliche Tiefblicke

115 Zinal – Col de Sorebois – Col de Torrent – Evolène
Der smaragdgrüne, türkisblaue See
Das Walliserhaus – damals

Stilles Mattertal: Kapelle bei Törbel

Ein Einstieg nach Mass

Wir beginnen diesen langen Rundweg in Zermatt. Natürlich kann man aber auch an einem anderen, beliebigen Etappenort beginnen. Als Einstieg benutzen wir den bereits in der Haute Route von der Forclaz zur Furka beschriebenen Europaweg, der Zermatt mit Grächen verbindet. Das ist ein grossartiger Beginn, denn der Europaweg zeigt gleich einige der vielen Schönheiten, die es rund um das Matterhorn zu bewundern gibt. Wir werden diesem anstrengenden Höhenweg auch auf der nächsten Etappe folgen. Zunächst wird uns die vertraute Kulisse des Matterhorns begleiten, das Wahrzeichen von Zermatt wird aber in unserem Rücken langsam kleiner und verschwindet schliesslich ganz den Blicken. Erst am Ende der Tour Matterhorn kommt der berühmte Berg wieder zu seinem Recht. Dafür kommt uns heute das Weisshorn «entgegen».

Zunächst wandern wir von Zermatt über Tuftern nach Ottavan auf der Täschalp. Danach folgt eine interessante Strecke über einen imposanten Geröllkegel, der teilweise durch Tunnel gangbar gemacht werden musste. Nach der Durchschreitung des Kinkessels gelangen wir in beschaulichere Gefilde und schliesslich zur Europahütte oberhalb von Randa.

T4	6 bis 7 Std.	▲ 822 m	▼ 289 m

Routencharakter und Schwierigkeit T4 Der Weg ist durchwegs gut ausgebaut und an heiklen Passagen sind Geländer und Stahlseile am Fels vorhanden. Jedoch sind einige Male so genannte «Gefahrenstrecken» zu durchschreiten, wo Stein- oder Eisschlag möglich ist, zudem kann dort das Wasser der Bäche unvermittelt ansteigen. Ein Verweilen in diesen Zonen ist also absolut zu vermeiden. Gruppen gehen dort mit gebührendem Abstand zwischen den einzelnen Personen. Zudem ist eine schnelle, aber trotzdem kontrollierte Gangart auf diesen speziell markierten Abschnitten gefordert.

Bei Tufteren: Theodulpass und Matterhorn

Zeit 6 bis 7 Std.
Zermatt – Täschalp 4 Std. / Sunnegga – Täschalp 2 ½ Std. (siehe Variante 1)
Täschalp – Lärchberg 3 Std.

Ausgangspunkt Zermatt. 1616 m. Wer kennt es nicht? Bahn ab Brig,
Visp und Stalden, Fahrplanfeld 140. Zermatt Tourismus, Bahnhofplatz,
3920 Zermatt, Tel. 027 966 81 00.

Endpunkt Europahütte. 2220 m. Koordinaten 628 460 / 105 850. Gemeinde Randa, 3928 Randa, Tel. 027 967 82 47, wenn keine Antwort
079 291 33 22.

Einfachster Abstieg ins Tal Nach Randa. 1439 m. Von der Europahütte
geht man etwas zurück zum Hüttenweg Domhütte, welcher am Lärchberg
den Europaweg kreuzt. Dort steigt man in gut 2 Std. im Lärchenwald nach
Randa (1439 m) ab.

Talort Randa. 1439 m. Netter Ferienort mit ausserordentlichen Möglichkeiten für Bergsteiger. Bahn nach Stalden, Visp und Brig, Fahrplanfeld 140.
Verkehrsbüro, 3928 Randa, Tel. 027 967 16 77.

Karten 1348 Zermatt, 1328 Randa. Der Europaweg ist auf diesen Karten
noch nicht durchgehend eingezeichnet!

Verschiedenes Verpflegungs- und Unterkunftsmöglichkeiten unterwegs:
Tufteren, Täschalp.

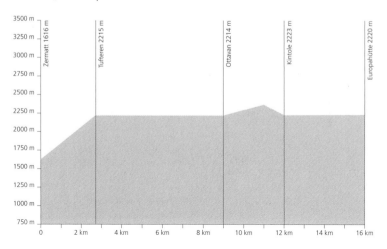

Sehenswürdigkeit   Flora, Fauna und ständig wechselnde Topographie und Aussicht.

Die Route   Zermatt – Europahütte. Im Morgenschatten geht es sich angenehmer... Von Zermatt, 1616 m, beim P. 1603 über die Mattervispa, unter dem Trassee der Gornergratbahn hindurch und hinauf nach Oberhüseren. Dort im Wald über Graben hinauf nach Tiefenmatten, 1872 m. Der Weg führt hinauf in östlicher Richtung, schwenkt dann nach links (N) ab. In 2 Std. erreicht man so Tuftern, 2215 m. Wir wenden uns einem kleineren Weg zu, der schräg nach rechts (NE) auf die Tufteralp hinaufführt. Bald wird dieser flach, beim P. 2340 gehen wir links um ein Eck und steigen über Galen zu den Lawinenverbauungen bei Arb ab. Nun wieder flach. Bald schwenkt der Weg nach rechts (E) in die Täschalpen ein. Nach 2 Std. stehen wir in dieser kleinen Siedlung, Ottavan, 2214 m (Rest. Täschalp, Tel. 027 967 23 01, w. k. Antwort 027 966 39 66, Unterkunft in Matratzenlager). Bis hier führt die Strasse von Täsch, Taxibetrieb.

Ein kurzes Stück auf der Fahrstrasse bis zum Rotbach, dort nach rechts auf einem zuerst flachen, dann leicht absteigenden Weg bei P. 2095 vorbei, es folgt ein kurzer Abstieg durch Wald zu einem enormen Schuttkegel, Bränd, weiter oben Geblätt genannt, diesen erreicht man bei ca. 1970 m. Leicht ansteigend durch schöne Galerie und drei Tunnel (!) hinauf zum Ende des Kegels. Nun durch lichten Wald hinauf in einen Felsengarten, dort, auf ca. 2200 m, wird der Weg flacher. Schöne Aussicht vom P. 2230. Jetzt nach rechts in ein extrem schroffes Seitental, auf gut gesichertem Hangweg zum Wildibach, Wildkin 2220 m, 2 ¼ Std. von der Täschalp. Am Südhang und durch einen Felsentunnel aus diesem Tal hinaus. Schöne Sicht auf Weisshorn gegenüber. Wir folgen einem flachen Weg an der Baumgrenze. Es folgen zwei Abzweigungen hinunter nach Randa (je 1 ¼ Std.). Über Grüengarten und etwas hinunter zur ersten «Gefahrenstrecke» (an diesen Stellen immer zügig durchgehen, nicht verweilen), nach einem kleinen Wasserfall gelangen wir zur Abzweigung Domhütte. Kurz dahinter befindet sich die Europahütte auf dem Lärchberg, 2220 m, ¾ Std. von Wildkin, 7 Std. von Zermatt, 5 ½ Std. von Sunnegga.

Varianten, Alternativen   Von Zermatt aus kann man zur schönen Alp Tufteren auch schneller gelangen (allerdings muss man die erste Fahrt der Bahn abwarten, siehe Fahrplanfeld 2290): Mit der unterirdischen Standseilbahn hinauf nach Sunnegga, 2288 m, wo man die grossartige Aussicht bewundern sollte: das Matterhorn wirkt besonders von hier. Dann zunächst etwas absteigend, dann auf breitem Fahrweg flach und bequem in nur ½ Std. nach Tufteren, 2215 m.

Edward Whymper, Bergsteiger

War Edward Whymper wirklich ein Bergsteiger? War er nicht eher ein Wissenschafter, ein Polarforscher, oder gar ein Künstler? Wer war Edward Whymper? Natürlich war er Bergsteiger, einer der verwegensten Pioniere während der ganzen Erschliessungsge-schichte der Alpen, aber auch die anderen Berufe treffen durchaus auf ihn zu.

Edward Whymper wurde am 27. April 1840 in London geboren. Es ist nicht bekannt, dass er Universitätsstudien absolvierte, obwohl seine spätere intensive und akribische Auseinandersetzung mit wissenschaftlichen Themen dies nahe legen würde. Von sei-nem Vater, einem anerkannten, erfolgreichen Buchillustrator, wurde er in künstlerischer Hinsicht stark gefördert. Bemerkenswerte Zeichnungen und Holzschnitte wurden von Whymper zeit seines Lebens geschaffen. Seine erste Reise in die Alpen galt nicht primär alpinistischen, sondern eher künstlerischen Zielen. Auch hatte Whymper eine Affinität zu den Polarregionen. Seine Tätigkeiten in den Alpen verstand er zu Beginn eher als Vorbereitung für grössere Aufgaben in der Arktis.

Im Alter von 25 Jahren schon, genauer am 14. Juli 1865, gelang ihm jener alpinistische Exploit und geschah gleichzeitig jene Tragödie, die Whymper über Nacht berühmt machte und ihn auch bis an sein Lebensende belastete: die Erstbesteigung des Matterhorns und der tödliche Absturz von vier Mitgliedern seiner Seilschaft. Diesen Erfolg hat er zwar zielstrebig herbeigeführt, die Art und Weise, wie er schliesslich zu Stande kam, war aber aus heutiger Sicht beinahe grotesker Natur. Die siebenköpfige Gruppe traf sich eher zufäl-lig in Zermatt, und schloss sich in letzter Minute zusammen. Die heterogene Zusam-mensetzung der Seilschaft und eine ganze Anzahl unglücklicher, teilweise nicht ganz geklärter oder umstrittener Geschehnisse führte dann zur Katastrophe, die sich im Abstieg vom Gipfel ereignete. Diese hatte für Whymper ein längeres publizistisches und auch gerichtliches Nachspiel. Dabei hatte sich Whymper mit den absurdesten Anschuldigungen auseinander zu setzen. Das Unglück vom Matterhorn kann in die Reihe jener Katastro-phen gestellt werden, welche nicht nur die Alpinisten, sondern einen weiten gesell-schaftlichen Kreis beschäftigte. Das *faszinosum et tremendum* des Bergsteigens erinnert dabei an religiöse Vorbilder und war deshalb die Ursache äusserst emotionaler Berichte und Spekulationen.

Nach diesem äusserst zwiespältigen Erlebnis wandte sich Whymper energisch anderen Zielen zu, so den hohen Vulkanen Ekuadors, aber auch den eisigen Weiten Grönlands. Jedoch blieben die Alpen im Zentrum seiner literarischen und künstlerischen Arbeit. Immer wieder kehrte er auf den «Spielplatz Europas» zurück und starb schliesslich am

16. September 1911 in Chamonix im Alter von 71 Jahren. Mit Whymper trat eine ausserordentliche Persönlichkeit von der alpinistischen Bühne ab. Mit Wagemut, kalter Berechnung und einem erstaunlichen sportlichen Ehrgeiz bezwang er eine Vielzahl von Gipfeln und er hat mit seinen präzisen Ausführungen und seinen grossartigen, realistischen Illustrationen viel zum Verständnis der Bergwelt beigetragen.

Etappe 112

Im Tal mit zwei Namen

Auf der zweite Etappe der Tour
Matterhorn bleiben wir noch im
Mattertal, oder im Nikolaital?
Es sind beide Namen richtig.
Der alte Name ist Nikolaital, benannt nach unserem heutigen
Etappenziel: St. Niklaus. Dieser
Ort war natürlich vor der «Er-
findung» des Tourismus wesentlich wichtiger, als Zermatt,
heute ist es umgekehrt, was sich auch im Namen des Tals widerspiegelt. Wir beenden heute den Europaweg und steigen schliesslich in die Talsohle ab.

Zunächst wandern wir von der Europahütte zum Galenberg und
traversieren zunehmend steinige Halden bis zum Grat, von wo wir
plötzlich Grächen gut 1000 Meter unter uns erblicken. Von hier aus
können wir den Abstieg nach Grächen bewältigen und von dort
den Bus nach St. Niklaus nehmen (Hauptroute), oder direkt vom Grat
zum Etappenziel St. Niklaus absteigen (Variante).

T4	5 bis 6 Std.	▲ 407 m	▼ 937 m

Routencharakter und Schwierigkeit T4   Der Weg ist durchwegs gut
ausgebaut, und an heiklen Passagen sind Geländer und Stahlseile am Fels
vorhanden. Wieder gilt es, einige «Gefahrenstrecken» zu durchschreiten,
wo Stein- oder Eisschlag möglich ist, zudem kann dort das Wasser der Bäche
unvermittelt ansteigen. Ein Verweilen in diesen Zonen ist also zu vermeiden.
Die einzelnen Gruppenmitglieder gehen dort mit Vorteil zügig durch, und
vor allem mit gebührendem Abstand zueinander.

Zeit 5 bis 6 Std.
Europahütte – Grat 2 3/4 Std.
Grat – Grächen 2 1/4 Std.

Ausgangspunkt   Europahütte. 1616 m. Koordinaten 628 460 / 105 850.
Gemeinde Randa, 3928 Randa, Tel. Hütte 027 967 82 47, wenn keine
Antwort 079 291 33 22.

Roti Flüo oberhalb Embd: ein mächtiger Yakbulle

Endpunkt Grächen. 1619 m. Schönes, originelles Walliserdorf auf einem mächtigen Sonnenbalkon hoch über dem Mattertal, grosses Wandergebiet, Bergbahnen. Heimat des Gelehrten und in Basel wirkenden Thomas Platter (1499-1582) und seines Sohnes, des Basler Stadtarztes Felix Platter (1536-1614). Bus nach St. Niklaus, Fahrplanfeld 140.55. Grächen Tourismus, Dorfplatz, 3925 Grächen, Tel. 027 955 60 60.

Talort St. Niklaus. 1114 m. Bahn nach Stalden, Visp und Brig, Fahrplanfeld 140. Tourismusbüro, 3924 St. Niklaus, Tel. 027 956 36 63. Falls man in Embd übernachten möchte, kontaktiert man. Daniel Wismer, Yak Tsangling, Roti Flüo, 3926 Embd, Tel. 027 952 14 22.

Karten 1328 Randa, 1308 St. Niklaus. Der Europaweg ist teilweise noch nicht durchgehend eingezeichnet!

Verschiedenes Verpflegungs- und Unterkunftsmöglichkeiten unterwegs: Gasenried.

Sehenswürdigkeit Grossartige alpine Landschaft, Flora, Fauna, Topographie und Aussicht. Bergführermuseum in St. Niklaus.

Die Route Europahütte – Grächen – St. Niklaus. Vom der Europahütte, 2220 m, über dem Lärchberg steigen wir hinauf zum Miesboden, Aussichtspunkt mit Sitzbank bei P. 2321, von wo der Bergsturz von Randa sehr gut eingesehen wird. Dahinter kommt der nächste Talkessel, den wir

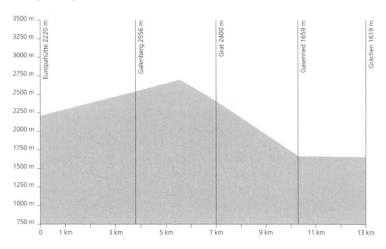

wohl oder übel «ausmessen» müssen. Wir gehen flach durch das Hobergtal, Gefahrenstrecke, an dessen Ende kurz durch Felsen zu einem weiteren Rastplatz. Der nächste Kessel wird durch den Geisstriftbach geprägt, nach 1 Std. erreichen wir dort den P. 2500. Nun stetiger Aufstieg über den breiten Rücken des Galenbergs zum höchsten Punkt der Route, der auf ca. 2690 m liegt. Entlang von Hängen mit wenig Vegetation treten wir unvermittelt in ein Chaos von Steintrümmern und zerborstenen Felsen, dies ist der Grosse Grabe, den wir leicht absteigend auch noch durchschreiten. Nun zu einer flachen Wiese mit einer originellen Statue des Hl. Bernhard auf ca. 2400 m, oberhalb des Grathorns. Sicht auf Grächen (1000 Meter unter uns!), 1 3/4 Std. Hier besteht die Möglichkeit, direkt nach St. Niklaus abzusteigen (siehe Variante). Abstieg zunächst nach links (W), dann nach rechts (E) in das Tal des Riedgletschers. Es geht steil durch feuchten Wald hinunter zum P. 1997, wo der Hüttenweg Bordierhütte von rechts einmündet. Weiter im steilen Hang zum P.1739, dort wieder nach rechts (E) zunächst zum Riedbach. Nach der Brücke erreichen wir kurz vor der Kapelle von Schallbettu, 1683 m eine Abzweigung zu zwei kleinen Wegen, die rechterhand oberhalb der Strasse je einer Suone entlang führen. Eine dieser Wasserleitungen führt uns oberhalb von Gasenried, 1659 m und Chäschermatte, dann durch Lärchenwald zur Talstation der Seetalhorn-Bahn und hinunter zum Dorfplatz von Grächen, 1619 m, 2 1/4 Std. von der Statue, 5 Std. von der Europahütte. Von Gasenried oder Grächen fahren regelmässig Busse nach St. Niklaus hinunter (Fahrplanfeld 145.55).

Varianten, Alternativen

Variante 1   Von Grat führt ein schöner Weg nach links (S) bis zur Alp Grat, 2259 m. Nun wendet der Weg in nördliche Richtung und führt steil hinunter durch Lärchenwald, vorbei an Felswänden in den Dorfwald. Danach gelangt man auf eine Fahrstrasse, deren Kehren wir teilweise abkürzen können. So gelangen wir nach Tennjen, 1360 m, 2 Std. Über Stüdjini gelangen wir schliesslich beim P. 1212 zu den letzten Kehren der Strasse von St. Niklaus nach Tennjen und schliesslich zur Brücke über die Mattervispa. Kurzer Aufstieg nach St. Niklaus, 1114 m, 1/2 Std. von Tennjen, 2 1/2 Std. von Grat, 5 1/4 Std. von der Europahütte.

Variante 2   Anstatt in St. Niklaus, kann man auch auf Embd/Roti Flüo, 1646 m, übernachten, was den Weg am folgenden Tag verkürzt. Von St. Niklaus mit dem Zug nach Kalpetran, dort mit der Seilbahn nach Embd (1358 m) und in 3/4 Std. auf markiertem Pfad nach Roti Flüo.

Etappe 113

Zwischen Weiss und Schwarz

Heute überwinden wir westlich der Mattervispa etwa 1700 Höhenmeter, so viel etwa, wie wir gestern östlich davon abgestiegen waren. Das ist nicht verwunderlich, denn das Mattertal ist einer der tiefsten Gräben der ganzen Alpen. Ganz extrem ist die Situation zum Beispiel einige Kilometer südlich von St. Niklaus: die Gipfel von Dom, 4545 Meter, und Weisshorn, 4505 Meter stehen gerade elf Kilometer voneinander entfernt, dazwischen liegt die Talsohle bei Randa auf nur 1407 Metern. Eine Variante wäre die Übernachtung auf 1646 Metern auf der Roti Flüo oberhalb von Embd, das man am Vortag mit Zug und Seilbahn via Kalpetran erreichen kann.

Wir steigen zunächst auf zum lauschigen Weiler Jungu. Diesen Abschnitt kann man auch relativ bequem mit einer Luftseilbahn überwinden. Danach umgehen wir die Twära, gelangen ins Augstbordtal und überwinden den Augstbordpass, der zwischen Wyssegga und Schwarzhorn liegt. Zum Schluss folgt ein eher beschaulicher Abstieg nach Gruben im Turtmanntal.

T3	7 bis 8 Std.	▲ 1767 m	▼ 1076 m

Routencharakter und Schwierigkeit T3   Von St. Niklaus bis Jungu erstklassiger Wanderweg (T2), dann ist etwas Orientierungssinn gefragt, denn oberhalb von Jungu kreuzen viele Bergpfade die Hänge.

Zeit 7 bis 8 Std.
St. Niklaus – Jungu 2½ Std. (diese fallen weg, wenn man die Seilbahn benutzt)
Jungu – Augstbordpass 3½ Std.
(Embd/Roti Flüo – Augstbordpass 4 Std.)
Augstbordpass – Gruben 2 Std.

Schwarzweiss: die Turtmänna, ein lustiger Bergbach

Ausgangspunkt   St. Niklaus. 1114 m. Bahn nach Stalden, Visp und Brig, Fahrplanfeld 140. Tourismusbüro, 3924 St. Niklaus, Tel. 027 956 36 63. Für eine Übernachtung oberhalb von Embd (siehe thematischer Text): Daniel Wismer, Yak Tsangling, Roti Flüo, 3926 Embd, Tel. 027 952 14 22.

Endpunkt   Gruben. 1818 m. Hauptort des lauschigen Turtmanntales, herrliches Ausflugs und Wandergebiet. Bahn ab Sion, Sierre, Visp und Brig bis Turtmann, Fahrplanfeld 100.3. Luftseilbahn ab Turtmann nach Oberems, Fahrplanfeld 2246. Bus ab Oberems nach Gruben, Fahrplanfeld 2246.1. Hotel Schwarzhorn, 3946 Gruben, Tel. 027 932 14 14 (offen Juni bis Oktober). Verkehrsbüro Oberwallis rund um Visp, La Poste-Platz 4, 3930 Visp, Tel. 027 948 33 33.

Karte   1308 St. Niklaus.

Verschiedenes   Verpflegungs- und Unterkunftsmöglichkeiten unterwegs: Jungu.

Sehenswürdigkeit   Dramatische Aussicht ins Mattertal und auf die angrenzenden Berge. Evtl. weidende Yaks im Augstbordtal.

Die Route   St. Niklaus – Gruben. Oberhalb des Bahnhofs (1127 m) von St. Niklaus, 1114 m, zweigt ein Weg in nördliche Richtung ab und führt unter Felswänden ziemlich direkt in das Tal des Jungbachs, wo auf 1434 m eine Brücke überquert wird. Nun an einem steilen Südhang auf einem sehr ange-

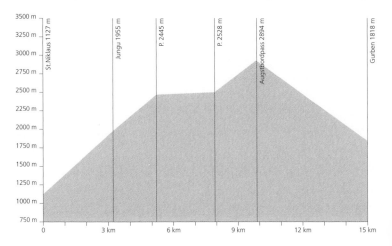

nehm angelegten, ausgezeichneten Weg in verschiedenen Kehren hinauf zum Weiler Jungu, 1955 m, 2½ Std. Diesen Ort kann man auch innert weniger Minuten mit einer steilen Luftseilbahn erreichen. Die Talstation befindet sich in unmittelbarer Nähe des Bahnhofs St. Niklaus.
Wir verlassen Jungu, 1955 m am oberen Ende und nehmen einen Alpweg, der uns in drei Kehren hinauf zur Alp Undri Läger (2259 m) bringt, 1 Std. Hier gehen wir nach links (W) und gelangen zum P. 2358. Dort wenden wir uns nach rechts (NE) auf einen Höhenweg, der uns in einem grossen Bogen um den Gipfel über uns, die Twära (2656,9 m), führt. So erreichen wir in das Augstbordtal. Auf einem mit Geröll beladenen Hang geht es flach in den Talboden, den wir oberhalb eines kleinen Sees betreten. Nun etwas hinauf. Bei P. 2528, den wir nach 1½ Std. von Undri Läger erreichen, kommt von rechts (E) der Weg von Embd herauf. Jetzt durch das Innere Tälli in 1 Std. hinauf zum Augstbordpass, 2894 m.
Wir steigen ab ins Turtmanntal. Knapp unterhalb des Passes folgt ein unübersichtliches Blockfeld, in dem man aufmerksam den Markierungen folgt. Bald kommen wir auf die herrlichen Weiden des Grüobtälli und zu den Alpen von Grüobu. Bei Mittelstafel verschwindet der Weg in einem schönen Lärchenwald, den wir erst wieder in Gruben, 1818 m, verlassen, 2 Std.

Variante   Falls man am Vortag noch nach Embd reist und dort übernachtet, gelangt man von Roti Flüo auf einem gut markierten Weg über Schali, Gartini und Augstbordstafel zum P. 2528, wo der Weg von Jungu einbiegt. Von Roti Flüo bis dort 3 Std.

Daniel Wismer, Selbstverwirklicher

Ganz in der Nähe der heutigen Route, in Embd, stehen auf einem mit Felsen begrenzten Steilhang drei kleine, dunkelbraune Walliserhäuser. Daneben sind ein kupferner Gebetszylinder und mehrere hohe buddhistische Gebetsfahnen sichtbar, an den Häusern flattern unzählige farbige «Windpferde», wie die kleinen Gebetswimpel genannt werden. Im ersten Moment könnte man meinen, die Heimstatt auf der «Roti Flüo» sei ein tibetisches Kloster, eine Gompa. Daniel Wismer, ein blonder, etwa vierzig Jahre alter Mann, sitzt in seiner Küche und trinkt Kaffee. Bevor wir eintreten, führt er behutsam einen mächtigen tibetischen Mastiff auf die Terrasse, wo sich dieser in den Schatten der Gebetswimpel legt.

«Wer ich bin?», sinniert Daniel Wismer auf unsere Frage. «Das ist nicht so einfach zu sagen». Daniel lebt seit zehn Jahren auf Roti Flüo oberhalb von Embd. Er hält eine Herde von etwa vierzig Yaks *(Bos grunniens)*, verkauft deren Fleisch und verarbeitet deren Milch. Im Sommer führt er richtige Yak-Trekkings über den Augstbordpass in das benachbarte Turtmanntal durch. Seine mächtigen Tiere kann man oft im Augstbordtal weiden sehen. In seiner Heimstatt hat er Infrastrukturen geschaffen, mit denen er über zwanzig Gäste beherbergen kann, an einem einmaligen, sehr ruhigen und sonnigen Ort, scheinbar weit weg vom Rest der Welt. Läge nicht Grächen auf der Geländeterrasse gegenüber, man wüsste effektiv nicht mehr genau, wo man ist: In den Alpen oder im Himalaja? «Im Prinzip verwirkliche ich hier meine Ideale», meint er abschliessend.

«Warst du schon in Tibet?» fragen wir Daniel. «In diesem Leben nur einmal», ist seine typisch tibetische Antwort. Das war 1986, damals hat er zum ersten Mal Yaks gesehen. Es war ein Schlüsselerlebnis für ihn. Später hat er aus Zoos in Deutschland die ersten Grunzochsen in die Schweiz eingeführt. Mit 23 Tieren begann er, inzwischen haben sich die Schützlinge stark vermehrt. Die Yaks können hier extensiv gehalten werden, es sind äusserst genügsame Tiere. Ausser dem Gras gibt ihnen Daniel zwischendurch nur Mineralecksteine. Sowohl die Yakkühe, die ein Gewicht von etwa 250 kg erreichen, wie auch die mächtigen Bullen (bis 600 kg) sind extrem geländegängig. Wie Gämsen schleichen sie den steilen Hängen nach, während ihre rauen Zungen das Gras abschaben. «Auch das Klima vertragen sie gut», ist die beruhigende Feststellung von Daniel, denn im Himalaja können die Tiere – auf Grund der südlicheren Exposition – nur auf Höhen über 3000 Metern gehalten werden.

«Yaks sind gefährlich und speziell», erklärt Daniel. «Man muss mit Zuckerbrot und Peitsche vorgehen». Dies hat ihm sein Sherpafreund erklärt, der auch gleich die geeigneten Tragsättel aus Tibet mitgebracht hat. Yaks sind sehr kräftig und ausdauernd, und ungemein schnell, manchmal auch unberechenbar. Sie können auch störrisch sein wie Esel. Das Arbeiten mit ihnen erfordert viel Geschick und eine gehörige Portion Fingerspitzengefühl. «Du darfst die Konzentration keine Sekunde lang verlieren», bekräftigt er. Auf der Weide sind sie gut zu halten, dort machen sie – hinter dem Elektrozaun – einen äusserst friedlichen und glücklichen Eindruck. Daniel überlegt sich auch, ob in Zukunft Yaks für den Materialtransport in SAC-Hütten und Berggasthäuser eingesetzt werden könnten. Ideen hat Daniel genug, er ist ein kreativer Mensch. Zudem hat sein Betrieb eine positive Eigendynamik angenommen, das touristische Angebot am unerschlossenen Sonnenhang wird sehr rege genutzt.

Ein riesiger Yakbulle taucht zwischen Büschen und Lärchen auf und grunzt uns an. Später posiert er mit seiner Breitseite, und wir bewundern das glänzende Fell und die extrem langen Bauchhaare, ein Prachtskerl. Nur die imposante Kulisse des Weisshorns gegenüber bestätigt uns, das wir nicht eine sehr weite Reise getan hatten.

Schöne und gefährliche Tiefblicke

Heute verlassen wir das Turtmanntal, um auf unserer Tour
rund um das Matterhorn die
Sprachgrenze hinüber ins Val
de Zinal zu überschreiten. Das
Val de Zinal ist eine Fortsetzung
des Val d'Anniviers (Eifischtal),
das im Süden durch das Drei-
gestirn Zinalrothorn, Ober Gabelhorn und Dent Blanche abgeschlossen wird.

Von Gruben wandern wir über die Alp Meide hinauf zum Meid-
pass, danach über die weiten Alpen von Toûno, das berühmte Hotel
Weisshorn und schliesslich auf einem Höhenweg bis nach Zinal. Der
Meidpass ist eigentlich nicht die direkteste Verbindung zwischen
Gruben und Zinal. Als Alternative steht die Forcletta/Furggulti zur
Verfügung, die wir schon in der Route 11 der Haute Route in umge-
kehrter Richtung beschrieben haben.

T3	7 bis 8 Std.	▲ 1195 m	▼ 1338 m

Routencharakter und Schwierigkeit T3   Durchwegs schöne Wege in
sanften Hängen.

Zeit 7 bis 8 Std.
Gruben – Meidpass 3 Std.
Meidpass – Zinal 4¾ Std.

Ausgangspunkt   Gruben. 1818 m. Bahn ab Sion, Sierre, Visp und Brig
bis Turtmann, Fahrplanfeld 100.3. Luftseilbahn ab Turtmann nach Oberems,
Fahrplanfeld 2246. Bus ab Oberems nach Gruben, Fahrplanfeld 2246.1.
Hotel Schwarzhorn, 3946 Gruben, Tel. 027 932 14 14 (offen Juni bis Okto-
ber). Verkehrsbüro Oberwallis rund um Visp, La Poste-Platz 4, 3930 Visp,
Tel. 027 948 33 33 .

Endpunkt   Zinal. 1675 m. Wunderschöner, nicht übermässig frequentierter
Ferienort im gleichnamigen Tal, eine wahre Fundgrube für Wanderer, Berg-

Am Meidpass: Eisberg in türkisblauem Gletschersee

steiger und Schneesportler. Hotels und Gasthäuser in allen Preisklassen. Postauto ab Sierre und Vissoie, Fahrplanfeld 100.76 und 100.78. Office de Tourisme de Zinal, 3961 Zinal, Tel. 027 475 13 70.

Karten 1308 St. Niklaus, 1307 Vissoie, 1327 Evolène.

Verschiedenes Das Hotel Weisshorn, ein herrlich gelegenes Hotel aus der Belle Epoque, liegt direkt auf dem Weg.

Sehenswürdigkeit Schöner Tiefblick in die grossen Dörfer des Val d'Anniviers: St-Luc, Vissoie, St-Jean, Mission, Grimentz. Gefährlicher Tiefblick in ein kleines Glas, das mit der lokalen Spezialität gefüllt ist: *Le Génépi*, ein Destillat aus der Edelraute, das auch im Aostatal und in den Ossolatälern als Digestif willkommen ist.

Die Route Gruben – Meidpass – Zinal. Wir verlassen Gruben (1818 m), und überschreiten die Turtmänna auf einer Brücke bei Meiden. Auf einem Alpweg steigen wir durch den Wald hinauf, vorbei an P. 1920 und P. 2082. Danach verlassen wir den Schatten und sehen Meide Mittlere Stafel (2234 m) vor uns, 1 1/4 Std. Vorbei an Meide Obere Stafel (2334 m) auf die sanften Weiden des Meidtälli. Nach einer Talstufe kommt rechterhand der Meidsee (2661 m) in Sicht, 1 1/4 Std. Von hier in knapp 1/2 Std. bis zum Meidpass (2790 m).

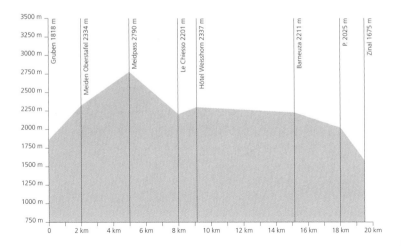

Es geht hinunter, zunächst in Geröll. Bald wird es flacher, wir nehmen links (SW) einen Weg, der uns langsam über die Montagne du Toûno bis zur Alp Le Chiesso (2201 m) bringt, 1 Std. Hier nehmen wir den Höhenweg zum Hotel Weisshorn (2337 m), $^{1}/_{2}$ Std. Dieser Bau aus der Gründerzeit liegt auf einer grandiosen Terrasse hoch über dem Talboden. Wir steigen etwas hinauf zum Kamm und gelangen auf einen fast flachen Höhenweg, dem wir über P. 2419 zum P. 2424 führt. Dort nehmen wir den rechten (unteren) Weg unterhalb von Bella Lé. Es gilt nun, einen Talkessel auszumessen, die Montagne de Nava. Hier, beim Stadel (2344 m) trifft der Weg von der Forcletta auf unsere Führe. Etwas absteigend zum Alphaus der Mayens de Barneuza (2211 m), 1 $^{3}/_{4}$ Std.

Nach dem Bach gelangen wir bald in den Lärchenwald und nehmen beim P. 2173 den rechten (unteren) Weg zum einsamen Haus bei P. 2025. Von dort in einigen Kehren hinunter, bei den Schutzdämmen vorbei und nach Zinal (1675 m), 1 $^{1}/_{2}$ Std.

Etappe 115

Der smaragdgrüne, türkisblaue See

Schon ist bald die Hälfte der Tour um das Matterhorn bewältigt. Das Matterhorn selbst liegt jedoch weit weg und wir können es nicht sehen. Dafür statten wir auf dieser langen und anstrengenden Etappe dem Val de Moiry einen Besuch ab. In diesem fällt vor allem der türkisfarbene (oder smaragdgrüne?) Stausee auf, der durch eine elegant geschwungene Mauer gehalten wird.

Von Zinal steigen wir hinauf zur Alp Sorebois (diese kann natürlich auch mit der Seilbahn erreicht werden), überqueren den Col de Sorebois und nach dem Abstieg auch die Dammkrone des Lac de Moiry. Gemütlich geht es wieder hinauf zum Col de Torrent, der uns schliesslich den Weg hinunter nach Villa und nach Evolène öffnet.

T3	10 bis 11 Std.	▲ 1826 m	▼ 2130 m

Routencharakter und Schwierigkeit T3   Gute, gut markierte Wege, keinerlei technische Schwierigkeiten sind zu erwarten.

Zeit 10 bis 11 Std.
Zinal – Sorebois 2 Std. (kann mit der Bahn abgekürzt werden)
Sorebois – Col de Sorebois 1½ Std.
Col de Sorebois – Barrage de Moiry 1¼ Std.
Barrage de Moiry – Col de Torrent 2½ Std.
Col de Torrent – Villa 2¾ Std. (von Villa per Postauto nach Les Haudères)
Villa – Evolène ¾ Std.

Ausgangspunkt   Zinal. 1675 m. Postauto ab Sierre und Vissoie, Fahrplanfeld 100.76 und 100.78. Office de Tourisme de Zinal, 3961 Zinal, Tel. 027 475 13 70

Endpunkt   Evolène. 1371 m. Grosser, mit einer Umfahrungsstrasse weitgehend ruhig gehaltener Ort mit hohen, schönen, im Sommer mit unzäh-

Glacier de Moiry: imposante Eiskaskade

ligen Geranien geschmückten Walliserhäusern. Zahlreiche Unterkunfts- und Verpflegungsmöglichkeiten. Postauto ab Sion, Fahrplanfeld 135.70. Office du Tourisme, 1983 Evolène, Tel. 027 283 12 35.

Karten   1327 Evolène, 1307 Vissoie.

Verschiedenes   Verpflegungs- und Unterkunftsmöglichkeiten unterwegs: Sorebois, Barrage de Moiry, Villa.

Sehenswürdigkeit   Schöne Bergsichten, herrlicher Anblick des Lac de Moiry. Was für eine Farbe hat er?

Die Route   Zinal – Col de Sorebois – Col de Torrent – Evolène. In Zinal (1675 m) überschreiten wir die Navisence über die Brücke bei P. 1653 und wandern im Wald nach rechts (N) leicht hinauf. Wir folgen diesem Weg bis zum P. 1938, dort geht es links hoch. Bald erreichen wir die Alphütten von Le Chiesso (2090 m), von dort vorbei an Seilbahn und Skilift im Zickzack hinauf zur Bergstation Sorebois (2438 m), gut 2 Std. Bis hier kann natürlich die Seilbahn benutzt werden.
Ein guter Weg bringt uns vorbei an diversen Skiliften in zunehmend steiles Gelände. Wir queren unterhalb des Corne de Sorebois zum Col de Sorebois (2835 m), 1 1/2 Std.

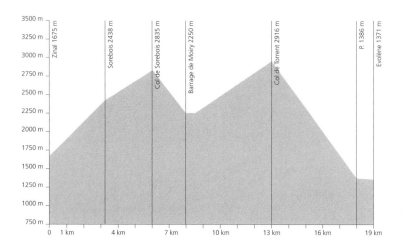

Wir steigen ab durch Geröll, dann auf gutem Weg im Zickzack, oder rechterhand etwas direkter bis zur Barrage de Moiry (Staumauer, 2250 m) und überqueren diese, 1 1/4 Std.
Nun auf einem Fahrweg in einigen Kehren und schräg ansteigend bis zum Eingang eines kleinen Seitentales, dort befinden sich die Alphütten von Moiry (2481 m), 1 Std. Danach schwenken wir links ansteigend auf eine breite Moränenterrasse und gelangen bei P. 2667 zu einem kleinen Seelein. Flach weiter, den Lac des Autannes (2686 m) lassen wir links liegen, dann steiler in Kehren hinauf zum Col de Torrent (2916 m), 1 1/2 Std.
Steiler Abstieg in Geröll zu den Wiesen von Béplan (2487 m), und südlich haltend über P. 2232 zu den Mayens de Cotter (2057 m), 1 3/4 Std. vom Pass. Wir folgen dem guten Weg hinunter nach Villa (1742 m), das nach 1 Std. erreicht wird.
Von hier können wir direkt in den Talboden absteigen, den wir nach einigen steilen Kehren beim P. 1386 erreichen, von dort der Strasse entlang ins Zentrum von Evolène (1371 m), 3/4 Std.

Varianten

Variante 1   Um diese sehr lange Etappe abzukürzen, kann die Strecke von Zinal bis Sorebois mit der Seilbahn bewältigt werden. Von Villa (1742 m) können wir ferner mit dem Postauto bequem nach Les Haudères (1452 m) hinunterfahren, wo verschiedenste Übernachtungsmöglichkeiten bestehen. Das verkürzt die Route um fast 3 Std., damit wäre es sogar noch möglich, am gleichen Abend Arolla zu erreichen, ebenfalls mit dem Postauto ab Les Haudères. Dies würde die gesamte Route um einen Tag verkürzen.

Variante 2   Dieser lange Tag kann auch unterteilt werden, in dem man vom Col de Sorebois nur zur Barrage de Moiry wandert und die Etappe dort fortsetzt oder zur Cabane de Moiry CAS (2825 m) traversiert und dort übernachtet. Am folgenden Tag kann der Glacier de Moiry gequert werden, danach überschreitet man de Col du Tsaté (2868 m) und steigt nach Les Haudères ab. Diese Route ist in umgekehrten Sinn bei den Etappen 9 (Arolla – Moiry) und 10 (Moiry – Zinal) der Haute Route beschrieben. Schwierigkeiten T3, Gletscherpartie T5 und WS.

Das Walliserhaus – damals

Bis etwa 1950 wurde im Wallis der traditionelle Hausbau gepflegt. Die Mehrheit der Menschen betätigte sich noch als genossenschaftlich organisierte Bauern. In einzelnen Orten hatten sich, verirrten Ozeandampfern ähnlich, bereits mondäne, klotzige, steinerne Hotels eingeschlichen, die sich durch Form, Farbe, Inhalt und wirtschaftliche Organisation dramatisch vom Bauernhaus unterschieden. Letzteres ist von jeher im Kantholzblockbau auf einem Trockensteinsockel gebaut worden. In der Regel verwendete man dazu rohe, behauene Lärchenbalken, die sich im Eckgefüge (Gewett) gegenseitig hielten und stützten, und mit zunehmendem Alter immer härter und widerstandsfähiger wurden. Auf Grund des Risikos des beinahe dauernd brennenden Herdfeuers baute man die Küche zunächst in einen steinernen Herdstock ein, der auch Feuerecke genannt wird. Daraus entwickelte sich später ein Steinbau, der an den hölzernen Wohntrakt angefügt wurde und die Feuerstelle und die Küche umfasste. Da meist mehrere Familienmitglieder oder mehrere Familien gemeinsam ein Haus bauten, wiesen diese mehrere Obergeschosse auf. Das Stockwerkeigentum war die Regel. Der Zugang zu den einzelnen Wohnungen erfolgte über steinerne oder hölzerne Wangentreppen, die an der Trauf- oder hinteren Giebelseite angebracht wurden und oft in Lauben endeten. Die Hauptfassade wurde lediglich durch Fensterzeilen und angehängten Blumenschmuck unterbrochen. Ein Balkon war im traditionellen Walliserhaus nicht bekannt. Der Abschluss des Hauses bildeten Firstbalken und Pfetten (parallel zum Dachfirst verlaufende Balken), auf denen an Rafen befestigte Dachlatten und schliesslich die berühmten Steinplatten ruhten. Dieser traditionelle, von solider Zimmermannskunst zeugende Hausbau nutzte die in Dorfnähe vorhandenen Baustoffe und entwickelte sich über die Jahrhunderte nur wenig. Nur bei stattlichen Doppelhäusern wurde die Länge der Giebelseite, die durch die Balkenlänge von gut fünf Metern vorgegeben war, erweitert. An einzelnen Orten finden wir, südländischer Tradition folgend, Mantelmauern, die einen besseren Schutz bei Feuersbrünsten versprachen. Der Ständerbau und das Fachwerk spielten im Wallis im Vergleich zum Blockbau eine unbedeutende Rolle.

Nach 1850 begann der Tourismus, die Melioration der Rhoneebene und eine Industrialisierung der Talsohlen. Ab 1950 begegnen wir dem Phänomen des Massentourismus und der Realisierung bisher undenkbarer, gigantischer Staumauern. Die wirtschaftliche Ausrichtung der Walliser änderte sich deshalb sukzessiv. Plötzlich boten Fabriken zusätzliche Einkunftsquellen. Die Übergangsform des «Fabrikbauern» entstand. Den ursprünglichen Landwirtschaftsbetrieb führte man als Nebenerwerb oder für die Selbstversorgung zunächst weiter. Strassen- und Kraftwerksbau, brachten mittelfristig Arbeit, erschlossen entlegene Täler, und hoben dort auch den Zwang auf, lediglich mit lokalen Baustoffen zu arbeiten. Die Trockenlegung des Rhonetales führte zu einer Abwanderung aus den dicht bevölkerten Bergdörfern, die allmähliche Aufgabe des Stockwerkeigentums war die Folge. Gleichzeitig ermöglichte die Gewinnung von bedeutenden Anbauflächen im Rhonetal die Agrarindustrie und die Aufgabe von Agrarflächen und Wirtschaftsgebäuden in den Berglagen. Ein zunehmender Nutzungswandel dieser Wohnungen und Bauten zeichnete sich ab. In den für den Tourismus interessanten Talnischen entwickelten sich die Berufe des dritten Sektors. Allerlei Dienstleistungen waren nun gefragt, um die Nachfrage der Touristen zu stillen. So wurden Geiss- und Schafhirten und Kleinbauern zu Bergführern, Skilehrern, Hüttenwarten, Wirten, Hoteliers, Ladenbesitzern, Tennislehrern, Diskjockeys, Angestellten bei den Kraftwerken und Bergbahnen und zu Vermietern von Ferienwohnungen.

Etappe 116

Eine Etappe,
die gar keine ist

Um es gleich vorweg zu nehmen: Arolla und Evolène sind mit einer ausgezeichneten Strasse verbunden, auf der regelmässig komfortable Postautos (gemäss Eigenwerbung «Ihr Zweitwagen mit Chauffeur!») verkehren. Somit könnte sich die Etappe als gar keine herausstellen, wenigstens was die Marschleistung betrifft. Trotzdem lohnt es sich natürlich für jene, die genügend Zeit haben, die Strecke auf einsamen Wegen zu beschreiten.

Von Evolène steigen wir auf einer längeren Waldstrecke zu den Mayens de la Niva, danach begegnen wir verschiedenen weiteren Maiensässen, folgen schönen Alpwegen, kommen vorbei am Lac Bleu. Der Tag wird beschlossen durch einen schönen Höhenweg ins Val d'Arolla, der uns zu unserem Etappenziel führt.

T2	6 Std.	▲ 721 m	▼ 94 m

Routencharakter und Schwierigkeit T2   Der Weg ist eigentlich immer gut, jedoch hat es deren viele, aber wenig Wandernde, die man fragen könnte, so muss man dauernd auf der Karte nachprüfen, ob man noch auf der richtigen Spur ist.

Zeit 6 Std.
Evolène – Mayens de la Niva 2 Std.
Mayens de la Niva – Louche Lac Bleu 2 ½ Std.
Louche Lac Bleu – Arolla 1 ¼ Std.

Ausgangspunkt   Evolène. 1371 m. Postauto ab Sion, Fahrplanfeld 135.70. Office du Tourisme, 1983 Evolène, Tel. 027 283 12 35.

Endpunkt   Arolla. 1998 m. Hoch gelegener Erholungsort am Fusse grosser Berge und kalter Gletscher. Postauto von Sion, Evolène und Les Haudères, Fahrplanfelder 135.70 und 135.71. Office du Tourisme, 1986 Arolla, Tel. 027 283 10 83.

Les Haudères: Rast im Dorf

Karten   1327 Evolène, 1347 Matterhorn. Man beachte den Namen der zweiten Karte. Wir kommen der Sache offensichtlich näher!

Sehenswürdigkeit   Schöne Wälder und grossartige Alpweiden, etwas fernab des Tourismus.

Die Route   Evolène – Arolla. Allons-y! Etwas unterhalb von Evolène (1371 m) befindet sich eine Brücke (1346 m) über die Borgne. Diese erreichen wir, indem wir von der Kirche zur Strasse nach Lana (übrigens auch einen Ausflug wert, dieses kleine, originell strukturierte Dörflein!) gehen, diese überschreiten und eine flache Wiese queren. Nach der Brücke gehen wir rechts (NW) am Übungslift vorbei in den Wald. Bald quert der Weg ansteigend diesen grossen Wald. Beim P. 1700 befindet sich eine Lichtung, dort geht es direkter hinauf, dann in engem Zickzack zu den ersten Häusern der Mayens de la Niva (etwa 2000 m), 2 Std. Übrigens: von der beschriebenen Lichtung kann man auch links flach nach La Giette (1700 m) zur nachfolgend beschriebenen Route gelangen, die man beim P. 1895 der Mayens de la Cretta wieder erreicht.

Wir bleiben auf dem ersten Fahrweg, dem wir begegnen, und folgen diesem flach nach Süden. Danach geht es leicht hinunter zu den Mayens de la Cretta (1895 m). Wir verlassen den Fahrweg nach rechts und durchqueren ein Waldstück, danach überqueren wir einen kleinen Bach. Dort nach links. Wir treffen auf einen Weg der von einem anderen Maiensäss (1980 m) her kommt. Oberhalb eines Grabens, aber unterhalb eines Signals

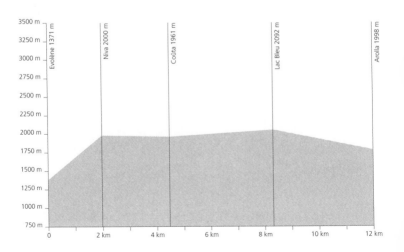

bei P. 2058,9 m gelangen wir auf einen weitere Alpstrasse. Dort sofort nach links (W). Nach einigen hundert Metern zweigt links vom Fahrweg ein Alpweg ab. Auf diesem erreichen wir die obersten Häuser der Mayens de la Coûta (1961 m). Von dort quert ein Alpweg in südlicher Richtung zum Torrent de la Maresse, wonach ein kurzer Anstieg folgt bis Les Faches (unterhalb P. 2087 m). Nun auf ausgeprägterem Pfad zu den Felsen von Les Jouettes (bei P. 1974). Dort rechts hinauf und auf schönem Höhenweg nach Louche (2065 m) und zum Lac Bleu (2092 m), 2 1/2 Std. Sehr schönes Maiensäss und idyllisch gelegener See. Leider können wir hier nicht bleiben...

Etwas oberhalb des Lac Bleu (2092 m) zweigt ein Weg nach links (S) ab. Wir steigen zur Brücke (2047 m) über den Bach und gelangen so auf einen weiteren sehenswerten Höhenweg, der uns langsam zum Ziel bringt. Das nächste Etappenziel ist das Maiensäss von Pra Gra (2164 m). Danach wandern wir flach vorbei am P. 2156,0 m und sehen bald die Strasse, auf der wir schnell Arolla (1998 m) erreichen, 1 1/4 Std.

Varianten

Variante 1　　Von Evolène mit dem Postauto direkt nach Arolla. Dort übernachten, oder evtl. Aufstieg zum Refuge des Bouquetins CAS (2980 m), von wo die nächste Etappe etwas kürzer wird. Beschreibung und Informationen folgen mit Route 117.

Variante 2　　Für jene, die am Vortag in Les Haudères nächtigten, können wir den Talweg empfehlen, den wir unter Route 9 in umgekehrter Richtung beschrieben haben. Aber auch von Les Haudères fährt das Postauto nach Arolla und... (siehe Variante 1).

Das Walliserhaus – heute

Auf Grund des steigenden Bedarfs an Urlaubswohnungen erfuhr die traditionelle Bauweise der Häuser (siehe «Das Walliserhaus – damals» im vorigen Kapitel) eine Weiterentwicklung. Zwar herrschte weiterhin der Blockbau vor, die Häuser wuchsen jedoch und die ersten schüchternen Balkone zierten die Fassaden. Diese deckten ein offensichtliches kontemplatives Bedürfnis der Fremden ab, welches zum Synonym für «Urlaub» schlechthin wurde: Die Sicht auf die Berge von den eigenen vier Wänden aus ungestört zu betrachten, dort die Sonne zu geniessen und im Schatten von farbigen Sonnenschirmen Mahlzeiten einzunehmen und angesichts kühler Gläser zu plaudern oder Bücher zu lesen. Dem zunächst verhaltenen Hang der Einheimischen, das sonst etwas monoton und streng wirkende schwarzbraune Haus mit Blumen zu schmücken, kamen diese Balkone ebenfalls stark entgegen, eröffneten sie doch zusätzliche Abstellplätze für Geranien und andere Zierblumen.

Die auf Konsolen, Streben und Pfeilern ruhenden traditionellen Lauben waren nur Verlängerungen der Zustiegstreppen. Zunächst dienten sie als Abstellplatz und zum Trocknen von Wäsche, Hanf, Flachs, Kräutern und Feldfrüchten. Da die Lauben sehr schmal waren, konnten sie nicht als Aufenthaltsort genutzt werden. Zudem war zu jener Zeit die öffentliche Zurschaustellung des Müssiggangs verpönt. Später diente die Laube auch als Zugang zu den neu eingerichteten Aborten, oder wurden wegen Platzmangel zur Kammer umgebaut, in dem sie verschalt und geschlossen wurden.

Die Erschliessung der für den Tourismus relevanten Orte durch Seil- und Eisenbahnen und Strassen ermöglichte die Zufuhr bisher fremder Baumaterialien. Aus dieser Periode stammen die ersten Eternitdächer und mit Eternitschindeln geschützte Fassaden. In der gleichen Zeitperiode manifestierte sich auch der aus heutiger Sicht eigenartige Wunsch, die schönen Arvenmöbel und die Täfelung einfarbig anzustreichen. Das Holz war plötzlich zu einem unmodernen, rückständigen Baumaterial verkommen. Backstein und Beton fanden deshalb rasch ihren Weg auf die immer zahlreicheren Baustellen. Diese Materialien erlaubten ein freieres Bauen und die Imitation von Vorbildern aus anderen Regionen und dem Flachland. Die im Blockbau durch die natürliche Baumlänge gesetzten Grenzen konnten definitiv überschritten werden. Auch die Einheimischen fanden zunehmend Gefallen an Wochenendhäusern und Zweitresidenzen auf den Maiensässen, entflohen sie dadurch wenigstens zeitweise den eng gebauten Dörfern. Dies führte zu einer Nivellierung der Leitvorstellungen, ortsfremde Vorbilder bekamen mehr und mehr Gewicht. Ein gewisses Prestigedenken mag dabei eine Rolle gespielt haben. Um nun einem architektonischen Wildwuchs vorzubeugen und die visuelle Einheit der Dörfer und Alpsiedlungen wenigstens einigermassen zu wahren, schrieben die plötzlich nötigen Bauvorschriften unter anderem Satteldächer und einen gewissen Anteil an sichtbarem Holz vor. Diese Fassadenfragmente und auch unechte Gewette werden zur reinen Zierde an Rosten an die Backsteinmauern gehängt. Diese Vorspiegelung ist in der Regel nicht mehr aus Rohholz, sondern bemalt und lackiert.

Derweil entwickelte sich die einfache Holzlaube zum geräumigen Balkon, der heute, meist auf einer Betonplattform ruhend, das dominierende Zierelement des Hauses bildet. Diese Balkonfassaden zeugen von einer kompletten Wandlung des Selbstverständnisses: eine selbstbewusste, extrovertierte Existenz in lichtem Anwesen ist dem bigotten, introvertierten Sein im düsteren Blockbau gewichen. Während die traditionellen Lauben nur Geländer aus einfachen Brettern und generell wenig Verzierungen aufweisen, zeigen die ersten Balkone schon Schmuckformen durch Laubsägearbeiten und gedrechselte Holzsäulen. Die heute üblichen Balkone sind tiefer und sind meist durch geschnitzte und lackierte Bretter verblendet, welche eine wesentlich üppigere Ornamentierung präsentieren. Neben den Balkonen entwickelten sich am «Walliserhaus» auch bemalte Erker und Fensterfriese. Diese neuen Elemente sind in allen Alpentälern zu finden, die von einem touristischen Aufschwung profitierten. Man kann mit Fug und Recht von einer Uniformierung des Baustils im Alpenraum sprechen. Eine ähnliche Tendenz ist übrigens auch in der Volksmusik festzustellen. Auch dort hat sich das Geschmacksempfinden im Alpenbogen fast gänzlich zu einer epigonalen, flachen Mixtur vereinheitlicht.

Auch der Hotelbau passte sich den neuen Möglichkeiten an. Die ursprünglichen kolossalen Bauten der Belle Epoque sind teilweise zu «Appartementskasernen» der Parahotellerie umfunktioniert worden. Das von der Gründerzeit vorgegebene, personalintensive und wuchtige Hotelmodell wich zudem eher etwas kleineren, chalet-ähnlichen und deshalb heimeligeren Gebäulichkeiten, deren Äusseres von Balkonen dominiert wird. Obwohl die Nutzungsmöglichkeit eines Balkons im Hotel nur beschränkt, und die ursprüngliche Attraktivität durch die zunehmende Verbauung der Aussicht geschwunden ist, kann man sich eigentlich ein Hotelzimmer ohne Balkon nicht mehr vorstellen. Die Fassade, die Balkonverkleidungen und die Balustraden werden mehr oder weniger grossflächig mit gewagt eingefärbter Holztäfelung verkleidet, und nur das Affix «-hof» oder andere einschlägige Namensschöpfungen an den Hotelmauern erinnern an eine postagrarische Tradition. Als Nostalgiebauweise müssen die aus alten Versatzstücken abgerissener Häuser und Stadel verzierten und gezimmerten Gebäude bezeichnet werden, welche einen Hang zur Tradition vermitteln sollen. Als relativ neue Bewegung im Gaststättengewerbe muss die aufkeimende «Bed & Breakfast»-Kultur in alten Bauernhäusern gewertet werden. Das genuine, originelle Gepräge wird dort mit einem herzhaften «Bauernfrühstück» unterstrichen.

Etappe 117

Über den Gletscher, über die Grenze

Heute gelangen wir ins eigentliche Hochgebirge. Wir verlassen das Val d'Arolla, überqueren den Hauptkamm der Penninischen Alpen, damit die Wasserscheide zwischen Rhone und Po. Auf der anderen Seite wartet das Valpelline, ein sehenswertes Seitental des Aostatales.

Von Arolla wandern wir relativ direkt nach Süden und überqueren einen Gletscherpass, den Col Collon. Danach steigen wir hinunter bis zum Stausee von und nach Praz Raye (auf den Schweizer Karten mit Prarayer bezeichnet).

T5	8 Std.	▲ 1089 m	▼ 1082 m

Routencharakter und Schwierigkeit T5   Der Col Collon ist zwar nicht sehr schwierig, der Anmarsch und der Abstieg führt jedoch über spaltenreiche Gletscher. Dort seilt man sich an. Auf der Südseite sind zwei heiklere Passagen durch den Fels zu überwinden, die teilweise mit Ketten gesichert sind.

Zeit 8 Std.
Arolla – Col Collon 5 Std.
Col Collon – Praz Raye 2 3/4 Std.

Ausgangspunkt   Arolla. 1998 m. Postauto von Sion, Evolène und Les Haudères, Fahrplanfelder 135.70 und 135.71. Office du Tourisme, 1986 Arolla, Tel. 027 283 10 83.

Endpunkt   Praz Raye. 2005 m. Oberste Siedlung im Valpelline, am oberen Ende des Lago di Place Moulin gelegen. Ein Gasthaus befindet sich dort: Rifugio Praz Raye, Tel. 0039/0165 730 040.

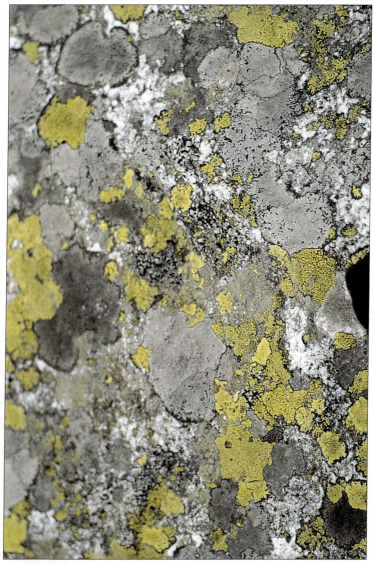

Im Valpelline: Flechten

Talort Valpelline. 960 m. Hauptort des gleichnamigen Tales. Busverbindungen nach Aosta. Azienda di Promozione Turistica, Piazza Chanoux Emilio 3, I-11100 Aosta. Tel. 0039/0165 236 627 oder Valpelline Tel. 0039/0165 713 502.

Karten 1347 Matterhorn, 293 Valpelline. Die Karte 293 Valpelline ist im Massstab 1:50 000.

Verschiedenes Beschränkte Verpflegungs- und Unterkunftsmöglichkeiten unterwegs: Refuge des Bouquetins CAS (2980 m), Koordinaten 607 120 / 091 040, nur SOS-Telefon. Rifugio Nacamuli CAI (ehemals und LK Rif. Collon), Koordinaten 604 850 / 088 550.

Sehenswürdigkeit Grossartige Hochgebirgslandschaft, reizvoller Abstieg.

Die Route Arolla – Col Collon – Praz Raye. Von Arolla (1998 m) nehmen wir die Fahrstrasse und folgen rechts der Borgne d'Arolla bis zu einer Brücke über den Bach bei P. 2092. Von dort schräg ansteigend der Moräne folgend bis zum Torrent de Bertol, dort befindet sich die Abzweigung zur Cabane de Bertol CAS. Auf Spitzkehren steigen wir hinauf in Richtung Plans de Bertol (2664 m), 2 1/2 Std. Von dort führt rechts ein neuer Weg quer hinüber zum Haut Glacier d'Arolla. Wir seilen uns an und betreten diesen flachen Gletscher und halten in dessen Mitte. Südlich haltend auf einen charakteristischen Felssporn der La Vierge zu. Bei etwa 2900 m etwas rechts (W)

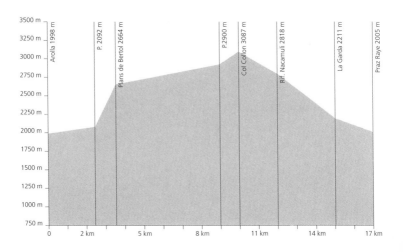

halten, um den Spalten auszuweichen. Von dort flach zum Col Collon (3087 m), 2 1/2 Std.

Kurz flach, dann auf Bändern über einen Felsriegel hinunter (Wegspuren). So gelangt man zum P. 2979. Von dort schräg hinunter zum Rifugio Nacamuli CAI, ehemals Rif. Collon (2818 m), 3/4 Std. Auf dem Hüttenweg hinunter durch ein schönes Hochtal. Danach bricht das Tal abrupt über eine Felsstufe ab, die mittels Ketten gesichert ist. So gelangt man in die Comba d'Oren hinunter, 3/4 Std. In flacherem Gelände wandern wir nun hinaus zur Alp La Garda (2211 m) und Oren (2161 m), 1/2 Std. Danach etwas links hinunter zum Bach, über die Brücke und auf Hangweg nach Praz Raye (2005), 3/4 h.

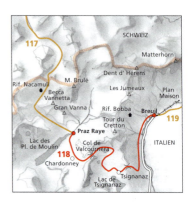

Endlich, das Matterhorn!

Die heutige Etappe führt uns in einer sehr einsamen und verlassenen Gegend vom Valpelline in das Valtournanche. Dabei gilt es zwei Pässe zu überschreiten. Der Erste, der Col de Valcournera, ist der schwierigste der ganzen Tour Matterhorn. Belohnt werden wir jedoch im Laufe des Tages mit der Kulisse des Matterhorns, respektive Cervin oder Cervino, die plötzlich vor uns auftaucht. Das Warten auf den Berg hat endlich ein Ende.

Der Weg von Praz Raye führt uns zunächst steil und teilweise heikel auf den ersten Pass, den Col de Valcournera (auch Col de Valcornière). Nach einem heiklen Abstieg geht es zur Alpe de Tsignanaz (LK: Alpe di Cignana). Über einen weiteren, kleineren und eindeutig weniger schwierigen Pass gelangen wir schliesslich ins Valtournanche, und dort im Talboden bis Breuil.

T5	7 bis 8 Std.	▲ 1204 m	▼ 1203 m

Routencharakter und Schwierigkeit T5 Wilde, einsame Gegend. Die Wege sind grösstenteils gut ersichtlich, bei schlechter Sicht ist die Orientierung jedoch schwierig. Am Steilhang im Aufstieg zum Col de Valcournera ist auf Steinschlag zu achten. Zudem warten im Abstieg einige Stellen, die auch bei guten Verhältnissen als heikel eingestuft werden müssen. Ein Seil zur Sicherung ist hier dringend zu empfehlen.

Zeit 7 bis 8 Std.
Praz Raye – Col de Valcournera 3 Std.
Col de Valcournera – Fenêtre de Tsignanaz 2 1/2 Std.
Fenêtre de Tsignanaz – Breuil 2 Std.

Ausgangspunkt Praz Raye, 2005 m.

Endpunkt Breuil. 2006 m. Bekannter Urlaubsort auf der Südseite des Matterhorns. Zahlreiche Installationen für den Wintersport, grosse Hotels

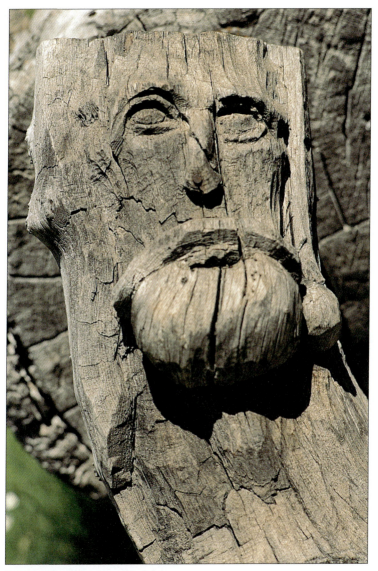

Bei Breuil: grimmiges Gesicht

und andere touristische Infrastrukturen. Bus von Châtillon über Valtournanche. Sport & Promozione, I-11021 Breuil, Tel. 0039/0166 94 44 11.

Karten   293 Valpelline, 1347 Matterhorn. Die Karte 293 Valpelline ist im
Massstab 1:50 000 gehalten. Die Höhenangaben der LK weichen teilweise
leicht von jenen den italienischen Karten ab. Zur Vermeidung von Miss-
verständnissen werden in der Beschreibung die Höhenangaben nach LK
verwendet.

Verschiedenes   Notunterkunft unterwegs: Bivacco Manenti CAI (2790 m).

Sehenswürdigkeit   Sehr ursprüngliche, wilde Gegend, eindrückliche Flora.
Aussicht auf das Matterhorn.

Die Route   Praz Raye – Col de Valcournera – Breuil. Wir verlassen Praz Raye
(2005 m) hinunter zur Brücke. Wir folgen nun kurz einem Weg im Wald
oberhalb des Sees. Dieser zweigt nach links (S) ab, wo wir zur Alpe de Valcournera (2166 m), 1 Std. Wir betreten nun ein enges Tal, die Combe de
Valcournera. Der Weg verläuft links (E) des Bachs. Im Kessel von Chardonney
geht es nach links (E) hoch. Auf teilweise ausgesetzten Wegspuren in Gras-
bändern hinauf, einen Aufschwung überwindet man über eine Leiter. Es folgt
eine Mulde, ein Abschnitt mit grösseren Blöcken. Ein steiler, heikler Geröllhang beschliesst den Anstieg zum Col de Valcournera (3066 m), 2 Std.

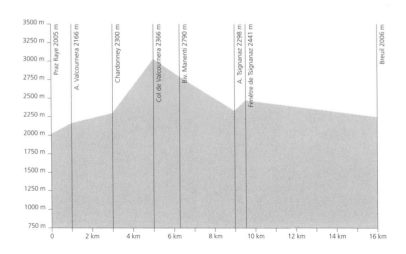

Der Abstieg ist zunächst sehr heikel. Es gilt nämlich, eine etwa 20 Meter hohe, sehr steile Felsstufe im Abstieg zu überwinden (WS). Darunter wartet ein oft mit Firn bedeckter Hang. So gelangen wir in einfacheres Gelände und zum Lago del Dragone (Lac du M. Dragon), den wir rechts (S) umgehen. Dort treffen wir zunächst auf einen guten Weg. Über Platten gelangen wir zum Bivacco Manenti CAI (2790 m). Darunter queren wir einen Felsriegel und einen Wasserfall unterhalb des Lago Balanselmo. Schliesslich folgt der Torrent de Tsignanaz, eine Geländeterrasse und ein weiterer, eher heikler Felsriegel. So erreichen wir die Alp Tsignanaz (LK A. di Cignana, 2298 m), etwa 2 Std. vom Pass, je nach Verhältnissen. Leichter Aufstieg in $1/2$ Std. auf den Wiesen zum Fenêtre de Tsignanaz (2441 m).

Jetzt gilt es, die Luft anzuhalten! Auf dem folgenden Höhenweg taucht nämlich im Norden langsam das Matterhorn auf. Wir folgen dem Höhenweg zur Alp Monteau (2223). Danach steigen wir nach rechts hinunter über Créton in den Talboden, den man bei Perrière (auf LK nicht erwähnt) erreicht. Von hier sind es nur zwei Kilometer bis Breuil. Ein Wanderweg führt links des Torrent Marmore an Avuil und Les Morces (2016 m) vorbei ans Ziel: Breuil (2006 m), 2 Std. Bravo, das war die Schlüsselstelle der ganzen Tour Matterhorn!

Etappe 119

Der Urberg

Auf der letzten Etappe der Tour Matterhorn überwinden wir den vergletscherten Theodulpass. Auf beiden Seiten dieses geschichtsträchtigen Übergangs treffen wir auf Spuren harter touristischer Entwicklung. Jedoch die unvergleichliche Gestalt des Matterhorns (wir kommen ihm auf keiner Etappe dieser Tour so nahe, wie heute!) überwältigt. Diese steile Pyramide kommt der Vorstellung eines Urberges sehr nahe.

Wir verlassen Breuil und steigen über Plan Maison auf wenig steilen Hängen zum Theodulpass. Nun steigen wir auf dem Theodulgletscher hinunter und gelangen schliesslich nach Zermatt, wo wir die Tour beschliessen.

| T4 | 8 Std. | ▲ 1295 m | ▼ 1685 m |

Routencharakter und Schwierigkeit T4   Das Gelände ist grösstenteils eher einfach, jedoch gilt es, einen Gletscher mit Spalten zu überqueren. Dort seilt man sich an. Einige Seilbahnen laden ein, den Tag zu verkürzen.

Zeit 8 Std.
Breuil – Theodulpass 4 1/2 Std.
Theodulpass – Zermatt 3 1/2 Std.

Ausgangspunkt   Breuil. 2006 m. Bus von und nach Châtillon über Valtournanche. Sport & Promozione, I-11021 Breuil-Cervinia, Tel. 0039/0166 94 44 11

Endpunkt   Zermatt. 1616 m. Grosses, weltbekanntes Tourismuszentrum im Oberwallis. Jede Menge von touristischen Angeboten und Infrastrukturen. Grossartiges Gebiet für Bergsteiger und Wanderer. Alpines Museum, Gletschergarten. Hotels und Restaurants in allen Preisklassen. Bahn nach Täsch,

Matterhorn: hier versteckt es sich etwas

Stalden, Visp und Brig, Fahrplanfeld 140. Zermatt Tourismus, Bahnhofplatz, 3920 Zermatt, Tel. 027 966 81 00

Karten   1347 Matterhorn, 1348 Zermatt.

Verschiedenes   Unterkunft und Verpflegung unterwegs: Plan Maison, Rif. del Teodulo CAI, Gandegg, Trockener Steg, Furgg und weitere Restaurants auf dem Weg nach Zermatt.

Sehenswürdigkeit   Das Matterhorn! Mehr braucht der Mensch nicht.

Die Route   Breuil – Theodulpass – Zermatt. Von Breuil (2006 m) gilt es zunächst, die Station Plan-Maison (2548 m) zu erreichen. Es stehen mehrere Weg zur Verfügung, und die Seilbahn. Zu Fuss zunächst auf der Strasse in Richtung Albergo Monte Cervino, kurz davor nach rechts (E) in Richtung La Vieille, unter den Bahnseilen hindurch und hinauf bis Tramáil de la Vieille (2447 m), 1 1/2 Std. Nun unterhalb von Plan-Maison vorbei. Herrliche Sicht auf das Matterhorn. Der Weg führt nun in Richtung der Aufschwünge zum Furggenengrat. Vorbei an einigen Bahnen und Skiliften bis zur Cappella Bontadini (3035 m), 2 Std. Von hier wird der Weg kontinuierlich steiler, nach 1 Std. steht man neben oder sitzt im Rifugio del Teodulo CAI, knapp oberhalb des Theodulpasses (3301 m), Grenze.
Nun führt der Weg nördlich entlang der Skilifte, die vom Trockenen Steg her kommen, man kann aber auch etwa eineinhalb Kilometer unterhalb des

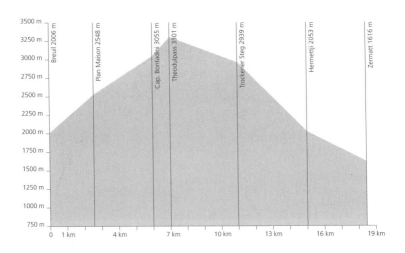

Theodulpasses nach rechts (NE) in Richtung des P. 3108 gehen und dort auf felsigem Untergrund den Weg zur Gandegghütte. So oder so gelangt man zum Trockenen Steg (2939 m), 1 Std. vom Pass. Von hier führen alle Wege nach Zermatt. Man kann aber auch mit der Bahn etwas schneller hinunterfahren. Wir können uns rechts halten über die Lichenbretter, gelangen so auf die Weiden von Garten, steigen ab zum Furggbach (2272 m) und gelangen über die Weiler von Hermettji (2053 m), Zum See (1766 m) und Blatten (1738 m) in den Talgrund und damit nach Zermatt (1616 m), etwa 2 1/2 Std. von Trockener Steg bis zum Bahnhof in Zermatt, je nach Anzahl der Zwischenhalte kann sich das auch etwas in die Länge ziehen, schliesslich ist dies der letzte Tag einer grossartigen Umrundung, das darf auch (ein wenig) gefeiert werden! Lust auf mehr? Es folgen weitere Vorschläge...

Das Bergführermahnmal oberhalb von Saas Fee

VII Rund um Zermatt und Saas Fee

Zusatzschlaufen links und rechts der Mischabel

Im folgenden Kapitel sind eine Rundwanderung um Zermatt, einige lohnende Gipfelziele und zudem zwei schöne Wanderungen in der Nähe von Saas Fee enthalten.

Die Touren sind durchwegs relativ anstrengend und weisen teils grössere Höhendifferenzen auf. Bei einigen Vorschlägen besteht zudem auch die Möglichkeit, sie unterwegs zu unterbrechen oder anders einzuteilen. Die Tour «Rund um Zermatt» dauert in der vorgeschlagenen Form fünf Tage. Bei den restlichen Routen handelt es sich um Tagestouren, die auch direkt vom Tal aus gemacht werden können.

Die Tagesetappen

121 Zermatt – Mettelhorn – Zermatt
Weite Runde, tiefer Blick
Von Biwaks und Hütten

122 Zermatt – Rothornhütte SAC
Eine Nacht auf über 3000 Meter Höhe

123 Rothornhütte SAC – Höhbalmen – Schönbielhütte SAC
Der afrikanische Karling
Wie Orgelmusik über der Tragik des Raumes

124 Schönbielhütte SAC – Riffelalp – Fluealp
Wandern, wie vor 9500 Jahren
Schwarze Tschuggen, 7500 v. Chr.

125 Fluealp – Pfulwe – Täschhütte SAC
Rundum Eis

126 Täschhütte SAC – Tufteren – Zermatt
Schafsblöken, Kuhgebimmel, Pferdeschnauben
Gletscherschliffe, Gletschertöpfe, Gletscherschrammen

127 Saas Fee – Mittaghorn – Saas Fee
Achtung, Steinböcke!

128 Saas Fee – Mällig – Saas Fee
Höre das Pfeifen der Gemsen

129 Mattmark – Jazzilücke – Antronapass – Saas Almagell
Auf alten Schmugglerpfaden
Schmuggler hüben und drüben

Etappe 121

Weite Runde, tiefer Blick

Das Mettelhorn (3406 m), steht sehr exponiert gegen die Mitte des Mattertals und offeriert deshalb gewaltige Tiefblicke auf die Mattervispa, die rund 2000 Meter unter uns den tiefsten Einschnitt der Schweiz zwischen Dom und Weisshorn gegraben hat. Dazu kommt noch der Rundblick in die Mischabelgruppe, die Zermatterberge und das Dreigestirn Zinalrothorn, Schalihorn und Weisshorn. Das letzte Wegstück führt über ein Gletscherfeld eines Seitenarms des Hohlichtgletschers. Nach schneearmen Wintern und in heissen Sommern können die Spalten dort eine Gefahr darstellen, weshalb dann mit Vorteil die Route über das Platthorn (3345 m) gewählt wird.

T4	8 bis 9 Std.	▲ 1790 m	▼ 1790 m

Routencharakter und Schwierigkeit T4 Bis zum Berggasthaus Trift T2, bis zum Gletscherfeld oder zum Platthorn T3.

Zeit 8 bis 9 Std.
Zermatt – Berggasthaus Trift, 2 Std.
Berggasthaus Trift – Mettelhorn, 3 Std.
Mettelhorn – Zermatt, 3½ Std.

Ausgangspunkt Berggasthaus Trift. 2337 m. Hugo Biner, Chalet Viola, 3910 Zermatt, Tel. Hütte 079/408 70 20. Vom Bahnhof Zermatt (1605 m) geht es zunächst durch die belebte Bahnhofstrasse, dann rechts einbiegen in den Triftweg, der bald einmal die letzten Häuser der «Metropolis Alpina» hinter sich lässt und über Weideland in die Schlucht des Triftbachs führt. Nach der Brücke geht es links (S) des Triftbachs am Klettergarten vorbei auf breitem Weg steil hinauf zur Pension Edelweiss, Alterhaupt (1961 m), 1 Std. Kurz flach durch Wald zurück zum Bach, dieser wird beim Stellistein (2058 m) abermals überschritten. Nun wieder am rechten (N) Hang über einigen Kehren hinauf bis zum rosaroten Berggasthaus Trift (2337 m), 1 Std.

Matterhorn und Mettelhorn: das Letztere scheint optisch
viel höher zu sein

Talort   Zermatt. 1616 m. Bahn von Brig, Visp und Täsch, Fahrplanfeld 140. Zermatt Tourismus, Bahnhofplatz, 3920 Zermatt, Tel. 027 966 81 00.

Endpunkt   Zermatt. 1616 m. Bahn nach Täsch, Visp und Brig, Fahrplanfeld 140. Zermatt Tourismus, Bahnhofplatz, 3920 Zermatt, Tel. 027 966 81 00.

Karten   1348 Zermatt, 1328 Randa.

Verschiedenes   Unterkunfts- und Verpflegungsmöglichkeit unterwegs: Pension Edelweiss, Alterhaupt, Tel. 027 967 22 36.

Sehenswürdigkeit   Alpines Museum, bei der Post, 3910 Zermatt, Tel. 027 967 41 00.

Die Route   Zermatt – Mettelhorn – Zermatt. Wir folgen vom Berggasthaus Trift (2337 m) kurz dem Weg zur Rothornhütte SAC bis zum P. 2453, nun zweigen wir nach rechts (N) ab und steigen steil hinauf in die Triftchumme. Der Weg wird kurz flacher, dann steigt er wieder steiler auf den Geröllhängen des Platthorns bis zum Firnfeld, das bei ca. 3190 m erreicht wird, 2¾ Std. Jetzt wenden wir uns nach rechts (E) und überqueren diesen Gletscher, der manchmal seiner Spalten wegen heikel sein kann (siehe auch Variante). Bald stehen wir am Fuss des Gipfelaufbaus und steigen in engen Kehren zum Mettelhorn (3406 m), ¼ Std. Sehr schöne Rundsicht in die Prominenz der

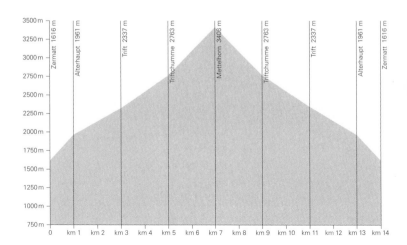

Walliser Viertausender und enormer Tiefblick in das Mattertal. Grossartiger Aussichtspunkt!
Auf dem Abstieg benutzen wir die Aufstiegsroute. Nochmals ist auf dem Firnfeld äusserste Aufmerksamkeit geboten. In 2 ¼ Std. gelangen wir wieder wohlbehalten zum Berggasthaus Trift. Von dort benutzen wir den breiten Weg hinunter nach Zermatt (1616 m), das in 1 ¼ Std. erreicht wird.

Variante   Die letzten Winter waren schneearm, im Sommer trug die grosse Wärme und die hohe Lage der Nullgrad-Isotherme zur Ausaperung des Gletschers unterhalb des Mettelhorns bei, die Spalten treten immer mehr hervor und zwingen teilweise zu Umwegen, weshalb mit Vorteil folgende Variante benutzt wird: vom Beginn des Firnfeldes führt ein steiles Weglein nach rechts (E) auf das Platthorn (3345 m), ¼ Std. Vom Gipfel steigen wir auf Wegspuren in NE-Richtung zum fast flachen Sattel zwischen Platthorn und Mettelhorn hinunter und gelangen über diesen zum Gipfel des Mettelhorns (3406 m), ½ Std.

Von Biwaks und Hütten

Das Zinalrothorn wurde am 22. August 1864 vom legendären Leslie Stephen und F. Crawford Grove in Begleitung der Führer Melchior und Jakob Anderegg über den Nordgrat zum ersten Male bestiegen. Heute ist dies der Normalanstieg von der Cabane du Mountet CAS. Der SAC wurde gerade ein Jahr vor diesem Ereignis im Bahnhofbuffet Olten gegründet, mit anderen Worten, so etwas wie SAC-Hütten, die den Bergsteigern Schutz und Wärme bieten konnten, gab es damals im Wallis noch nicht. Diese Seilschaft startete ihr waghalsiges Unternehmen von einem Biwak aus. Die Führer wählten jeweils einen geeigneten Platz unter einem Felsvorsprung aus, mit kleinen Steinmäuerchen wurde ein Windschutz errichtet, um die Kocharbeiten zu erleichtern. Das Brennholz dazu musste aus der Waldzone darunter gesammelt und bis zum Biwak getragen werden. Öllampen oder Kerzenlaternen erleuchteten den Ort notdürftig. Es darf auch gesagt werden, dass diese Biwaks in der Regel tiefer lagen, als die heutigen SAC-Hütten, für diese Partien waren also die Anstiege länger als für die heutigen Bergsteiger.

Nach diesen ersten Erschliessungen gewannen die Alpen immer mehr an Beliebtheit und wurden zum «Spielplatz Europas». Mehr und mehr Bergsteiger aus dem In- und Ausland trachteten danach, es den Pionieren gleichzutun und diese Besteigungen zu wiederholen. Das Bedürfnis nach festeren Unterkünften wuchs. Um die Besteigung des Zinalrothorns von Zermatt aus zu erleichtern, wurde 1896 auf der Triftalp eine Schutzhütte errichtet, etwa 150 Meter oberhalb des heutigen Standorts. Bereits 1898 fegte eine gewaltige Lawine über dieses Gasthaus hinweg und zerstörte es vollständig. Diese berühmte Lawine stürzte aus dem Trifttal bis hinunter nach Zermatt und richtete auch dort erhebliche Schäden an. Die Tourismuspioniere jener Zeit liessen sich aber auch von diesem Schicksalsschlag nicht nachhaltig beeindrucken. Bereits im Jahre 1900 eröffnete Peter Aufdenblatten das neue «Hotel du Trift» am jetzigen Standort auf 2337 Metern.

Die Routenführung zum Zinalrothorns trägt auch heute noch die Handschrift dieses Gasthauses. Steigt man nämlich von der Rothornhütte in Richtung Gipfel, so wird man sehr bald auf den sogenannten «Frühstücksplatz» treffen, ein Relikt aus den Gründerzeiten, als die Partien noch von Trift aus starteten. Der Betrieb in diesem Berggasthaus nahm seinen Lauf, auch die schwierigen Zeiten der beiden Weltkriege und der grossen Wirtschaftskrise wurden überstanden. Der härteste Schlag für das «Hotel du Trift» folgte erst 1948. Der SAC erbaute unterhalb des Eseltschuggen auf 3198 Metern die Rothornhütte und schuf damit einen wesentlich höher gelegenen und deshalb idealeren Ausgangspunkt für die Besteigung des Berges. Das «Hotel du Trift» musste in der Folge geschlossen werden und versank in einen Dornröschenschlaf, der ganze dreissig Jahre dauerte.

Im Jahre 1978 wurde das Haus von initiativen jungen Leuten wieder instand gestellt und der Gasthausbetrieb wurde aufgrund des stark gestiegenen Bedürfnisses an Übernachtungsraum für Wanderer wieder aufgenommen. Jetzt ist das Haus im Besitz von Hugo und Fabienne Biner, welche es für die Bedürfnisse der heutigen Generation neu herrichteten und in den Sommermonaten selbst betreiben. In beinahe 100 Jahren haben die Mauern des «Trift» viel gesehen und gehört – leider können sie es uns nicht weitererzählen.

Etappe 122

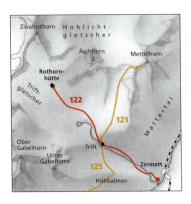

Eine Nacht auf über 3000 Meter Höhe

Dies ist die erste Etappe einer Höhenwanderung rund zum Zermatt. Wenn man bei Stalden in das enge Mattertal einbiegt, hat man keine Vorstellung davon, wie weit verzweigt und riesig das Tal an seinem obersten Ende wird. Wir werden in verschiedenen Etappen versuchen, diesen eindrücklichen Talkessel mit seinem Kranz an eindrücklichen Bergzacken auszumessen.

Wir beginnen mit dem Anstieg auf die Rothornhütte SAC, die als Ausgangspunkt für die Besteigung des Zinalrothorns bekannt ist. Diese Hütte liegt wunderschön, aber sehr hoch am Osthang dieses beliebten Viertausenders. Die Sonne erreicht diesen Ort sehr früh am Morgen, am späteren Nachmittag jedoch kann man beim Aufstieg vom Schatten profitieren.

T3	4 bis 5 Std.	▲ 1582 m	▼ 0 m

Routencharakter und Schwierigkeit T3   T2 bis Berggasthaus Trift.

Zeit 4 bis 5 Std.
Zermatt – Trift, 2 Std.
Trift – Rothornhütte SAC, 2 ½ Std.

Ausgangspunkt   Zermatt. 1616 m. Bahn ab Brig, Visp und Täsch, Fahrplanfeld 140. Zermatt Tourismus, Bahnhofplatz, 3910 Zermatt, Tel. 027 966 81 00.

Endpunkt   Rothornhütte SAC. 3198 m. Koordinaten 610 030 / 099 700. SAC Sektion Oberaargau, 4900 Langenthal, Tel. Hütte 027 967 20 43.

Karten   1348 Zermatt, 1328 Randa.

Über dem Schalikin und dem Hohlichtgletscher: Zinalrothorn, Schalihorn

Verschiedenes Verpflegungsmöglichkeit und Unterkunft unterwegs: Pension Edelweiss, Alterhaupt, Tel. 027 967 22 36. Berggasthaus Trift, Tel. 079 408 70 20.

Sehenswürdigkeit Alpines Museum, bei der Post, 3920 Zermatt, Tel. 027 967 41 00.

Die Route Zermatt – Rothornhütte SAC. Vom Bahnhof Zermatt (1605 m) wenden wir uns zunächst in die immer sehr belebte Bahnhofstrasse. Dann treten wir rechterhand in eine enge Gasse, Triftweg genannt. Nach wenigen Kehren haben wir die Hektik des Orts hinter uns gelassen und wandern auf einem botanischen Lehrpfad durch Weideland in die Triftschlucht, wo wir einen Steg überqueren. Jetzt an den Kletterfelsen vorbei im steilen Hang hinauf zur Pension Edelweiss Alterhaupt (1961 m). Kurz flach durch Wald zum Stellistein (2058 m), wo der Triftbach nochmals überschritten wird. Nun auf der rechten (N) Talseite in wenigen Kehren hinauf zum Berggasthaus Trift (2337 m), 2 Std. von Zermatt.
Wir steigen hinauf zur Abzweigung beim P. 2453, nehmen dort den linken Pfad zum Vieliboden. Wir bleiben rechts (E) des Triftbachs und gelangen bald in das Gletschervorfeld des Triftgletschers, dessen nördliche Seitenmoräne wir zum weiteren Anstieg benutzen. Beim P. 2908 verschwindet dieser lange Kamm etwas, um weiter oben wieder stärker hervorzutreten. Am Schluss verlässt man die Moräne nach links (W) und gelangt zur Rothornhütte SAC (3198 m), 2½ Std. von Trift.

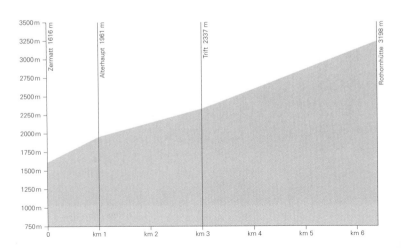

Variante   Wer nicht bis zur Rothornhütte hinaufsteigen will und damit die Fortsetzung der Route etwas abkürzen möchte, kann auch schon im Berggasthaus Trift (2337 m) übernachten (Tel. 079 408 70 20).

Etappe 123

Der afrikanische Karling

Nach dieser Nacht auf über 3000 Metern steigen wir auf dem Hüttenweg wieder hinunter bis kurz vor Trift, um dann auf dem herrlichen Aussichtsbalkon von Höhbalmen eine herrliche Rundsicht zu geniessen und bald einmal das eindrückliche Matterhorn zu erblicken. Das Matterhorn, ein aus afrikanischen Decken bestehender Berg, verdankt seine steile und wilde Pyramidenform dem starken Abschliff seiner Basis durch eiszeitliche Gletscher und Kare. Diese Art Berge nennt man Karling. Scharfe, steile Grate und hohe Wände, das sind die Attribute des «Urbergs», ein Berg vielleicht, der nur in unserem Unterbewusstsein vorhanden ist. Mit dem Matterhorn manifestiert sich auf einmal dieser dunkle Traum, deshalb wohl die ungebrochene Faszination.

Nach dem Abstieg zum geröllbeladenen Zmuttgletscher widmen wir uns schliesslich dem Aufstieg zu unserem Etappenziel, der Schönbielhütte SAC, die sich auf einer nach Süden (zum Matterhorn gerichteten) Terrasse befindet.

T3	5 bis 6 Std.	▲ 607 m	▼ 1117 m

Routencharakter und Schwierigkeit T3   Meist herrliche Wanderwege!

Zeit 5 bis 6 Std.
Rothornhütte SAC – Vieliboden, 1½ Std.
Vieliboden – Arben, 2¼ Std.
Arben – Schönbielhütte SAC, 1½ Std.

Ausgangspunkt   Rothornhütte SAC. 3198 m. Koordinaten 620 030 / 099 700. SAC Sektion Oberaargau, 4900 Langenthal, Tel. Hütte 027 967 20 43.

Talort   Zermatt. 1616 m. Bahn von Brig, Visp und Täsch, Fahrplanfeld 140. Zermatt Tourismus, Bahnhofplatz, 3920 Zermatt, Tel. 027 966 81 00.

Von der Triftflue: das Berggasthaus Trift

Endpunkt Schönbielhütte SAC (2694 m). Koordinaten 614 750 / 094 510. SAC Sektion Monte Rosa, 1950 Sion, Tel. Hütte 027 967 13 54.

Einfachster Abstieg ins Tal Nach Zermatt. 1616 m. Von der Schönbielhütte SAC (2694 m) links des Gletschers hinunter über Hohle Bielen nach Arben (2327 m), 1 Std. Nun über eine Felsstufe auf den Höhenweg, der uns über Chalbermatten (Restaurant) und Zmutt nach Zermatt (1616 m) führt, 1½ Std. Total 2½ Std.

Karten 1328 Randa, 1348 Zermatt, 1347 Matterhorn.

Verschiedenes Verpflegungsmöglichkeit und Unterkunft unterwegs: Berggasthaus Trift, Tel. 079 408 70 20.

Sehenswürdigkeit Alpines Museum, bei der Post, 3920 Zermatt, Tel. 027 967 41 00.

Die Route Rothornhütte SAC – Höhbalmen – Schönbielhütte SAC. Zunächst wenden wir uns von der Hütte zum Moränenkamm zurück, dem wir in vielen kurzen Kehren in das Vorfeld des Triftgletschers folgen, von dort flacher bis in den Vieliboden und zum P. 2453, 1½ Std.
Wir bleiben noch kurz auf dem Weg, den wir vom Aufstieg kennen und wenden uns bei ca. 2430 m von diesem nach rechts (W) ab, überqueren den Triftbach und gehen nun nach links (S) auf die Triftflue. Nun teilweise

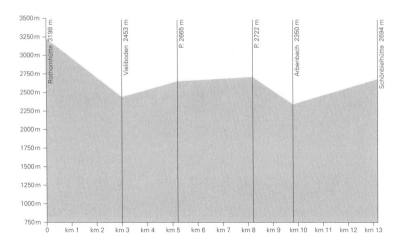

weglos über sanfte Weiden und einen kleinen Bach, dann etwas ansteigend am P. 2656 vorbei zum Weg, der vom Berggasthaus Trift her kommt, Höhbalmenstafel, ¾ Std. Wir folgen dem Weg nach rechts (W) und geniessen die grossartige Rundsicht von diesem breiten Aussichtsbalkon, der irgend eine Laune der Eiszeit erschuf. In ¼ Std. gelangen wir zum P. 2665 (Höhbalmen) und immer flach in zunehmend steileres Gelände. Der Weg bleibt fast auf gleicher Höhe und senkt sich dann nach dem P. 2604 in drei grossen Kehren über die Grashalden von Arben zum Hüttenweg Schönbiel hinunter, den wir beim Arbenbach nach 1 ¼ Std. erreichen.

Auf der nördlichen Seite des Zmuttgletschers gelangen wir zunächst nach Hohle Bielen, dann auf die rechte (N) Moräne, der wir gemächlich steigend bis unter den Gemsspitz folgen. Jetzt schwenkt der Weg in eine Mulde zwischen Hang und Moräne und von dort in vier eleganten Kehren zur Schönbielhütte SAC (2694 m) hinauf, 1 ½ Std.

Variante   Natürlich kann die Tour abgekürzt werden, indem man im Berggasthaus Trift (2337 m) übernachtet. Von dort über die kleine Brücke über den Triftbach und in südlicher Richtung auf Zickzackweg in ¾ Std. zum Höhbalmenstafel. Fortsetzung wie oben beschrieben. Von Trift bis zur Schönbielhütte benötigt man total 3 ¾ Std.

Dom, Täschhorn und Alphubel vom Höhbalmenstafel (Tour 122)

Wie Orgelmusik über der Tragik des Raumes

Die Berge offenbaren uns komplexe Zusammenhänge der Erdgeschichte, waren und sind Zeugen der Menschen, die sie bewohnen und nutzen, und Schauplatz ihrer Schicksale, kurz: Sie lassen uns die ewige Gegenwart des Vergangenen bewusst werden. Einen Teil dieses Erfahrungsschatzes zu heben und der Öffentlichkeit zugänglich zu machen war zunächst das Verdienst der Hotelierfamilie Seiler. Dank ihrer Weitsicht ist es ihr gelungen, einen einmaligen Fundus an Andenken, Relikten und Dokumenten zur teilweise dramatischen Erschliessungsgeschichte der Zermatter Berge anzulegen. Aus dieser «Seiler-Sammlung» ist schliesslich das Alpine Museum Zermatt entstanden. Sie wurde mit volkskundlichen Elementen und Dokumentationen über Flora, Fauna, Geologie, Gletschergeschichte und die Entwicklung des Bergsports angereichert.

Da es rund um Zermatt an makabren Geschehnissen nicht mangelte (und mangelt), bietet uns das Museum eine ganze Reihe von Relikten jener Unfälle und Katastrophen, von denen uns die Alpinliteratur zu erzählen weiss. Entsprechend existiert im Museum eine Abteilung «Historische Unfälle». Dort finden sich Kleider und Ausrüstungsgegenstände des berühmten, 1888 am Weisshorn verunglückten Georg Winkler. Der Gletscher hat sie erst 68 Jahre danach ans Tageslicht gebracht. Wir sehen hier die Schuhe und die zerbeulte Trinkflasche von William Moseley, der 1879 an der heute nach ihm benannten Platte am Hörnligrat in die Tiefe stürzte. Aber auch weniger düstere Exponate warten auf den Besucher, so zum Beispiel der Eintrag von Winston Churchill in das Führerbuch von Johann Aufdenblatten, der mit ihm am 23. August 1894 den Monte Rosa bestieg, oder die bemerkenswerten Gästebücher des Pfarrhauses von Zermatt, des Hotels Mont Cervin und des Hotels Riffelberg, wo sich am 10. Juli 1865 Lord Francis Douglas eintrug, vier Tage vor seinem Tod am Matterhorn.

Dieser Todessturz wird im «Saal des 14. Juli 1865» dokumentiert. Wir erinnern uns: Edward Whymper und seinen Gefährten gelang an diesem Tag die Erstbesteigung des Matterhorns. Die Exponate lassen die damaligen unheilvollen Geschehnisse nochmals lebendig werden: das gerissene Seil, Schuhe von Hadow und Douglas, das Gebetbuch von Rev. Hudson, der Rosenkranz und der Hut von Croz, ein Pickel von Whymper, auf dessen Schaft er die Worte «Quand j'ai employé ce piolet, j'ai toujours réussi» einritzte. Daneben finden sich die nüchternen, in für uns altmodischer Amtssprache verfassten Protokolle des Einleitungsgerichts Visp, das den Hergang des grossen Unglücks beim Abstieg zu klären hatte. Ein wunderschönes Aquarell («Abendstimmung am Matterhorn») des bekannten englischen Malers E.T. Compton «schwebt wie Orgelmusik über des Tragik des Raumes», wie es im Museumsprospekt poetisch heisst.

Dieser Berg würde anderswo Aufsehen erregen:
Almagellhorn, 3327 m

Etappe 124

Wandern, wie vor 9500 Jahren

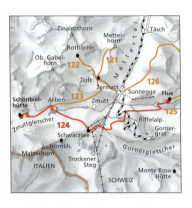

Während sich weit unten das Mattertal zu beängstigender Enge verformt, breitet es sich an seinem Ende zu einem riesigen Fächer auf. An der Krone dieses Fächers werden wir uns heute von einem Seitental ins andere bewegen und dabei an einigen Orten von Interesse vorbeikommen, so beispielsweise am Schwarze Tschuggen, der vor 9500 Jahren schon eine gewisse Bedeutung für «Wanderer» hatte.

Von der Schönbielhütte folgen wir zunächst dem Zmuttgletscher, den wir zur Stafelalp hin überqueren. Es folgt der Anstieg zum Schwarzsee, danach geht es über den tiefen Graben der Gornera zu überqueren. Auf der anderen Seite bleiben wir zunächst auf der gleichen Höhe und steigen schliesslich zur Fluealp auf.

T2	7 bis 8 Std.	▲ 1034 m	▼ 1110 m

Routencharakter und Schwierigkeit T2   Durchgehend gute Wege, die an heiklen Stellen gut abgesichert sind.

Zeit 7 bis 8 Std.
Schönbielhütte SAC – Schwarzsee, 2 ½ Std.
Schwarzsee – Riffelalp, 2 ¼ Std.
Riffelalp – Fluealp, 2 ½ Std.

Ausgangspunkt   Schönbielhütte SAC. 2694 m. Koordinaten 614 750 / 094 510. SAC Monte Rosa, 1950 Sion, Tel. Hütte 027 957 13 54.

Endpunkt   Fluealp. 2618 m. Berghaus Flue, Koordinaten 628 840 / 095 760. Tel. Hütte 027 967 25 97.

Einfachster Abstieg ins Tal   Nach Zermatt. 1616 m. Zurück über den Stellisee zur Station Blauherd (2571 m), ½ Std. Von dort mit der Bahn über

Zmutt: beliebter Ausflugsort oberhalb von Zermatt

Sunnegga nach Zermatt hinunter. Zu Fuss von Fluealp über Blauherd, Sunnegga, Furggegga, Zum Stein, Winkelmatten nach Zermatt in 2 ½ Std.

Talort   Zermatt. 1616 m. Bahn ab Brig, Visp und Stalden, Fahrplanfeld 140. Zermatt Tourismus, Bahnhofplatz, 3920 Zermatt, Tel. 027 966 81 00.

Karten   1347 Matterhorn, 1348 Zermatt.

Verschiedenes   Einige Verpflegungs- und Übernachtungsmöglichkeiten unterwegs (für Namen und Telefonnummern siehe Routentext).

Sehenswürdigkeit   Felsabri («prähistorische SAC-Hütte») am Schwarze Tschuggen (siehe auch kultureller Begleittext).

Die Route   Schönbielhütte SAC – Fluealp. Von der Schönbielhütte SAC (2694 m) steigen wir ab zur linken (N) Seitenmoräne des mächtigen, am unteren Teil stark mit Geröll beladenen Zmuttgletschers. Vorbei an den Seelein von Hohle Bielen, weiter unten, beim Arbenbach, steigen wir auf einem breiten Weg über P. 2285 hinunter in das Gletschervorfeld. Bei P. 2222 überschreiten wir den Gletscherbach und folgen dem Fahrweg weiter bis P. 2168, 1 ¼ Std. Nun rechts (S) abzweigen und in einigen langen Kehren in ¾ Std. hinauf bis zu P. 2412, wo ein Weg zur Hörnlihütte unsere Fährte kreuzt. Nun über die Stafelalp auf Höhenweg in ½ Std. über Galen und Hermettji zum Hotel Schwarzsee (2583 m, Tel. 027/967 22 63). Oberhalb des kleinen Seeleins bei P. 2530 befindet sich der Schwarze Tschuggen, der im nachfolgenden Text noch eine Rolle spielen wird.

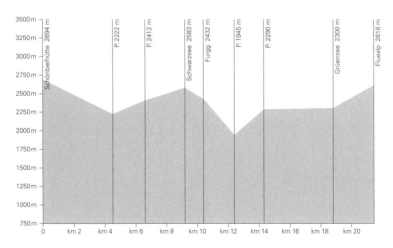

Jetzt folgt ein unangenehm tiefer Graben, den es zu durchschreiten gilt. Wir steigen kurz in Richtung Zermatt (NE) bis ca. 2520 m, nehmen dort einen leicht fallenden Weg scharf nach links bis zur Station Furgg (2432 m), von dort rechts des Furggbachs in zunehmend steileres Gelände. Bald überschreiten wir den Furggbach, um nach einer Kehre wieder nach rechts zum Talgrund bei P. 1945 und zwei Brücken zu kommen, mittels derer nochmals Furggbach und Gornera überwunden werden, 1 Std. Auf dem Fahrweg, der von Schweigmatten her kommt, wandern wir in öden Geröllfeldern in Richtung Gornergletscher, an P. 2005 vorbei zu einer Wegverzweigung. Wir gehen links in Richtung Riffelalp, bei einer weiteren Verzweigung nochmals links in engem Zickzack steil hinauf zum P. 2290, 1 Std. Jetzt auf gleicher Höhe bleibend gemütlich in ¼ Std. zur Riffelalp (2222 m, Berghotel Riffelalp, Tel. 027 966 05 55).
Kurz vor dem P. 2222 zweigt ein Weglein nach rechts ab und folgt in etwa der Höhenlinie und führt über die Geleise der Gornergratbahn. Es geht leicht hinunter zum Balmibrunnen, zum P. 2231, wo wir rechts immer auf gleicher Höhe bleibend in 1¼ Std. Ze Seewjinen (2296 m) kurz vor dem Grüensee erreichen (Bärghüs Grüensee, Tel. 027 967 25 53). Wir wandern nun am Grüensee (2300 m) vorbei und ins Gletschervorfeld des Findelngletschers, beim P. 2314 nehmen wir die Brücke nach links (N) und den Fahrweg zum Grindjisee (2334 m). Wir folgen noch eine Weile diesem Weg, der auf der linken (N) Moräne des Findelgletschers zu liegen kommt. Der Fahrweg biegt nach links zum Blauherd hin ab, wir bleiben auf der Moräne, nehmen aber nach dem P. 2557 den Weg ins Tällinen, auf der anderen Seite erklimmen wir eine ältere Moräne, vorbei am P. 2576 gelangen wir so auf die Fluealp (2618 m, Berghaus Flue), 1¼ Std.

Variante   Wer nicht zum Schwarzsee aufsteigen und damit Höhenmeter vermeiden möchte, der kann gemächlich absteigend vom P. 2168 im Gletschervorfeld des Zmuttgletschers über Stafel, Biel und die Inneri Wälder zur Station Furi (1867 m) gelangen, 2¼ Std. von der Schönbielhütte SAC. Jetzt über die Gornera und bei In den Bächen auf schönem Weg hinauf über Augstchumme zur Riffelalp (2222 m), 1¼ Std. von Furi. Von dort weiter gemäss obiger Beschreibung. Die Gesamtzeit Schönbielhütte SAC – Fluealp reduziert sich so auf ca. 6 Std.

Schwarze Tschuggen, 7500 v. Chr.

Reisende, Jäger, Hirten, Strahler, Schamanen? Wer könnte am Schwarze Tschuggen, auf ca. 2550 m Station gemacht haben, vor 9500 Jahren und auch später immer wieder? Der Schwarze Tschuggen, im oberen Teil der Alp Hermettji, nahe des Schwarzsee gelegen, ist ein natürlicher Unterstand (Abri) am Fusse einer auffallend hellen Felswand. Am Morgen wird dieser Ort von der Sonne verwöhnt, am Nachmittag hüllt er sich in Schatten und Kälte. Vor beinahe 10000 Jahren war der Talgrund noch total vereist, die Gletscher von Zermatt reichten noch sehr weit hinunter und waren wahrscheinlich mit den meisten Seitengletschern des Mattertals noch direkt verbunden. Aufgrund der einsetzenden Warmphase zogen sich die Gletscher jedoch langsam zurück, die Vegetation besetzte die frei werdenden Zonen, und damit rückten auch Vertreter der Tierwelt nach. Diese Tiere wiederum können Menschen angelockt haben, die sie mit einfachen Mitteln zu jagen trachteten. Wie wir aus den Funden beim berühmten Eismann vom Oetztal wissen, waren die damals gebrauchten Ausrüstungsgegenstände zwar wirklich einfach, aber dennoch sehr effizient und zweckmässig verarbeitet und mit viel Liebe zum Detail gestaltet. Auch die Leute, die uns Spuren am Schwarze Tschuggen hinterliessen, verfügten über erstaunliche Materialkenntnisse und handwerkliche Fertigkeiten.

Der Felsabri oberhalb von Zermatt wurde 1985 im Rahmen einer ausgedehnten Fundstellenprospektion der Universität Genf entdeckt und in der Folge sondiert. Die aufschlussreichen Funde konnten datiert werden, und zwar in den Zeitraum zwischen 7900 und 1500 v. Chr., also zwischen dem Mesolithikum und der Bronzezeit. Es wurden aus allen diesen Zeitepochen Feuerstellen freigelegt, zudem Knochen, Steinwerkzeuge, Bergkristallsplitter, Steinartefakte und Keramikfragmente. Als Feuerung dienten zunächst vor allem Lärchen-, später zunehmend Arven- und Kiefernäste, die bis zum Unterstand heraufgetragen werden mussten. Der Schwarze Tschuggen war also ein beliebter und bekannter Biwakplatz. Die eher geringe Gesamtmenge und die Herkunft der Funde spricht aber eher dafür, dass Menschen auf dem Durchzug aus dem Süden hierher gelangt sind. Die alte Gletscherroute Theodulpass – Col d'Hérens (Eringerpass) ist eine sehr direkte Verbindung von Norditalien ins Mittelwallis und war bei den Menschen unterschiedlichster Zeitabschnitte sehr beliebt. Erstaunlich ist die Tatsache, dass schon vor 9500 Jahren offenbar Menschen regelmässig über die damals stark vereisten Hochalpen gezogen sind und ein reger kultureller Austausch zwischen den Lebensräumen an der Tagesordnung war. Ob das über dem Schwarze Tschuggen gelegene Matterhorn damals auf die «prähistorischen Touristen» eine ebensolche Faszination wie auf Menschen der Neuzeit ausgeübt hat, können wir nicht schlüssig beurteilen.

Auf dem Europaweg

Etappe 125

Rundum Eis

Auf unserer Tour rund um Zermatt verlassen wir das Tal des Findelgletschers über einen 3155 m hohen Pass, genannt Pfulwe. Der Gipfel gleichen Namens gleich daneben bietet zudem eine umfassende Rundsicht auf die Gletscher zu seinen Füssen. Auf der anderen Seite öffnet sich die eindrückliche Eiswelt des Rimpfischhorn und das Tal der Täschalpen. Nach einem kurzen Abstieg zum Mellichbach steigen wir schliesslich an steilen Hängen empor zur Täschhütte SAC, unserem heutigen Ziel.

T4	4 bis 5 Std.	▲ 915 m	▼ 832 m

Routencharakter und Schwierigkeit T4   Der Abstieg von Pfulwe zum Mellichbach geschieht teilweise auf einem kleinem Gletscherfeld, Schwierigkeit L.

Zeit 4 bis 5 Std.
Fluealp – Pfulwe, 2 Std.
Pfulwe – Täschhütte SAC, 2 ¼ Std.

Ausgangspunkt   Fluealp. 2618 m. Berghaus Flue, Tel. Hütte 027 967 25 97.

Endpunkt   Täschhütte SAC. 2701 m. Koordinaten 630 300 / 100 080. SAC Sektion UTO, 8001 Zürich, Tel. Hütte 027 967 39 13.

Einfachster Abstieg ins Tal   Nach Täsch. 1450 m. Von der Täschhütte SAC (2701 m) auf dem grossen Weg in 1 Std. hinunter nach Ottavan (2214 m), Taxi nach Täsch, oder über Stafelti, Eggenstadel (1950 m) und über den Täschberg hinunter nach Täsch (1450 m), 1 ½ Std. von Ottavan.

Talort   Täsch. 1450 m. Bahn nach Zermatt, Stalden, Visp und Brig, Fahrplanfeld 140. Verkehrsbüro, Haus Cristal, 3929 Täsch, Tel. 027 967 16 89.

Auf den Täschalpen: Rimpfischhorn und Pfulwe

Karten 1348 Zermatt, 1328 Randa.

Verschiedenes Keine Verpflegungsmöglichkeit unterwegs.

Sehenswürdigkeit Grossartige Gletscherwelt: Findelgletscher und Mellichgletscher.

Die Route Fluealp – Pfulwe – Täschhütte SAC. Von Flue gehen wir hinunter zum kleinen Bächlein, das zwischen dem Hang und der Moräne fliesst, diesem folgen wir über Zerlauenen zu einem kleinen See, den wir links (N) umgehen. Dort steigen wir über den Breitboden hinauf zum P. 2914, jetzt auf Geröllhängen und Wegspuren hinauf zur Pfulwe (3155 m), 2 Std.
Wir steigen auf einem kleinen Gletscherfeld sanft ab (L) und erreichen eine kurze Felsstufe, die wir auf Wegspuren überwinden. Nun wenden wir uns kurz nach rechts und erreichen eine alte Seitenmoräne des Längfluegletschers, auf welcher wir in NW-Richtung zum Weg bei P. 2607 bewegen. Diesem folgen wir auf einigen Kehren hinunter zum Mellichsand und zum Mellichbach, P. 2323. Dort wenden wir uns nach rechts (E) hinauf zum Rinderberg, steigen über Weide zum Bach, der vom Chummibode her kommt, überschreiten diesen und gelangen bald darauf zur Täschhütte SAC (2701 m) auf, 2¼ Std.

Gipfel Pfulwe. 3314 m. Vom Pass gleichen Namens (3155 m) teilweise auf Wegspuren über eintönige Geröllhänge in gut ½ Std. zum Gipfel. Schöne Aussicht auf die riesige Gletscherwelt des Weissgrats und des Rimpfischhorns. Rückweg zum Pass Pfulwe (3155 m) in knapp ½ Std.

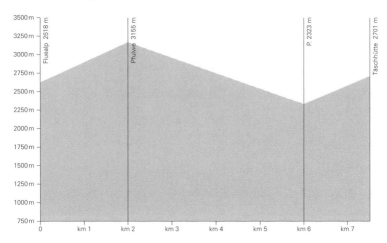

Und nochmals der schönste unbekannte Berg:
Almagellhorn, 3327 m

Etappe 126

Schafsblöken, Kuhgebimmel, Pferdeschnauben

Auf der letzten Etappe unserer Tour «Rund um Zermatt» folgt eine Genusstour von den Schafweiden über mit Kühen bestossene Alpen auf ausgezeichneten Wegen zurück nach Zermatt, wo immer noch einige Pferde im Dienst stehen.

Zunächst wandern wir hinunter zu den Täschalpen, nehmen von dort einen herrlichen Höhenweg, der uns zunächst nach Tufteren führt. Am Schluss bleibt noch der Abstieg durch den Lärchenwald hinunter nach Zermatt.

T2	4¾ Std.	▲ 63 m	▼ 1148 m

Routencharakter und Schwierigkeit T2 Genusswanderung auf herrlich angelegten Pfaden.

Zeit 4¾ Std.
Täschhütte SAC – Täschalp/Ottavan, 1 Std.
Täschalp/Ottavan – Tufteren, 2 Std.
Tufteren – Zermatt, 1¾ Std.

Ausgangspunkt Täschhütte SAC. 2701 m. Koordinaten 630 300 / 100 080. SAC Sektion UTO, 8001 Zürich, Tel. Hütte 027 967 39 13.

Talort Täsch. 1450 m. Bahn nach Zermatt, Stalden, Visp und Brig, Fahrplanfeld 140. Verkehrsbüro, Haus Cristal, 3929 Täsch, Tel. 027 967 16 89.

Endpunkt Zermatt. 1616 m. Bahn nach Stalden, Visp und Brig, Fahrplanfeld 140. Zermatt Tourismus, Bahnhofplatz, 3910 Zermatt, Tel. 027 966 81 00.

Karten 1328 Randa, 1348 Zermatt.

Zermatt: Metropolis Alpina

Verschiedenes Verpflegungsmöglichkeit unterwegs: Täschalp/Ottavan, Tufteren.

Sehenswürdigkeit Gletschergarten Dossen, 3920 Zermatt.

Die Route Täschhütte SAC – Tufteren – Zermatt. Von der Täschhütte SAC (2701 m) nehmen wir den grossen Weg, der uns sicher in 1 Std. auf die Täschalpen und damit nach Ottavan (2214 m) hinunterbringt.
Wir gehen nun zur Brücke über den Täschbach und betreten auf der linken (S) Talseite einen herrlichen Höhenweg, der uns bald aus dem Tal der Täschalpen in das Mattertal hineinbringt. Dort geht es links (S) etwas hinauf zu den Lawinenverbauungen und leicht steigend über Galen zur Tufteralp. Nach 2 Std. stehen wir in Tufteren (2215 m).
Wir folgen dem Fahrweg über P.2232 und P.2249 unterhalb der Sunnegga, folgen dem Chüebord hinunter nach Furggegga (2178 m). Nun auf kleinem Weg steil durch den Wald hinunter über Zum Stein (1887 m) nach Winkelmatten (1672 m) und schliesslich ins Zentrum von Zermatt (1616 m), 1¾ Std.

Varianten

Variante 1 Die Bahn von Sunnegga nach Zermatt, die man nach ½ Std. von Tufteren aus erreicht.

Variante 2 Von Tufteren kann man auch etwas direkter durch den Wald über Tiefenmatten und Oberhüseren nach Zermatt absteigen, dafür benötigt man 1½ Std.

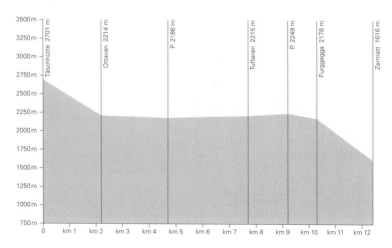

Gletscherschliffe, Gletschertöpfe, Gletscherschrammen

Gletscher haben die Schweizer Landschaft stark geprägt. In den Eiszeiten sind sie tief ins Mittelland vorgestossen und haben dort die grossen Becken der zahlreichen Seen ausgehoben. Nach ihrem Rückzug hinterliessen sie überall Seiten- und Endmoränen und auch Findlinge, früher Teufelssteine oder Geissberger genannt (mit den Geissbergen waren die Alpen gemeint), die uns viel später die Mechanik der Eisvorstösse verrieten. An manchen Stellen finden sich auch sogenannte Gletschergärten. In einem Gletschergarten sind Gletscherschliffe und Gletschertöpfe zu finden. Solche Gletschertöpfe wurden ab 1966 von Yvo Biner beim Dossen oberhalb von Zermatt systematisch freigelegt. Heute ist diese sehenswerte Anlage von Wegen und Stegen erschlossen, und sie gibt ein eindrückliches Zeugnis der ab.

Während den heissen Sommermonaten sammelt sich auf der Oberfläche der Gletscher eine Menge Schmelzwasser an, das sich in kleineren und grösseren Wasserläufen sammelt und durch Gletscherspalten mit hoher Geschwindigkeit auf den Gletscherboden absinkt. Wenn nun dieses sand- und kieselhaltige Gletscherwasser (Gletschermilch) mit hohem Druck auf darunter liegende Gesteine trifft, so entstehen Wirbel, die in der Folge zu einer regelrechten Auskolkung des Felsens führen. Diese eigenartigen kesselförmigen Vertiefungen werden «Gletschertöpfe» genannt. Im sehenswerten Gletschergarten Dossen lässt sich eine grosse Anzahl solcher Erosionslöcher beobachten. Interessant ist die Feststellung, dass die Mehrzahl von ihnen meist in einem sehr kurzen Zeitraum von wenigen Wochen entstanden sind. Sogenannte «Zwillingstöpfe» weisen darauf hin, dass sich der Gletscher während seiner Arbeit bewegt hat und somit das Gemisch von Wasser, Sand und Kies plötzlich an anderer Stelle auf den Untergrund traf. In manchen Gletschertöpfen finden sich schöne abgerundete Findlinge. Lange Zeit hielt man diese «rotierenden Mahlsteine» für die Ursache der Entstehung der Gletschertöpfe. Für die Auskolkung genügt aber die Gletschermilch (mit einem Sandstrahler zu vergleichen), die Findlinge fielen während der Entstehung der Töpfe zufällig hinein und wurden aufgrund ihres Gewichts vom Wasserstrahl nicht mehr herausgehoben, und sie verformten sich im Laufe der Erosion zu herrlichen Kugeln oder Eiern.

Die Forschung datiert diese Gletschertöpfe in die Zeit nach dem Ende der letzten Eiszeit. Sie dürften also vor etwa 10 000 Jahren entstanden sein. Wir erinnern uns: Etwa gleichzeitig stiegen am Schwarze Tschuggen drüben die Rauchsäulen der ersten Biwakfeuer in den Sternenhimmel! Zwar hat sich der Gornergletscher zwischen 1620 und 1850 wieder knapp dem Gebiet des heutigen Gletschergartens angenähert. Während dieser Epoche sind effektiv über Platteln Sekundärwasserläufe nach Schweigmatten hinunter bekannt gewesen. Die Anlage der Gesteinsschichten und das Alter einer Lärche, die auf einem Gletschertopf gewachsen war, schliessen eine Datierung der Gletschertöpfe in die sogenannte «Kleine Eiszeit» jedoch aus.

Das Gletschereis enthält zudem jede Menge eingefrorener Gesteinsbrocken, die an den Felswänden Schliffspuren (Gletscherschrammen) hinterlassen und damit die ehemalige Fliessrichtung des dahingeschmolzenen Eisstromes verraten.

Das Weisshorn blickt auf die Täschalp hinunter (Tour 126)

Fluchthorn, Strahlhorn, Egginer, Allalin vom Mittaghorn
ob Saas Fee (Tour 127)

Etappe 127

Achtung, Steinböcke!

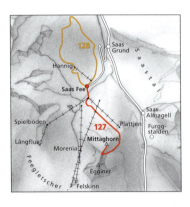

Wer kennt sie nicht, die grossen und berühmten Viertausender rund um Saas Fee: Allalinhorn, Alphubel, Täschhorn, Dom, Lenzspitze, Nadelhorn, Lagginhorn, Weissmies? Das Panorama des Gletscherdorfs wird aber noch von anderen, weniger hohen Bergen geprägt, die hier eher «klein» wirken, stünden sie aber anderswo, würden sie sehr auffallen. Da wäre das wuchtige Fletschhorn, der höchste Dreitausender der Gegend; das Almagellhorn, diese elegante, früher von Jägern oft besuchte Pyramide; das Ulrichshorn, ein sehr hoher Berg mit einer Sitzbank auf dem Gipfel; der eckige Egginer, ein rauher, dunkler Felsberg, und schliesslich, im Zentrum des Ganzen: das Mittaghorn. Früher, als man von Tausendstelsekunden noch keine grosse Ahnung hatte, war der Lauf der Sonne das Zeitmass schlechthin. Und diese steht eben mittags über diesem prächtigen, 3143 Meter hohen Aussichtsgipfel, der von einem mächtigen Gipfelkreuz aus glänzendem Weissmetall geziert wird.

T4	7 Std.	▲ 1351 m	▼ 1351 m

Routencharakter und Schwierigkeit T4 Nach der Abzweigung vom Weg Plattjen – Britanniahütte sehr steiler, mit Steinen übersäter Pfad. Steinschlaggefahr von vorausgehenden Touristen und von der sehr zahlreichen Steinbockkolonie.

Zeit 7 Std.
Saas Fee – Mittaghorn, 4½ Std.
Mittaghorn – Saas Fee, 2½ Std.

Ausgangspunkt Saas Fee. 1792 m. Postauto ab Brig, Visp und Stalden, Fahrplanfeld 145.10. In der Saison samstags auch direkte Busse von Goppenstein. Tourist Office, bei der Post, 3906 Saas Fee, Tel. 027 958 18 58.

Ankunft auf dem Mittaghorn: Stellihorn und Mattmarksee

Endpunkt   Saas Fee. 1792 m. Postauto nach Stalden, Visp und Brig, Fahrplanfeld 145.10. In der Saison samstags auch direkte Busse nach Goppenstein. Reservation obligatorisch! Postautodienst, 3906 Saas Fee, Tel. 027 957 19 45.

Karte   1329 Saas.

Verschiedenes   Verpflegungsmöglichkeiten unterwegs: Berghaus Plattjen und bei der Bergstation der Plattjen-Seilbahn.

Sehenswürdigkeit   Grossartige Rundsicht, herrliche Flora, Steinböcke bis in die Gipfelregion.

Die Route   Saas Fee – Mittaghorn – Saas Fee. Man geht in Richtung Chalbermatten zur Talstation der Plattjenbahn. Dort besteht bereits die erste Abkürzungsmöglichkeit: die Fahrt hinauf zur Plattjen Bergstation. Auf dem Skiweg bis zur Piste, die von Plattjen herunterkommt, nun links über spärliche Weide und Lärchenwald der Piste entlang bis zur Gallenalp (2054 m). Weiter auf gutem Weg bis zur Baumgrenze und zum Berghaus Plattjen (2411 m), 1½ Std. Nun in weniger steilem Gelände entlang der Seilbahn hinauf zur Plattjen Bergstation (2570 m), ½ Std. Wir folgen dem guten Weg in Richtung Britanniahütte SAC, zuerst über ein grosses flaches Blockfeld, dann fast flach in steilem Hang bis zur Abzweigung Mittaghorn, 20 Min. Jetzt nach rechts (W) sehr steil auf kleinem Pfad (Vorsicht, Steinböcke!)

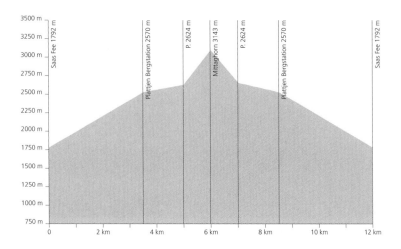

und Wegspuren in 2 Std. zum Gipfel des Mittaghorn (3143 m). Kurz vor Erreichen des felsigen Gratkamms eher rechts direkt zum höchsten Punkt halten, obwohl der scheinbare Hauptpfad nach links schwenkt. Vom Gratkamm gelangt man jedoch ebenfalls ohne grössere Schwierigkeiten zu diesem herrlichen Aussichtspunkt. Gipfelbuch. Herrliche Rundsicht auf die Eisriesen rund um Saas Fee, das Saastal, in der Ferne das Bietschhorn.

Abstieg auf dem gleichen Weg sehr steil hinunter in 1 Std. zur Abzweigung Mittaghorn auf dem Hüttenweg Britannia. Wir wenden nach links und gelangen in ¼ Std. zur Plattjen Bergstation (2570 m) zurück. Hier entweder mit der Seilbahn zurück ins Gletscherdorf oder auf einem der vielen Spazierwege in 1¼ Std. nach Saas Fee (1790 m).

Variante Statt zurück zur Plattjen Bergstation kann man nach dem steilen Abstieg nach rechts hinauf zur Britanniahütte SAC, 1½ Std. von der Abzweigung Mittaghorn, oder zum Egginerjoch (2989 m) und von dort flach zum Felskinn (2989 m). Von dort mit Alpin Express oder Felskinnbahn hinunter nach Saas Fee. Schwierigkeit T4, L auf den Schnee- und Gletscherfeldern. Für diese Variante ist zusätzlich die LK 1328 Randa mitzunehmen.

Etappe 128

Höre das Pfeifen der Gemsen

Rund um Saas Fee wimmelt es
förmlich von Steinwild. Es ist
deshalb nicht sehr verwunderlich, dass es hier sowohl einen
«Gemsweg» wie auch einen
«Steinwildpfad» gibt. Während
in den ausgedehnten Wäldern
unterhalb dieser Wanderwege
auch Rehe und zeitweise Hirsche zu sehen sind, tummeln sich auf
den Trockenwiesen darüber die Murmeltiere, die mit ihren schrillen
Pfeiftönen immer wieder auf sich aufmerksam machen.

Vom Dorfteil Wildi wenden wir uns auf dem Höhenweg nach Grächen bis zum Balmiboden, schwenken dort nach links ab und erklimmen eine sehr steile Rampe auf die Senggflüe. Auf dem höchsten Punkt wenden wir uns zum obersten Teil der «Chinesischen
Mauer» entlang zum Mällig, einer herrlichen Aussichtskanzel. Von
hier erfolgt der Abstieg über die Hannigalp zurück ins Gletscherdorf.

T3	5 Std.	▲ 972 m	▼ 972 m

Routencharakter und Schwierigkeit T3

Zeit 5 Std.
Saas Fee – Balmiboden, 1 ¼ Std.
Balmiboden – Mällig, 2 ¼ Std.
Mällig – Saas Fee, 1 ½ Std.

Ausgangspunkt Saas Fee. 1792 m. Postauto ab Brig und Visp, Fahrplanfeld 145.10. In der Saison samstags auch direkte Busse ab Goppenstein.
Tourist Office, bei der Post, 3906 Saas Fee, Tel. 027 958 18 58.

Endpunkt Saas Fee. 1792 m. Postauto nach Visp und Brig, Fahrplanfeld 145.10. Für Rückfahrt Reservation obligatorisch: Postautodienst,
3906 Saas Fee, Tel. 027 957 19 45. Tourist Office, bei der Post, 3906 Saas
Fee, Tel. 027 958 18 58.

Saastal, Wandertal: Saas Fee, Saas Grund, Saas Balen, Bietschhorn

Karten   1329 Saas, 1328 Randa.

Verschiedenes   Verpflegungsmöglichkeiten: Bergstation Hannig, Rest. Alpenblick, Rest. Honegg.

Sehenswürdigkeiten   Saaser Museum, 3906 Saas Fee, Tel. 027 957 14 75. Bäckereimuseum, 3906 Saas Fee, Tel. 027 958 12 59.

Die Route   Saas Fee – Mällig – Saas Fee. Vom Dorfzentrum geht es zunächst in die Wildi, wo wir dem «Zuckmayerweg» (grüne Beschilderung) folgen und durch schönen Wald zur Bärenfalle gelangen. Nach Betreten dieser Lichtung links auf dem Grächener Höhenweg hinauf über Egge in den Senggboden und nur wenig steigend zum Balmiboden, 1¼ Std.
Nun zweigen wir vom Höhenweg ab und steigen links (W) sehr steil durch den dünner werdenden Wald. Bei P. 2274 erreichen wir die Waldgrenze. Auf dieser Wiese sind oft Steinböcke zu sehen. Wir queren in die Gletscherweng und steigen auf dem Rücken der Senggflüe hinauf bis zum P. 2764. Ein kurzer Abstieg bringt uns zur «Chinesischen Mauer», welche die Gemeinegrenze zwischen Saas Fee und Saas Balen markiert. Zwischen einigen Felsblöcken hindurch erreichen wir den Mällig (2700 m), 2¼ Std. Nun steigen wir ab, zunächst auf einem schönen Weg, später auf der Alpstrasse zur Station Hannig (2336 m), knapp ¾ Std. An den Alphütten vorbei gelangen wir in den Haldenwald, in dem sich das Rest. Alpenblick (P. 2031) befindet. Hier treffen wir wieder auf den Zuckmayerweg, der über

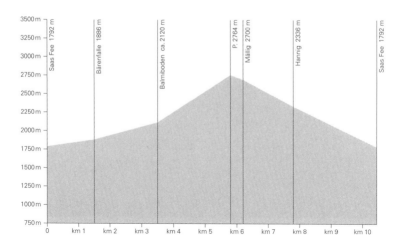

die Berter hinunter zum Fahrweg nach Hohnegge und von dort nach Saas Fee (1792 m) führt, knapp ¾ Std.

Varianten

Variante 1   Von der Station Hannig kann die Bahn den Abstieg wesentlich abkürzen.

Variante 2   Ebenfalls von der Station Hannig kann man hinüber zum Triftbach und zum Hüttenweg Mischabelhütte gelangen. Diesem folgt man in den alten Lärchen von Trift bis ca. 1980 m, dort schwenkt man nach rechts in den Gämsweg. Dieser quert den Zug der Fallauinen und erreicht die linke Seitenmoräne des Feegletschers. Über Gand geht es nach Saas Fee (1792 m) weiter, 2 ½ Std.

Etappe 129

Auf alten Schmugglerpfaden

So eng das Saastal an seinem Eingang bei Stalden scheinen mag, so einladend weit breitet es sich an seinem Ende aus, verästelt sich in viele lange und teilweise auch breite Täler. Auf dieser Route wandern wir entlang des grossen Mattmark-Stausees hinauf ins liebliche Ofental. An dessen Ende befinden sich zwei Pässe, der Ofentalpass und die Jazzilücke. Beide führen auf verschiedenen Wegen ins Valle d'Antrona und von dort nach Domodossola hinunter. Nebst dem Monte Moro, dem Mondellipass und dem Antronapass war besonders der Ofentalpass früher eine beliebte Route der Schmuggler. Typisch für alle diese Pässe sind die hohen Quellwolken, die im Sommer aus den heissen Niederungen aufsteigen und sie in der Regel in Nebel hüllen. Die Saaser, welche diese Wolkenbänke aus ihrem meist klaren Tal gut beobachten können, erklären diese Manifestation einer Klimascheide lakonisch damit, dass «die Italiener Spaghetti kochen» würden. Von der Jazzilücke steigen wir auf einem teilweise ausgesetzten, aber sehr gut abgesicherten Pfad zum Antronapass hinunter. Wir wenden uns nun nach links und gelangen ins lange Furggtälli, dem wir bis Furggstalden und schliesslich nach Saas Almagell folgen. Bei dieser langen Tagestour wird das eindrückliche und etwas einsame Stellihorn (3436 m) umrundet.

T4	8 bis 9 Std.	▲ 878 m	▼ 1411 m

Routencharakter und Schwierigkeit T4   Nur ein kurzes Teilstück direkt hinter der Jazzilücke kann als ausgesetzt bezeichnet werden. Dieses ist mit Stahlseilen gut gesichert. Oberhalb des Antronapasses sind je nach Jahreszeit einzelne wenig steile Schneefelder zu queren (T4).

Zeit 8 bis 9 Std.
Mattmark – Jazzilücke, 4 Std.
Jazzilücke – Antronapass, ¾ Std.
Antronapass – Saas Almagell, 3¾ Std.

Alte Schmugglerpfade nach Antronapiana: Wasserleitung am
Lago di Cingino

Ausgangspunkt Mattmark. 2203 m. Buskurse ab Saas Grund und Saas Almagell, Fahrplanfeld 145.15. Restaurant Mattmark, 3905 Saas Almagell, Tel. 027 957 29 06.

Talort Saas Almagell. 1660 m. Postauto ab Brig und Visp bis Saas Grund, Fahrplanfeld 145.10. Postauto ab Saas Grund nach Saas Almagell, Fahrplanfeld 145.15. Saastal Tourismus, Dorfplatz, 3910 Saas Grund, Tel. 027 958 64 44.

Endpunkt Saas Almagell. 1660 m. Das südlichste Dorf im Saastal, Heimat bekannter Skiasse, herrliche Wanderungen in die langen und wilden Seitentäler, die beim Dorf enden. Postauto nach Saas Grund, Fahrplanfeld 145.15. Postauto von Saas Grund nach Visp und Brig, Fahrplanfeld 145.10. Saastal Tourismus, Dorfplatz, 3910 Saas Grund, Tel. 027 958 66 44.

Karten 1329 Saas, 1349 Monte Moro.

Verschiedenes Zwischen Mattmark und Furggstalden keine Verpflegungsmöglichkeit.

Sehenswürdigkeiten Stausee Mattmark, Flora, Fauna, grossartige Rundsicht von der Jazzilücke.

Die Route Mattmark – Jazzilücke – Antronapass – Saas Almagell. Von der Bushaltestelle Mattmark beim Restaurant auf die Dammkrone des Mattmark-

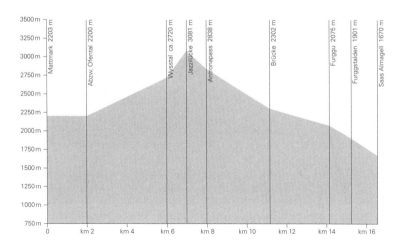

Stausees. Man beachte die Informationstafel der Kraftwerke Mattmark AG. Man überquert in ¼ Std. die breite Dammkrone bis Mattmark Ost (2203 m). Jetzt auf breitem Weg unterhalb der Seeflue dem linken (E) Seeufer entlang in ¼ Std. zur Abzweigung Ofental. Zunächst steil im Zickzack, dann flacher zur Alp Distel und dem Ofentalbach entlang. Nach 1 ¼ Std. erreicht man beim P. 2525 eine flache Alpweide, in welcher der Bach herrlich mäandriert. Links (N) des Bachs leicht steigend auf eine schöne flache Wiese vor dem Wysstal (ca. 2720 m). Geradeaus geht ein Weg zum Ofentalpass (Passo d'Antigine, 2835 m). Wir nehmen jedoch den Pfad, der links (N) abzweigt. Zunächst über Wiese, dann zunehmend Geröll den Steinmännchen nach über die Jazziwäng. Hier ist der Weg nicht immer klar ersichtlich. Vorbei an einem kleinen Seelein (meist im Schnee begraben) etwas steiler zur Jazzilücke, (Passo di Cingino, 3081 m), 1 ¾ Std. Herrliche Sicht auf Monte Rosa, Strahlhorn, Rimpfischhorn, Allalinhorn, Alphubel und die Mischabelkette.

Der Weg windet sich nun kurz der steilen Fluh des Jazzihorns (Pizzo Cingino Nord) entlang. Verankerte Stahlseile geben hier den nötigen Halt. Man überquert danach ein Schneefeld, gelangt auf einen Kamm und folgt diesem leicht fallend in ¾ Std. zum Antronapass (Passo di Saas, 2838 m), wo bei Nebel wenigstens eine interessante Hausruine zu besichtigen ist.

Wir steigen nach links (NW) ab auf Wegspuren durch Geröll, später Gras, in 1 ¼ Std. zur Brücke P. 2302 m ober halb Bitzbrunnen. Wir bleiben auf der rechten (NE) Seite des Furggbachs und kommen beim Schönenboden zu jener Stelle, wo ein grosser Teil seiner Wasser unterirdisch in Richtung Mattmark-Stausee abgezogen wird. Leicht fallend erreichen wir bei der Furggalp die ersten Lärchen, dort geht es flach bis zu den Alphäusern von Furggu (2075 m), 1 ¼ Std. von der Brücke. Dort betreten wir wieder das Saastal, indem wir rechts (N) über den Fletschgrabe in das Skigebiet von Saas Almagell gelangen. Bald stehen wir auf der leicht geneigten Terrasse von Furggstalden (1901 m), ½ Std. Hier besteht die Möglichkeit, mit der Sesselbahn nach Saas Almagell hinunter zu gondeln. Wir gehen durch die Siedlung, überqueren die Strasse und steigen im Stutz durch Lärchenwald in knapp ¾ Std. nach Saas Almagell (1660 m) ab.

Gipfel T5 Jazzihorn. 3227 m. Bei guter Sicht und genügend Zeitreserve lohnt sich noch ein Abstecher auf das Jazzihorn (Pizzo Cingino Nord, 3227 m). Nach Erreichen des Kamms zwischen Jazzilücke und Antronapass wendet man sich dazu nach links und steigt über Geröll und Blöcke in knapp 1 Std. zum Gipfel. Rückweg auf dem gleichen Weg zur beschriebenen Route zum Antronapass.

Schmuggler hüben und drüben

Die Bewohner grenznaher Gegenden neigten immer dazu, mit dem Schmuggel von Waren an den Argusaugen der Zollbehörden vorbei zu zusätzlichem Verdienst zu kommen. Das hintere Saastal war für einen solchen «Nebenerwerb» wie geschaffen. Die Einkünfte der Bauern, vor allem jener im eher schattigen Saas Almagell, waren im letzten Jahrhundert spärlich, die Industrialisierung im Haupttal unten noch nicht realisiert, der Tourismus steckte in seinen Kinderschuhen. Der Bevölkerungsdruck und damit die existentielle Not war jedoch in diesen kinderreichen Jahrzehnten gross, die Saaser suchten verbissen nach zusätzlichen Einkünften, um sich über Wasser halten zu können. Aufgrund der stets gepflegten verwandtschaftlichen Beziehungen zwischen den Saasern und den Walsern im nahen Valle d'Antrona und im Valle Anzasca wagten auch im letzten Jahrhundert viele den Weg über die Pässe am Ende des Saastals, um drüben, im südlich-milden Klima der oberitalienischen Bergtäler neue Existenzen aufzubauen. Nebst der traditionellen Landwirtschaft boten sich dort auch Verdienstmöglichkeiten in den Goldminen oberhalb von Pestarena.

Jene, die zurückgeblieben sind oder zurückbleiben mussten, hielten sich unter anderem mit dem Schmuggel von allerlei Waren aus Italien am Leben. Besonders Saas Almagell war ein solches «Schmugglernest», führten doch die gut ausgebauten Wege über den Monte Moro, den Mondelli- und den Antronapass durch dieses Dorf, das tief unten und arg eingezwängt zwischen dem Mittaghorn, dem Almagellhorn und dem Weissmies liegt. In kleinen Gruppen überquerten die Schmuggler mit Rucksack und «Tschiffra» (Tragkorb) die Pässe, deckten sich in den Dörfern und Marktflecken auf der anderen Seite mit jenen Gütern ein, die hier wieder mit Profit verkauft werden konnten, und kamen schliesslich wieder – meist bei Nacht und Nebel – in ihr Dorf zurück. Die Andenmatten, Anthamatten, Bumann, Burgener, Imseng, Supersaxo, Zurbriggen und die anderen Saaser Familien hüben und drüben arbeiteten Hand in Hand. So sind auch Walser Schmuggler aus Macugnaga und Antronapiana an diesem einträglichen Geschäft beteiligt gewesen.

Obwohl der Schmuggel schon längst Geschichte ist, lebt eine Tradition aus dieser abenteuerlichen Zeit bis heute fort. Jeden Sommer wird «Z'Magguna» (Macugnaga), in Saas Almagell und Saas Fee ein sogenanntes «Schmugglertreffen» veranstaltet, bei dem die Nachfahren der damaligen Haudegen Reminiszenzen austauschen, die verwandtschaftliche Kameradschaft und ihre blumige Sprache pflegen.

VIII Tour Monte Rosa

Der grosse Rundgang durchs Walserland

Der Kulminationspunkt des Monte Rosa-Massivs, die Dufourspitze, ist 4633.9 m hoch und damit der höchste Punkt der Schweiz. Der Monte Rosa umfasst aber eine ganze Reihe von Gipfeln, die im Verzeichnis der Viertausender Eingang gefunden haben. Das ganze Massiv ist vor allem bekannt für seine mächtigen Gletscher, die es einhüllen und ihm ein arktisches Gepräge geben. Da diese Rundtour an der Haute Route Forclaz-Furka anliegt, sind diverse Abschnitte dort auch in umgekehrter Marschrichtung beschrieben.

Es handelt sich um eine anspruchsvolle Rundtour, für die mindestens sieben Tage (ohne Ruhetage) eingeplant werden müssen. Sie beginnt mit zwei langen Höhenwegen, überquert den Gletscherpass Theodul und steigt in die Walsertäler von Ayas und Lis. Später streifen wir auch die obersten Dörfer des Valle della Sesia und des Valle Anzasca, wobei es grosse Höhendifferenzen zu überwinden gilt, um schliesslich über den Monte Moro wieder ins Saastal zurückzukehren.

Die Tagesetappen

131 Saas Fee – Grächen
Der Höhenweg par excellence
Nur Spass an der Freude?

132 Grächen – Täschalp
Der lange, schöne Tag am Osthang der Mischabel

133 Täschalp – Theodulpass
Die Besteigung des «Mons Pratoborni»
Vom Bauch des Meeres...

134 Theodulpass – Bettaforca – Gressoney
Ayas und Lis

135 Gressoney – Alagna
Eselboden, Stolemberg, Oltu
«Titsch» und «Toitschu»

136 Alagna – Macugnaga
Nur ein Pass – aber was für einer!

137 Macugnaga – Monte Moro – Saas Fee
Spaghetti, Polenta, Raclette
Matthias Zurbriggen, Weltenbummler

Etappe 131

Der Höhenweg
par excellence

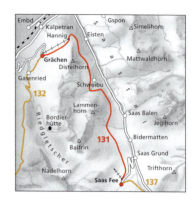

Wir beginnen die Tour Monte Rosa auf der klassischen Höhenwegstrecke von Saas Fee nach Grächen. Diese Tour wird in der Regel Ende Juni/anfangs Juli geöffnet. Grund dafür sind Lawinenrunsen und Schneefelder, welche sich in den Schat-
tenhängen hartnäckig halten und für die Wanderer eine Gefahr darstellen.**

Von Saas Fee nehmen wir den linken (W) Hang des Saastales und überqueren verschiedene Alpen und Felsstufen. Der Weg ist sehr abwechslungsreich und erfordert Aufmerksamkeit und Trittsicherheit. Diese Route wird in Tour 15 auch im umgekehrten Sinne besprochen.

T4	7 Std.	▲ 488 m	▼ 661 m

Routencharakter und Schwierigkeit T4   Schöner, gesicherter Höhenweg. An einigen ausgesetzten Stellen ist Vorsicht geboten. Zu Beginn der Saison können Schneerunsen und Lawinenkegel auftreten. Erkundigen Sie sich deshalb vorher bei den lokalen Verkehrsvereinen. Aufgrund von Eisabbrüchen aus dem Zungenbereich des Bidergletschers ist dort zeitweise eine tiefere Umgehungsroute signalisiert.

Zeit 7 Std.
Saas Fee – Schweibbach, 3 Std.
Schweibbach – Hannigalp, 2¾ Std.
Hannigalp – Grächen, 1¼ Std.

Ausgangspunkt   Saas Fee. 1792 m. Postauto ab Brig, Visp und Stalden, Fahrplanfeld 145.10. In der Saison samstags direkte Busse von Goppenstein. Tourist Office, bei der Post, 3906 Saas Fee, Tel. 027 958 18 58.

Saas Fee: Chalet und Lenzspitze

Endpunkt Grächen. 1619 m. Schöner Ferienort auf einer herrlichen Sonnenterrasse gelegen. Bus nach St. Niklaus, Fahrplanfeld 140.55. Grächen Tourismus, Dorfplatz, 3925 Grächen, Tel. 027 955 60 60.

Talort St. Niklaus. 1127 m. Bahn nach Zermatt, Stalden, Visp und Brig, Fahrplanfeld 140. Tourismusbüro, 3924 St. Niklaus, Tel. 027 956 36 63.

Karten 1329 Saas, 1328 Randa, 1308 St. Niklaus.

Verschiedenes Verpflegungsmöglichkeit unterwegs nur kurz vor Ende der Tour auf der Hannigalp oberhalb Grächen.

Sehenswürdigkeiten Sehr schöne natürliche und wilde Umgebung mit dauernd wechselnden Bergpanoramen und grossartigen Tiefblicken ins Saastal, eindrückliche Flora und Fauna auf der ganzen Strecke.

Die Route Saas Fee – Grächen. Von Saas Fee (1792 m) gehen wir in Richtung Dorfteil Wildi, links hinauf zum Haus Vogelweid (wo der berühmte Carl Zuckmayer lebte) und kurz darauf nach links auf den «Zuckmayerweg» (grüne Schilder). Wir betreten den Uessere Wald und gelangen auf einem schönen Weg zur Bärefalle. Hier zweigt der «Zuckmayerweg» nach links ab, wir gehen gerade bis zu einer Scheune, dort links vorbei, danach kreuzen wir den Fahrweg zur Hannigalp und steigen über Egge im Wald hinauf zum Senggbode. Um diesen geheimnisvollen Ort ranken sich viele

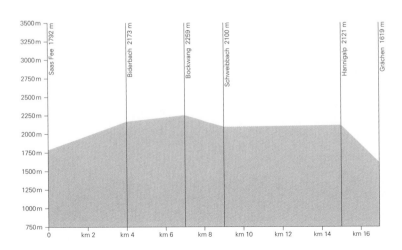

Geschichten. Weiter auf leicht steigenden Höhenweg über Balmiboden zu den Tunnels unter dem Biderbach (2173 m), 1 ½ Std. Wir überqueren auch den Schutzbach und steigen nun über der Waldgrenze über Stafelalpji zum P. 2296 im zunehmend mit Felsen durchsetzten Hang. Es folgt der etwas heikle Lammgrabe und eine gut abgesicherte Strecke im Fels zum P. 2329. Abstieg zur Aussichtskanzel Bockwang (2259 m). Weiter schräg hinunter zum P. 2137 und kurz im steilen Wald, dann in offenem Gelände nach links zum Schweibbach (ca. 2100 m), 1 ½ Std. vom Biderbach.
Aufstieg durch Waldpartien zum Rote Biel und wieder durch Felsen zur Läckerna (2328 m). Am Ende der Balfrinalp in den Graben des Eistbachs, unterhalb des Distelhorns durch zu einem Aussichtspunkt beim Stock. Jetzt auf Felsweg absteigend durch steiles Gelände, nun über P. 2263 in den Wald zurück und über Brandgäscha zur Hannigalp (2121 m), 2 ¾ Std. Wir folgen dem breiten Alpweg über P. 1910, P. 1784 und Z'Seew (1720 m) nach Grächen (1619 m), 1 ¼ Std.

Varianten

Variante 1   Falls der Bidergletscher «kalbt», ist bis Schweibbach folgende Variante markiert: Von Saas Fee (1792 m) auf dem Hauptweg in die Uesseri Wildi, weiter auf dem Fahrweg im Wald zum Hotel Fletschhorn. Nun auf kleinem Weg zum Weiler Sengg (1798 m). Wir bleiben auf der gleichen Höhe über Brand (1867 m) zur Bideralp (1913 m). Weiter über den Schutzbach bis zum P. 1923. Von dort links (W) steil hinauf zum Stafelalpji, wo wir den oben beschriebenen Weg erreichen. Auf diesem weiter bis Schweibbach (ca. 2100 m), 3 ¼ Std.

Variante 2   Vom Rote Biel (2407 m) kann man auch nach links durch das Seetal sehr steil durch Geröllhänge in 2 ¼ Std. zur Bergstation Seetalhorn (2864 m) und von dort mit der Bahn oder zu Fuss (ca. 2 ¾ Std.) nach Grächen (1619 m). Schwierigkeit T4.

Nur Spass an der Freude?

Als einer der Ersten erkannte der legendäre Pfarrer Imseng die touristischen Möglichkeiten des Saastales. Als er jedoch auf selbstgebastelten Brettern seine ersten Kurven in den Schnee zog, ahnte er wohl nicht, welche Veränderungen der Tourismus in das Tal bringen würde. Nun – Veränderungen müssen ja nicht a priori negativ sein. Eine Veränderung und Anpassung ermöglicht erst das Überleben einer Gesellschaft, dabei müssen wohl oder übel gewisse Attribute und Traditionen aus der «guten alten Zeit» weichen, um diese Veränderungen zu ermöglichen. Viele Bergdörfer hätten ohne den Tourismus absolut keine Überlebenschancen, eine kontinuierliche Abwanderung wäre die Folge.

Der Tourismus hat aber eine Eigendynamik entwickelt, die heute schwer zu kontrollieren ist. Jedes Jahr besuchen 120 Millionen Touristen die Alpenwelt. Das reine Naturerlebnis der Menschen – der Spass an der Freude – ist zurückgetreten hinter sehr auf Sport und Wettkampf ausgerichtete Tätigkeiten, bei denen das benutzte Material eine grosse, die Rücksichtnahme und der kulturelle Hintergrund der «benutzten» Berglandschaft eine kleine Rolle spielen. Das Angebot einer Station bestimmt das Gästesegment, und die Gäste und ihre Ausrüster leiten und bestimmen wiederum das Angebot. Die natürlichen Schönheiten einer Gegend allein genügen nicht mehr, über ihre Attraktivität entscheidet, wie diese optimal für den Freizeitmarkt hergerichtet werden. Die Freizeit ist ein Spiegelbild der Gesellschaft, und wir leben heute in einer Freizeitgesellschaft. Noch nie hatten die Menschen so viel Freizeit, trotz der enormen Spezialisierung in ihrem Metier und der vorher nie dagewesenen Leistungsdichte, die erbracht werden muss. Die Freizeit ist heute eine Gegenwelt zum Alltag, aber der Alltag widerspiegelt sich zu stark in ihr. Es darf deshalb nicht verwundern, dass zur «Bewältigung» der Freizeit immer mehr Technik eingesetzt wird. Freizeit ganz ohne Freizeitgerät, das gibt es nicht mehr. Hinter den Geräten und Ausrüstungen für die sehr aufgefächerten Abenteuer- und Nervenkitzelaktivitäten steht die Industrie, die nicht müde wird, jedes Jahr neue Erfindungen zu kreieren, die auch immer etwas ausgefallener sein müssen, um überhaupt Beachtung zu finden. Durch diese Erfindungen wird auch immer mehr Naturraum beansprucht. Mit neuen sportlichen Aktivitäten werden immer mehr eigentliche (und auch letzte) Refugien der Natur in die Freizeitwelt einbezogen, die bislang von ihr verschont geblieben sind.

Der Verdrängungskampf in der Tourismusbranche ist kolossal, er wird zudem durch offensichtliche klimatische Veränderungen noch verstärkt. Nur die grössten und erfindungsreichsten Anbieter haben eine Chance, doch was sich heute in den grössten Ferienorten abspielt, das «Wettrüsten am Berg», kann ja – das liegt auf der Hand – nicht unbegrenzt so weitergehen. Das dauernde Herrichten der Umwelt für die Bedürfnisse verändert sie zu stark und auch zu nachhaltig, die damit verbundenen Investitionen lassen sich selbst langfristig nicht mehr amortisieren. Die Natur verkommt so zu einer rein virtuellen Umgebung, einer sterilen Turnhalle. Doch das Kapital vieler Orte ist ihre Natürlichkeit, sie zu stark zu nutzen und zu manipulieren ist deshalb Kapitalverlust. Das Imitieren anderer und die unentwegte Erschliessung neuer Naturzonen für den Freizeitmarkt, das ist nicht das Patentrezept, das wurde vielerorts schon erkannt. Der schlimmste Feind des Tourismus ist schliesslich der Tourismus selbst.

Aber vom «Spass an der Freude» allein kann die Tourismusindustrie wiederum nicht sehr gut leben. Die guten Lösungsmodelle liegen also – vermutlich einmal mehr – zwischen den Extremen.

Etappe 132

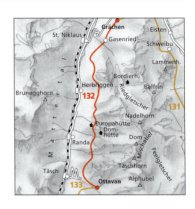

Der lange, schöne Tag am Westhang der Mischabel

Diese lange Etappe unserer Tour Monte Rosa führt uns auf den sogenannten «Europa-weg», der Grächen und Zermatt verbindet. Da die gesamte Route äusserst lang ist, unterbrechen wir sie auf der Täschalp. Diese Tour beginnt man mit Vorteil sehr früh am Morgen. Da bis zur neuen Europahütte am Lärchberg oberhalb von Randa eine «Durststrecke» besteht, sollten genügend Tranksame mitgeführt werden.

Von Grächen steigen wir zunächst gut 1000 Meter auf, um durch verschiedene eindrückliche Talkessel langsam zur Täschalp zu gelangen. Dabei entfernen wir uns langsam vom Bietschhorn, lassen das Weisshorn an uns vorüberziehen und schliesslich bilden die Zermatterberge den grossen Blickpunkt. Diese sehr szenische Route ist im umgekehrten Sinn auch in Kap. III, als Touren 14 und 15 beschrieben.

T4	8 bis 9 Std.	▲ 1225 m	▼ 630 m

Routencharakter und Schwierigkeit T4   Der Weg ist mit grossem Aufwand gestaltet und verlegt worden. Die heiklen Stellen sind gut gesichert mit Seilen und Geländern. Bei den sogenannten Gefahrenstellen bestehen Hinweistafeln, die zu zügigem Gehen auffordern. Gruppen gehen dort mit einem Sicherheitsabstand zwischen den einzelnen Mitgliedern. Auch die Wasserstände der Gletscherbäche können unvermittelt grössere Schwankungen erleiden, weshalb dort besondere Vorsicht geboten ist. Es ist eine sehr lange und deshalb auch schwierige Tour, die auch gut trainierten Wanderern einiges abverlangen wird. Wer sich die ganze Länge nicht zumuten möchte, kann die neue Europahütte am Lärchberg oberhalb Randa ansteuern und dort eine Nacht verbringen. Von dort lässt sich Zermatt in einem weiteren schönen Tag erreichen.

Europaweg: das Matterhorn wird immer grösser

Zeit 8 bis 9 Std.
Grächen – Lärchberg, 6 Std.
Lärchberg – Täschalp/Ottavan, 2 ½ Std.

Ausgangspunkt   Grächen. 1619 m. Bus ab St. Niklaus, Fahrplanfeld 140.55. Grächen Tourismus, Dorfplatz, 3925 Grächen, Tel. 027 955 60 60.

Talort   St. Niklaus. 1114 m. Bahn ab Brig, Visp, Stalden und Zermatt, Fahrplanfeld 140. Tourismusbüro, 3924 St. Niklaus, Tel. 027/956 36 63.

Endpunkt   Täschalp. 2214 m. Schönes, grosses Seitental des Mattertals östlich von Täsch. Strasse und Taxi nach Täsch, Unterkunft (Matratzenlager) und Verpflegung bei Rest. Täschalp, Ottavan, Tel. 027 967 23 01 (w. keine Antw. 027 966 39 66), oder Täschhütte SAC, Koordinaten 630.300 / 100.080, Tel. Hütte 027 967 39 13.

Einfachster Abstieg ins Tal   Nach Täsch. 1450 m. Wer direkt nach Täsch absteigen möchte, kann dies vom P. 2095 oberhalb von Eggenstadel tun. Dort zweigt ein Weg an einem schönen Kreuz vorbei steil hinunter zum Eggenstadel (1950 m). Von dort zur Strasse, die wir bei Resti bereits wieder verlassen, über den Täschberg (1696 m) steil nach Täsch (1450 m) hinunter, 1 ½ Std.

Talort   Täsch. 1450 m. Bahn nach Zermatt, Stalden, Visp und Brig, Fahrplanfeld 140 und 141. Verkehrsbüro, Haus Cristal, 3929 Täsch, Tel. 027 967 16 89.

Karten   1308 St. Niklaus, 1328 Randa.

Verschiedenes   Unterkunfts- und Verpflegungsmöglichkeit unterwegs: Europahütte (Koordinaten 628 460 / 105 850. Tel. Hütte 027 967 82 47), sonst ist die Tour eine lange «Durststrecke»…

Sehenswürdigkeit   Grossartiger Höhenweg mit grosser Rund- und Weitsicht.

Die Route   Grächen – Täschalp. Aufgrund der beträchtlichen Länge dieser Etappe lohnt sich ein sehr früher Aufbruch. Von Grächen (1619 m), gehen wir zunächst zur Talstation der Seetalhorn-Bahn und nehmen danach rechterhand das Strässchen zum P. 1675 am Waldrand. Nun im Wald leicht ansteigend bis zu einer Suone, der wir über P. 1727 und oberhalb von Chäschermatte bis oberhalb von Schallbettu (1683 m) folgen,

1 Std. Wir gehen weiter zum Riedbach, überschreiten diesen auf einer Brücke und nehmen danach den linken (oberen) Weg zum P. 1739. Dort links steil hinauf bis zum P. 1997, wo der Hüttenweg Bordierhütte geradeaus weiterführt. Wir gehen dort aber nach rechts (W) in steilen Wald und erreichen nach 2¾ Std. die lustige Steinstatue des Hl. Bernhard oberhalb des Grathorns auf rund 2400 m. Herrliche Rundsicht. Auf Wegspuren gehen wir in südlicher Richtung rechts unterhalb (W) des Mittelbergs zu einer Felsbarriere, dahinter versteckt sich die finstere Trümmerlandschaft des Grosse Grabe. Der Weg ist breit, jedoch mit Steinen gespickt. Nach diesem Felschaos sind wir froh, den Pfad wieder auf grünen Hochweiden fortsetzen zu können. Leicht absteigend geht es später wieder durch Geröll zum Galenberg (2585 m) und in den Kessel des Geistriftbachs (2500 m), den wir aber über Säldgalen wieder verlassen. Wir umrunden den langen Kamm, der vom Dirruhorn herunterkommt, gelangen über die Hohberge in den Kessel des Hohberggletschers, der sich drohend über uns zeigt. Die dortige Gefahrenstrecke durchgehen wir schnell und kommen beim Miesboden zu einem schönen Aussichtspunkt, der zu einer Rast einlädt. Ein kurzer Abstieg führt uns zur Europahütte am Lärchberg, an der Kreuzung zum Hüttenweg Domhütte gelegen (2149 m), 2¼ Std. von der lustigen Statue, 6 Std. von Grächen. Wir steigen nun aus dem Tobel des Dorfbachs, der von den Wassern des Festigletschers gespiesen wird und gelangen durch Lärchenwald bis Grüengarten. Nach einem Geröllfeld steigen wir durch einen Tunnel in das Wildkin, ein enorm steiles und abweisendes Seitental. Etwa beim P. 2223 überschreiten wir den Wildibach und verlassen leicht ansteigend diese

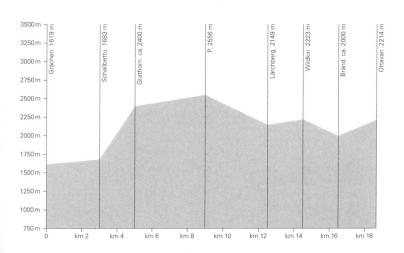

eindrückliche Felswüste. Beim P. 2230 gelangen wir in einen wahren Garten aus Steintrümmern und Baumkrüppeln. Danach geht es leicht hinunter durch die Galerien und Tunnel des Geblätt, einer furchterregenden Geröllhalde, die mit grossem Aufwand «gefügig» gemacht wurde. An deren Ende erreichen wir wieder Wald, durch den wir langsam wieder aufsteigen um das Panorama von P. 2095 zu geniessen. Nun schwenken wir nach links (E) in das langersehnte Tal der Täschalpen. Wir erreichen die Täschalp bei Ottavan (2214 m), 2 ½ Std. Wer auf der Täschhütte SAC (2701 m) übernachten möchte, muss von hier noch 1 ½ Std. auf dem schönen Hüttenweg aufsteigen.

Im Wildkin: gut gesicherte Wege, und das Weisshorn gegenüber (Tour 132)

Weiches Wasser im harten Gneis

Etappe 133

Die Besteigung des «Mons Pratoborni»

Wir verlassen das Mattertal heute zwar noch nicht ganz, jedoch streben wir seinem hintersten Ende zu, dem historisch äusserst bedeutsamen Theodulpass. Dieser Pass wurde in früheren Zeiten Mons Pratoborni oder Matterberg genannt und gehört zu den höchsten Hochalpenpässen, er wurde jedoch in sämtlichen Geschichtsepochen sehr rege benutzt. Er hat seinen heutigen Namen vom Hl. Theodul oder Theodor, im Oberwallis auch St. Joder genannt, dem vermutlich ersten Walliser Bischof, der im 4. Jahrhundert in Martigny wirkte. Er gilt als Entdecker der Märtyrergebeine der thebäischen Legion, die er in St-Maurice bestatten liess. Am 16. August jedes Jahres feiern die Walliser ihren Hl. Theodul als Landespatron.

Zunächst wandern wir über Tufteren nach Zermatt hinunter, steigen von dort in Richtung Furgg und Trockener Steg zum Oberen Theodulgletscher, dem wir bis zur Passhöhe folgen. Gleich daneben befindet sich unsere heutige Herberge, das Rifugio del Teodulo des Club Alpino Italiano (CAI). Diese letzte Wegstrecke ist zwar gut markiert, jedoch ist bei der Querung des Gletschers grosse Vorsicht geboten. Lassen Sie sich von der «Horizontverschandelung» durch die zahlreichen Masten, Skilift- und Bahnkabel nicht allzusehr verunsichern.

T4	8 bis 9 Std.	▲ 1649 m	▼ 546 m

Routencharakter und Schwierigkeit T4   Ab Trockener Steg oder Gandegg bis zum Theodulpass wandern wir auf dem Gletscher, dort Schwierigkeit L! Hüten Sie sich davor, den markierten Pfad (weiss-blau-weisse Zeichen) zu verlassen. Verschiedene Bahnen laden ein, die Route zu verkürzen.

Zeit 8 bis 9 Std.
Täschalp/Ottavan – Furi, 3¾ Std.
Furi – Theodulpass, 4½ Std.

Faszinierendes Mattertal: hohe Gipfel, fliessende Gletscher, prächtige Wege

Ausgangspunkt   Täschalp. 2214 m. Strasse und Taxi von Täsch. Rest. Täschalp, Ottavan, Tel. 027 967 23 01 (w. keine Antw. 027 966 39 66). Täschhütte SAC, Tel. Hütte 027 967 39 13.

Talort   Täsch. 1450 m. Bahn ab Zermatt, Stalden, Visp und Brig, Fahrplanfeld 140, 141. Verkehrsbüro, Haus Cristal, 3929 Täsch, Tel. 027 967 16 89.

Endpunkt   Theodulpass. 3301 m. Grossartiger, mit vielen Bahnen und Skiliften erschlossener Gletscherpass am Ende des Mattertals, historischer Übergang ins Valtournenche. Unterkunft im Rifugio del Teodulo, CAI Torino, 3317 m, Koordinaten 620 940 / 088 080, Tel. Hütte 0039/0166 949 400.

Einfachster Abstieg ins Tal   Nach Zermatt. 1616 m. Breuil. 2006 m. Auf oben beschriebenem Weg zurück zum Trockenen Steg und mit der Bahn hinunter nach Zermatt. Nach Breuil-Cervinia, 2006 m gelangt man mit der Bahn von der Testa Grigia aus (Schwierigkeit L), oder nach einem Abstieg von den Station Cime Bianche (2812 m) oder Plan Maison (2548 m, T3).

Karten   1328 Randa, 1348 Zermatt.

Verschiedenes   Viele Unterkunfts- und Verpflegungsmöglichkeiten unterwegs: Tufteren, Sunnegga, Zermatt, Furi, Furgg, Trockener Steg, Gandegg.

Sehenswürdigkeiten   Alpines Museum Zermatt, bei der Post, 3920 Zermatt, Tel. 027 967 41 00. Einmalige Dokumentation der Erschliessungsgeschichte der Alpen, interessante Informationen zu den Themen Volkskunde, Flora, Fauna und Geologie. Gletschergarten Dossen, 3920 Zermatt.

Die Route   Täschalp – Theodulpass. Wir gehen zunächst von Ottavan zum Steg über den Mellichbach und nehmen danach einen herrlichen Weg nach rechts, der uns langsam aus dem Tal der Täschalpen herausführt. Bald geht es leicht steigend in südlicher Richtung zu den Lawinenverbauungen von Arb und weiter auf herrlichem Höhenweg über P. 2340 und 2311 der Tufteralp. Nun geht es leicht hinunter nach Tufteren (2215 m), 2 Std. Von hier gibt es verschiedene Wege nach Zermatt, man ist beinahe geneigt zu sagen: alle Wege führen nach Zermatt... Wir probieren, Zermatt zu umgehen und benutzen deshalb zunächst den Fahrweg, der uns flach in ½ Std. zur Station Sunnegga (2288 m) führt. Von hier kann die Bahn ins Tal benutzt werden. Etwas darunter nehmen wir den Weg am länglichen Leisee vorbei zum Weiler Eggen (2177 m). Wir durchschreiten Findeln (wo früher einmal sogar Getreide kultiviert wurde) über Bord und Ze Gassen (2051 m) zur Brücke über den Findelbach (2022 m). Dort zunächst flach, dann absteigend durch den Lauberenwald zur Station Findelbach (1770 m) der Gornergratbahn. Danach links zum Fahrweg, der uns schnell und direkt zur Station Furi (1867 m) hinaufführt, 1¼ Std. Benutzung der Bahn bis Trockener Steg ist nicht verboten!

Wir folgen dem Strässchen noch ein wenig und biegen linkerhand auf einen kleinen Weg ab, der uns an einer Kapelle vorbei zu einer Weggabelung führt, dort gehen wir rechts, bei der nächsten Gabelung nochmals rechts und gelangen steiler durch Wald zum Weiler Hermettji (2053 m). Von dort gibt es zwei Wege, um zum P. 2220 zu gelangen, rechts eher steil auf dem Kamm, links in grossen Kehren an Lawinenverbauungen vorbei. Dort angelangt, sehen wir die flacheren Wiesen der Alp Hermettji. Wir gehen hinauf zum P. 2451 und gelangen zur Weggabelung. Rechts geht es zum Schwarzsee, wir gehen aber links in das Tal des Furggbachs hinein und queren oberhalb der Station Furgg (2432 m), 2 Std. von Furi. Nach den Kabeln steigen wir nach rechts (S) hoch über zunehmende Geröllfelder am Sandiger Boden vorbei bis zur eindrücklichen Station Trockener Steg (2939 m), 1½ Std. von Furgg. Wir bleiben auf dem Geröll und erreichen zunächst die Gandegghütte (3029 m). Von dort folgt man rechts (W) dem Felskamm, betritt unterhalb des P. 3108 den Gletscher und erreicht die Gletscherroute (Schwierigkeit L) und darauf den Theodulpass (3301 m), 1¼ Std. Gleich rechts (N) oberhalb des Passes befindet sich die heutige Hütte, Rifugio del Teodulo (3317 m).

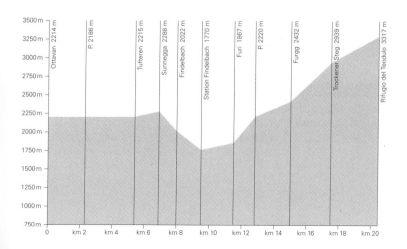

Varianten

Variante 1   Beginnt man den Tag auf der Täschhütte SAC, so verlängert sich die Route um jene 1 Std., die man für die Strecke von der Hütte bis hinunter nach Ottavan benötigt.

Variante 2   Vom Trockenen Steg (2939 m) können wir auch auf südlicher Richtung bleiben und gelangen kurz darauf auf den Oberen Theodulgletscher. Wir folgen der Spur (Schwierigkeit L) dem linken Skilift entlang, gehen links (E) des Theodulhorns und gelangen so in gut 1 Std. zum Theodulpass (3301 m) und zur Hütte gleich rechts (N) oberhalb des Passes.

Bei Ottavan auf der Täschalp: Die zackige Silhouette des Rimpfischhorns (Tour 133)

Vom Bauch des Meeres…

Die Gegend um den Theodulpass steht im Banne des Matterhorns, das vermutlich auch schon bei den Steinzeitmenschen eine gewisse Anziehungskraft hatte. Prähistorische Funde von Schalen- und Bildsteinen oberhalb von Zermatt und Zmutt legen sogar die Vermutung nahe, dass die Region um das «Horu» sogar eine grössere kultische Bedeutung hatte. Diese interessanten Felszeichnungen auf den «Heidenplatten» werden zudem ergänzt durch Funde von Kultäxten in der Gegend.

Seit Ende des letzten Jahrhunderts befinden sich alle Alpengletscher in einer zunehmenden Rückzugsbewegung. Das warme Klima macht den Eisströmen langsam den Garaus. Dies mag man einerseits bedauern, verliert doch das «Wasserschloss Europas» stetig an seinen innersten Reserven. Klimatisch führt diese Entwicklung zwangsläufig zu einer schleichenden Versteppung von exponierten Landstrichen, wie z. B. im unteren Rhonetal. Anderseits geben die Gletscher durch ihren Rückzug jedes Jahr Reliquien aus ferner Zeit preis, die uns viele Hinweise zur Geschichtsinterpretation liefern.

Der Theodulgletscher ist aufgrund seiner Bedeutung als Passweg, seiner offenbar regen Benutzung und nicht zuletzt der guten Erreichbarkeit der Gletscherränder wegen eine sehr dankbare Fundgrube. Aber auch der Weg zum Gletscherpass ist immer wieder für Ueberraschungen gut genug, die schon beschriebenen Funde am Schwarze Tschuggen zeigen dies. 1959 fand man im Zusammenhang mit Tunnelbohrungen für die Grande Dixence im Flur namens «Garten», in der Nähe des P. 2509, etwa 200 Meter vom Passweg entfernt, ein neolithisches Steinbeil. Dieses 43,3 Zentimeter lange, geschliffene, wunderschöne Beil aus grünem Eclogit gleicht einem Typus, der ursprünglich in der Bretagne gefertigt wurde und über ganz Frankreich Verbreitung fand. Wie und wann es hierher gelangt ist, bleibt ein Rätsel. Es liegt heute im Alpinen Museum in Zermatt.

Auch die Römer benutzten den Theodulpass (neben dem Antronapass) recht häufig. Münzfunde, die der Gletscher freigab, beweisen dies auf eindrückliche Weise. Auch lassen sich immer wieder Hufeisen und Skelettfragmente von Pferden, Maultieren und Kühen aufstöbern, stumme Zeugen einstiger Dramen.

Welche detaillierte Rückschlüsse auf geschichtliche Ereignisse gemacht werden können, zeigt uns der einmalige Fund des «Söldners vom Theodul». Zwischen 1985 und 1989 konnten etwas unterhalb der Gandegghütte zunächst Münzen, Schuhe, Knochenfragmente, ein zerbrochener Degen, dann ein herrlicher Reiterdegen ein Dolch mit Parierstange, ein Schädel, weitere Knochenfragmente, Kleidungsstücke, eine Pistole und viele weitere Münzen gefunden werden. Dieser ausserordentlich interessante und komplette

Fund wurde durch das massive Zurückweichen des Theodulgletschers ermöglicht, der sich seit 1859 rund zwei Kilometer zurückzog, 200 Meter davon allein in den fünf Jahren der beschriebenen Funde. Das Prunkstück davon ist sicher der schöne, intakte Reiterdegen, mit einem elegant geschwungenen Korb aus Bandeisen und einem Holzgriff. Er ist 125 Zentimeter lang. Auch die Pistole weist herrliche Intarsien aus Fischbein auf. Die Kleidungsstücke bestehen aus einem plissierten Seidenhemd und einem Seidenschal, der als Krawatte gebunden war. Die Überkleider bestanden aus rotem und rötlichbraunem grobem Tuch, das teilweise mit Goldlitzen versehen war. Ein silbernes Amulett zeigt die Initialen «HN» in einem weiteren fand sich grünes Wachs, vermutlich von einer geweihten Kerze. Sicher handelt es sich um einen Reiter oder einen Offizier, der aus fremdem Sold- und Kriegsdienste auf dem Heimweg über den Theodulpass in den tückischen Gletscherschründen in eine Spalte stürzte und 400 Jahre in einem eisigen Grab zubrachte. Die zahlreichen Münzfunde lassen eine Datierung des Unglücks des Söldners vom Theodul zu: Vermutlich geschah das traurige Ereignis im letzten Jahrzehnt des 16. Jahrhunderts, also zwischen 1590 und 1600. Sein Sold, oder was davon übrig geblieben ist, besteht aus rund 200 Münzen, die meisten von den Fürstenhäusern Savoyen, Mantua, Mailand geprägt. Darunter finden sich 35 Gramm schwere Silbermünzen des Fürsten Carlo Emanuele von Savoyen und Piemont. Die Münzen zeigten keinen Wert an, er wurde durch das verwendete Prägemetall bestimmt. Dafür sehen wir auf der Vorderseite ein schmuckes Portrait des Fürsten und auf der Rückseite das Wappen der Savoyer, umgeben von der sinnigen Inschrift: *DE VENTRE MARIS DEUS PROTECTOR MEUS* (vom Bauch des Meeres, Gott mein Beschützer).

Aus Eis wird Wasser...

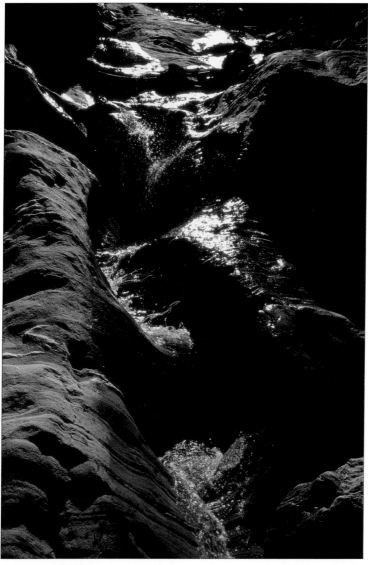

Wasser und Fels...

Ayas und Lis

Wir folgen der klassischen Wal-
serroute hinunter in das Valle
d'Ayas und hinüber in das Valle
di Gressoney (Lis- oder Krämertal). Dabei werden wir auf
viele Spuren der spätmittelalter-
lichen Siedlungspolitik stossen.
Wir betreten zwar Italien, aber
im Aostatal wird Französisch
gesprochen, die meisten Flur-
namen sind deshalb ursprünglich Frankoprovenzalisch, wenn auch
da und dort italienisiert oder durch italienische Namen verdrängt,
in den obersten Talabschnitten jedoch finden wir viele deutsche
Bezeichnungen, die von den Walsern gegeben wurden.

Wir verlassen die eisigen Höhen des Theodulpasses und steigen zunächst in das schöne Valle d'Ayas, wir verlassen dieses aber sofort
über die Bettaforca, um ins Valle di Gressoney zu gelangen. Wir übernachten schliesslich in Gressoney-la-Trinité.

T4	8 Std.	▲ 954 m	▼ 2647 m

Routencharakter und Schwierigkeit T4   Die Tour führt mehrheitlich auf
guten Wegen durch stark erschlossene Hochgebirgslandschaften. Bei
Nebel können die Masten und Kabel sogar als Orientierungshilfe dienen...

Zeit 8 Std.
Theodulpass – Resy, 4 Std.
Resy – Bettaforca, 2 Std.
Bettaforca – Gressoney-la-Trinité, 2 Std.

Ausgangspunkt   Theodulpass. 3301 m. Luftseilbahn von Breuil-Cervinia
zur Testa Grigia, 3479 m. Unterkunft im Rifugio del Teodulo CAI, Koordinaten 620 940 / 088 080, Tel. Hütte 0039/0166 94 94 00.

Talort   Breuil-Cervinia. 2006 m. Busse ab Aosta, Châtillon und Valtournenche. Azienda di Promozione Turistica, Breuil-Cervinia, Tel. 0039/0166
92 029 oder 0039/0166 949 136.

Gressoney-la-Trinité: Walserarchitektur

Endpunkt   Gressoney-la-Trinité. 1624 m. Oberstes und sehr malerisches Dorf im tief eingeschnittenen Valle di Gressoney (Listal), am Fusse des Liskamms, Walsergründung, viele Walser Flurnamen Busse nach Pont-St-Martin, von dort per Bahn nach Aosta, Mailand. Azienda di Promozione Turistica, Piazza Tache, I-11020 Gressoney-la-Trinité, Tel. 0039/0125 366 143, Fax 0039/0125 366 323. Azienda di Promozione Turistica, Villa Margherita, I-11025 Gressoney-St-Jean, Tel. 0039/0125 355 185, Fax 0039/0125 355 895.

Karten   1348 Zermatt, 294 Gressoney, 293 Valpelline. Die Blätter 294 Gressoney und 293 Valpelline haben den Massstab 1:50 000.

Verschiedenes   Verpflegungsmöglichkeit unterwegs in S. Giacomo (St-Jacques) etwas abseits unserer Route gelegen, zudem in Ristorante Colle Betta, bei der Bergstation des Sessellifts (Tel. 0039/347 248 1582).

Sehenswürdigkeiten   Viele Spuren der Walserkolonisation (Siedlungen, Architektur und Flurnamen). Regelmässige Ausstellungen in der Villa Margherita, Gressoney-St-Jean. Museo Beck Peccoz und Castello Savoia, Gressoney-St-Jean.

Die Route   Theodulpass – Bettaforca – Gressoney. Wir verlassen den Pass in Richtung Westen. Auf dem Geröll gehen wir hinunter in Richtung der Cappella Bontadini (3035 m), kurz davor zweigen wir nach links ab und gehen oberhalb der Station Cime Bianche (2906 m), in flacherem Geröll

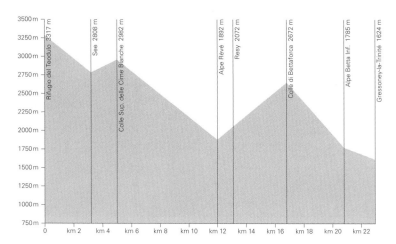

direkt auf den See 2808 m zu. Dieses Gewässer umgehen wir links (E).
Vorbei an der Capanna Gaspard steigen wir auf zu einem kleinen Pass
(2982 m), wo wir auf den Weg von Breuil-Cervinia treffen, 1½ Std. Dort
gehen wir links (SE) hinunter zu den Alpen von Mase (2400 m) und
Varda (2336 m), ¾ Std. Wir verfolgen den Weg weiter in Richtung S. Giacomo (St-Jacques) (1689 m). Kurz oberhalb des Dorfes, bei Fiery (1892 m)
überqueren wir den Torrente di Verra, gelangen bei der Alp Rèvé auf
eine Alpstrasse, die ins Vallone di Verra führt und verlassen diese kurz darauf
nach rechts (E) und steigen im Wald nach Resy (2072 m) hinauf, 1¾ Std.
Nun weniger steil zur Alpe Forca und einem schönen Hochtal (Vallone
della Forca) folgend hinauf zur Bettaforca (2672 m), 2 Std. Eindrückliche
Sicht auf das Monte Rosa-Massiv, vis-à-vis grüsst zudem das Hindernis
des nächsten Tages, der Colle d'Olen... Von der Passhöhe führt übrigens
eine Sesselbahn hinunter nach S. Anna, von dort eine Seilbahn nach Stàval
(Stafal) im Talboden.
Nun rechts der Seilbahn gemütlich hinunter zur Alpe Bettaforca (2372 m)
und zum Weiler S. Anna (2172 m), 1 Std. Wir folgen dem Weg in SE-Rich-
tung hinunter zur Alpe Betta (1880 m) oberhalb des schönen Walser-
weilers Biel (1785 m), und danach im Talgrund dem Torrente Lis (Lisbach)
entlang nach Gressoney-la-Trinité (1624 m), 1 Std.

Variante Wer sich das sehr malerische Valle d'Ayas etwas genauer
ansehen möchte, dem sei folgende Route ans Herz gelegt: Statt nach
Resy abzuzweigen, steigen wir nach S. Giacomo (St-Jacques, 1689 m) ab,
1¼ Std. von der Alpe Varda, und übernachten dort oder weiter unten in
Champoluc (1568 m). Diese malerischen Orte sind von Verrès und Brusson
aus per Bus erreichbar.
Am nächsten Tag steigt man von Champoluc (1568 m) sehr steil in 1¾ Std.
hinauf zum herrlich gelegenen Walserweiler Cuneaz (2032 m), von dort in
2 Std. zum Colle di Pinter (2777 m). Abstieg in gut 2 Std. über Alpi Loage
und die alte Walsergemeinde Alpenzu ins Tal bei Chemonal (1407 m)
oder nördlich auf schönem Höhenweg nach Gressoney-la-Trinité (1624 m).

Eselboden, Stolemberg, Oltu

Wir verlassen das Valle di Gres-
soney (Listal) und damit die
Reihe der Täler, die südlich des
Monte Rosa relativ gerade nach
Süden ausgerichtet sind. Das
nächste Tal, das Valle della
Sesia, gleicht einer Schlangen-
linie, die sich mit vielen langen
Kehren durch eine Reihe von Hügeln nach Osten wendet.

Wir steigen steil hinauf zum Haupthindernis des heutigen Tages,
dem schönen, aber für den Wintertourismus sehr erschlossenen
Colle d'Olen (Aaling-Furgga). Auf der anderen Seite gelangen wir
schliesslich über verschiedene Skipisten und Alpweiden mit Walser-
namen hinunter nach Alagna-Valsesia.

T3	7 Std.	▲ 1257 m	▼ 1691 m

Routencharakter und Schwierigkeit T3   Einige steile Abschnitte sind zu
bewältigen, der Weg ist jedoch gut und sicher.

Zeit 7 Std.
Gressoney – Colle d'Olen, 4 Std.
Colle d'Olen – Alagna, 3 Std.

Ausgangspunkt   Gressoney-la-Trinité. 1624 m. Busse ab Pont-St-Martin,
dort Bahn ab Aosta oder Mailand. Azienda di Promozione Turistica, Piazza
Tache, I-11020 Gressoney-la-Trinité, Tel. 0039/0125 366 143, Fax 0039/
0125 366 323. Azienda di Promozione Turistica, Villa Margherita, I-11025
Gressoney-St-Jean, Tel. 0039/0125 355 185, Fax 0039/0125 355 895.
Azienda di Promozione Turistica, Piazza Chanoux Emiglio 3, I-11100 Aosta,
Tel. 0039/0165 236 627.

Endpunkt   Alagna-Valsesia, 1190 m. Wenn auch nur knapp über 1000
Meter Meereshöhe gelegen, ist Alagna-Valsesia das oberste Dorf im Valle
di Sesia. Tief eingeschnittenes Tal an der Südseite des Monte Rosa, viele Wal-

Valsesia: ein sonniges Tal

serspuren. Busse nach Varallo, von dort Bahn nach Novara und Mailand. Pro Loco, Alagna-Valsesia, Tel. 0039/0163 922 988. Azienda di Promozione Turistica della Valsesia. Corso Roma 38, I-13019 Varallo-Vercelli, Tel. 0039/0163 51 280.

Karten   294 Gressoney. Massstab 1:50 000.

Verschiedenes   Unterkunfts- und Verpflegungsmöglichkeit unterwegs: Gabiet, Colle d'Olen: Rifugio Guglielmina, Tel. Hütte 0039/368 217 531 oder 0039/0163 91 444, Rifugio Città di Vigevano (ehem. Albergo Stolemberg), Tel. Hütte 0039/0163 91 105, Alpe Oltu/Grande Alt.

Sehenswürdigkeit   Istituto Scientifico Angelo Mosso, etwas oberhalb des Colle d'Olen gelegen: interdisziplinäre alpine Forschung (seit 1904).

Die Route   Gressoney – Alagna. Von Gressoney-la-Trinité (1624 m) steigen wir über den Eselboden steil zwischen der Wasserleitung und der Seilbahn auf einen kleinen Kamm. Von dort geht es flach zum Lago Gabiet (2367 m Stausee). Links davon erreichen wir das Rifugio Gabiet, in dessen Nähe die Bahn von Stàval (Stafal) enden, 2¼ Std. Jetzt zur Alpe Gabiet und rechts (NE) haltend zunächst fast flach, dann steiler ansteigend zum Colle d'Olen (Aaling-Furgga, 2881 m), 1¾ Std.

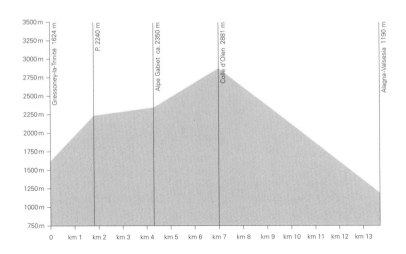

Jetzt steil hinunter, an den Hütten vorbei im Geröll auf die flache Alp Pianalunga (2025 m), und hinunter zur von Bahnen erschlossen Alpe Oltu (1945 m). Wir gehen an der Mittelstation vorbei und gelangen bald steil in den Wald, der uns über Dosso (1357 m) schliesslich nach Alagna-Valsesia (1190 m) bringt, 3 Std. vom Pass.

Varianten

Variante 1   Wir können auch nach dem Colle d'Olen (Aaling-Furgga) auf oben beschriebenem Pfad absteigen bis ca. 2400 m, dort nehmen wir aber rechts einen Bergweg, der uns über eine kleine Felsstufe (Passo Foric) in das stille, unberührte und interessante Valle d'Otro hineinführt. Dort gelangen wir über die Alpen Zube (2515 m), Pianmisura (1782 m), danach oberhalb von Weng nach Follu (1726 m), alles herrlich gelegene Walsersiedlungen. Von dort steil im Wald hinunter nach Alagna-Valsesia (1190 m), 3½ Std. vom Pass. Sehr lohnende Variante!

Variante 2   Für jene, die zu viele Kabel in der Luft und grössere Eingriffe für das Herrichten von Skipisten nicht schätzen, haben wir eine Alternative ohne: Von Gressoney-la-Trinité (1624 m) wandern wir auf der östlichen Talseite dem Torrente Lis (Lisbach) entlang nach Gressoney-St-Jean (1385 m, Übernachtungsmöglichkeiten, Busse) und weiter bis Valdobbia (1379 m), 1½ Std. Jetzt sehr steil im Wald hinauf zur Alpe Cialfrezzo, dort wird es etwas flacher. Nach dieser Erholungsphase folgt noch der Schlussanstieg zum Colle Valdobbia (2480 m), 3½ Std. Dort befindet sich das Rifugio Ospizio Sottile, Tel. 0039/368/201 039. Abstieg durch ein enges Tal in das bewaldete Val Vogna über S. Antonio (1381 m) bis Ca Ianzo (1354 m) und auf dem Fahrweg nach Riva-Valdobbia, dort über die Sesia nach Balma und auf dem rechten (E) Ufer nach Alagna-Valsesia (1190 m), 3 Std., total ca. 8 Std.

Gipfel T4   Stolemberg. 3202 m. Von der Hauptroute können wir beim Colle d'Olen am Istituto Scientifico vorbei auf Wegspuren im Geröll zu einem Kamm gelangen, der uns direkt zum Gipfel des Stolembergs (3202 m) führt, 1 Std. Herrliche Rundsicht auf Liskamm, Piramide Vincent, Monte Rosa und die Täler von Gressoney und Sesia. Dahinter befindet sich übrigens das Rifugio Vincent (3112 m). Rückweg in ¾ Std. zu den Hütten unterhalb (E) des Passes.

«Titsch» und «Toitschu»

Die Täler «hinter» dem Monte Rosa gehören zu Italien, genauer gesagt zum Aostatal, wo Französisch gesprochen wird. Wenn wir uns aber die Flurnamen von Gressoney-la-Trinité etwas genauer anhören, so tönt es so: Brächò, Trache, Léschelbalmò, Sannmattò, Önderemwoald, Gòver, Òndre und Òbre Eselbode. Das ist «Titsch», genauer «Grussnai-Titsch», der lokale Walserdialekt von Gressoney im Listal, oder Krämertal wie es auch genannt wird.

Im 13. Jahrhundert sind alemannische Oberwalliser über die Pässe Theodul, Monte Moro, Antrona und Albrun als berufsmässige Siedler nach Oberitalien ausgewandert. Mehrere Gründe sind dafür zu nennen: einmal der sogenannte «Vertrag von Utrecht», der anno 1106 zwischen der dortigen Obrigkeit und niederländischen Bauern geschlossen wurde. Letztere hatten Sümpfe urbar gemacht und dadurch die Befreiung aus der Dienstbarkeit aushandeln können. Dieser Vertrag hatte europaweit eine grosse Tragweite, denn von nun an konnten leibeigene Bauern als Siedler zu Besitz und Recht gelangen. Zudem herrschten im 13. Jahrhundert recht gemässigte klimatische Verhältnisse, welche eine Auswanderung und die Kolonisation der obersten Siedlungsstufen ermöglichten. Die Besiedlung der Hochalpen wurde zudem vom Adel, von Klöstern und den Feudalherren gefördert, um diese bisher brachen Gebiete einem Nutzen und Ertrag zuzuführen.

Die Walser, wie sie fortan genannt wurden, betrachteten die Besiedlung und die Migration als Lebensinhalt. Sie kamen aus dem Goms und den Vispertälern. Um Erbteilungen in den besiedelten Gebieten zu vermeiden, wanderte immer ein Teil der Nachkommen weiter. Walsersiedlungen finden sich deshalb im Valle di Gressoney (Lis- oder Krämertal), im Valle di Sesia, im Valle Anzasca, im Valle Antigorio (Eschental), im Valle Formazza (Pomatt), aber auch im Tessin (Bosco Gurin), quer durch Graubünden bis hinein nach Glarus, St. Gallen, Liechtenstein, Vorarlberg und Nordtirol. Der letzte Ausläufer der Walserwanderungen heisst Hoch Walser Praxmar im Sellraintal/Österreich. Diese Siedlung wurde 1452 gegründet. Die Walser waren reine Bauernkolonisten, Gründungen von Marktorten oder sogar Städten sind nicht bekannt. Sie nannten eine Gesetzgebung und eine Gerichtsbarkeit ihr Eigen. Diese späte Völkerwanderung gilt als eines der bedeutendsten historischen Ereignisse des Wallis, welches ausgedehnte Gebiete der Zentralalpen nachhaltig beeinflusst hat.

Die Walser sind zudem Überlebenskünstler, sie besiedelten überall die höchsten Berglagen, kämpften dort am Rande der Existenzmöglichkeiten erfolgreich gegen die Unwirtlichkeit der Natur. Sie taten dies mit einer ausgeklügelten Land- und Viehwirtschaft und betrieben teilweise einen profitablen Handel mit ihren Nachbarn. Deshalb auch der Name «Krämertal» für das Valle di Gressoney. Als kulturelle Gemeinsamkeiten haben die Walser die Grundzüge ihrer Architektur und ihre Sprache, die Religion und damit die Heiligenverehrung.

Das typische Walserhaus ist getreu seinen Vorbildern in den Herkunftsgebieten aus roh behauenen Lärchenbalken, welche auf einem Steinfundament liegen. Als Besonderheit der Walser gilt der «Seelenbalken», ein Loch in der Hauswand, durch das die Seele eines verstorbenen Menschen entweichen kann. Das Dach besteht in der Regel aus Steinplatten. Die Stadel stehen auf steinernen Maustellern. Es handelt sich um einfache, streng funktionelle Gebäude. Die Walser betrieben aufgrund der Kargheit der Böden und der durch die Höhenlage eingeschränkten Vegetations-zeit eine Landwirtschaft auf verschiedenen Ebenen: im Dorf im Talgrund, auf dem Maiensäss weiter oben und schliesslich auf den Alpweiden. Aus diesem Grund blieben die Behausungen eher klein, dafür hatte man zwei oder drei davon.

Der Walserdialekt besticht durch seinen aussergewöhnlichen Reichtum an Vokalen, die Verdoppelung der Vokale, den Zwielaut von «ie», die Lautverschiebung von «s» zu «sch», die Aufhellung der Laute (z.B. von «u» zu «ü»), die Wandlung der deutschen «nk»-Laute in «ch» (trinken wird z.B. triiche), die typischen Verkleinerungsformen (z.B. Hüüschi für Häuschen, Meitjä für Mädchen) sowie viele Lehnwörter aus dem Burgundischen, Fränkischen, Gallo-Romanischen und Französischen. Der Walserdialekt hat sich je nach Ort, Entfernung von anderen Walsergemeinden und sprachlichen Einflüssen aus der unmittelbaren Nachbarschaft teilweise in ortsspezifische Unterdialekte abgewandelt und weiterentwickelt. Ein gutes Dutzend Kilometer südlich von Gressoney befindet sich die isolierte Walsersiedlung Eischeme (Issime). Dort entwickelte sich im Laufe der Jahrhunderte ein spezieller Dialekt, das «Toitschu». Dieser ist stark vom frankoprovenzalischen Wortschatz der umgebenden Siedlungen geprägt und unterscheidet sich darum sehr von allen übrigen Walser Dialekten. Das Walser Volkstum wird heute – vor allem in Norditalien – intensiver als auch schon gepflegt, und die Chance, dass sich die einmaligen Traditionen und Überlieferungen dieser Kolonisten ins nächste Jahrtausend hinüberretten, kann als gut beurteilt werden.

Etappe 136

Nur ein Pass –
aber was für einer!

Wir bleiben heute auf Tuchfühlung mit dem mächtigen Monte
Rosa, dessen Ostflanke uns eindrücklich vor Augen geführt
wird. Seine dominierende Prä-
senz wirkt ganz besonders
intensiv. Heute steht eigentlich
nur ein einziger Pass auf dem
Programm, dieser ist jedoch sehr hoch und leider befinden sich Start-
und Zielpunkt relativ weit unten. Es gilt also, eine ganze Menge
Höhenmeter im Auf- und Abstieg zu bewältigen. Die Schönheit
und Wildheit der Gegend entschädigt jedoch sehr für die Mühe.

Wir verlassen Alagna-Valsesia in Richtung Norden. Über die Alpen
Faller und Grafenboden steigen wir beinahe endlos und steil zum
Colle del Turlo (Türlifurggu), dessen Kulminationspunkt sich auf
stolzen 2738 Meter befindet. Durch das Valle Quarazza (Kratzertal)
gelangen wir schliesslich ins Valle Anzasca und damit zum Zielort
Macugnaga, von den Walsern Z'Makana oder Magguna genannt.

T3	9 bis 10 Std.	▲ 1548 m	▼ 1431 m

Routencharakter und Schwierigkeit T3   Der Weg ist lang und oft steil,
schwierig ist er jedoch nicht. Auf der Nordseite des Colle del Turlo muss im
Frühsommer mit Schnee gerechnet werden. Erkundigen Sie sich deshalb in
dieser Jahreszeit vorher über die Verhältnisse.

Zeit 9 bis 10 Std.
Alagna – Colle del Turlo, 6 Std.
Colle del Turlo – Macugnaga, 3½ Std.

Ausgangspunkt   Alagna-Valsesia. 1190 m. Bahn von Mailand und No-
vara nach Varallo, von dort Bus bis Alagna-Valsesia. Pro Loco, Alagna-
Valsesia, Tel. 0039/0163 922 988. Azienda di Promozione Turistica della
Valsesia. Corso Roma 38, I-13019 Varallo-Vercelli, Tel. 0039/0163 51 280,
Fax 0039/0163 53 091.

Valle Anzasca: tief eingeschnitten

Endpunkt　Macugnaga. 1307 m. Ehemalige Walsersiedlung zuoberst im Valle Anzasca, die aus den Weilern Borca, Isella, Staffa und Pecetto besteht. Herrliches Hochgebirgstal an der Ostwand der Monte Rosa, grossartige Gletscherlandschaft (Ghiacciaio del Belvedere), im Winter beliebtes Skigebiet. Mit Bus nach Domodossola, von dort per Bahn nach Brig, Mailand oder Locarno. Azienda di Promozione Turistica, I- 28876 Macugnaga, Tel. 0039/0324 65 119.

Karten　294 Gressoney, 1349 Monte Moro. Das Blatt 294 Gressoney hat den Massstab 1:50 000.

Verschiedenes　Keine Verpflegungsmöglichkeit unterwegs. Genügend Getränke mitnehmen.

Sehenswürdigkeiten　Walsermuseum in Pedemonte und in Macugnaga, Goldminen und Reste verlassener Goldgräbersiedlungen im Valle Quarazza und in Macugnaga Borca. Eine weitere stillgelegte Goldmine befindet sich südöstlich oberhalb von Pestarena (Piana dell'Oro).
Alter Dorfteil Chiesa Vecchia mit dem Alpinistenfriedhof und einem 700 Jahre alten Lindenbaum.

Die Route　Alagna – Macugnaga. Ein früher Aufbruch lohnt sich, der ganze Anstieg befindet sich auf der Südseite des Berges und ist voll der Sonne ausgesetzt. Wir wandern von Alagna (1190 m) auf der Strasse, die über Pedemonte, Merletti nach S. Antonio (1391 m) führt, 1 Std. Nun verlassen

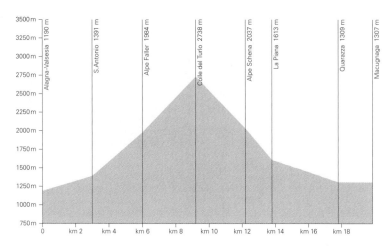

wir den Talboden nach rechts auf einem Fahrsträsschen. Nach Überwindung einer kurzen Steilstufe steigen wir zur Alpe Blatte. Jetzt gehen wir im Zickzack durch den Wald hinauf, dann in östlicher Richtung zur Alpe Faller (1984 m) und hinauf zur Alpe Grafenboden (2231 m), 3 Std. Nun folgt der steile Schlussanstieg in etlichen Kehren zum Colle del Turlo (Türlifurggu, 2738 m), 2 Std. Dort wird uns auch klar, warum der Pass von den Walsern «Türli» oder «Tirli» genannt wird.

Der gute Weg, der 1930 von italienischen Alpini gebaut wurde, setzt sich auch auf der Nordseite des Passes fort. Wir steigen auf gutem Pfad durch steile Fels- und Geröllhänge ab zu den ersten Weiden, dann weniger steil durch Wald zur Alpe Schena (2027 m). Von dort geht es in etlichen Kehren sehr steil hinunter nach La Piana (1613 m), 2 Std. Nun befinden wir uns im Talboden des Valle Quarazza, das früher für seine Goldminen bekannt war. Wir gehen links des Bachs aus dem Tal, beim Weiler Quarazza (1309 m, Stausee) treten wir nach links (W) über Motta (1285 m) ins Valle Anzasca. Oberhalb von Isella (1226 m) gelangen wir links der Anza (von den Walsern in Erinnerung an ihre Heimat einfach «Vischpu» genannt) nach Macugnaga Staffa (1307 m), 1½ Std.

Auch heute spielen in den Walsertälern die Maultiere noch eine gewisse Rolle

Varianten   Alagna-Valsesia und seine Umgebung waren für die Walser von grosser Bedeutung. Wir finden deshalb in der Nähe einige herrliche Täler, die viele Spuren der Walser offenbaren. Wer also Zeit und Lust hat, dem seien folgende Varianten empfohlen.

Variante 1   Von Alagna-Valsesia hinauf ins Valle d'Otro. Am rechten (N) Talhang gelangen wir zu den herrlichen Walseralpen von Follu (1726 m), Weng und Pianmisura (1782 m), 2 ¼ Std. von Alagna, Rückweg in 1 ½ Std. auf dem gleichen Weg. Dieses herrliche, unberührte Tal kann übrigens auch im Abstieg vom Colle d'Olen (Aaling-Furgga) über die Alpe Zube erreicht werden (siehe Variante 1 der Tour 119).

Variante 2   Östlich von Alagna-Valsesia findet sich eine ganze Reihe von Dörfern, die teilweise von Walsern begründet wurden. Rima, S. Giuseppe, Carcoforo, Sta Maria, Fobello, Rimella, S. Gottardo, Campello Monti... einer Perlenkette gleich ziehen sie sich über die steilen und stillen nördlichen Seitentäler des Valle della Sesia. Auf eine detaillierte Beschreibung möchten wir hier verzichten, da sie den Rahmen der Tour Monte Rosa etwas sprengen würde, aber als Idee für weitere Wanderungen in diesem sehr schönen und herben Berggebiet kommen diese beschaulichen Wege sehr in Frage. Sie liegen an der GTA (Grande Traversata delle Alpi) und sind in einschlägigen Führern beschrieben.

Walser Formensprache: «Es Hüüschi» in Zmutt

Etappe 137

Spaghetti, Polenta und Raclette

Die letzte Etappe der Tour Monte Rosa führt uns über den Monte Moropass ins Saastal zurück. Wiederum ist es nur ein Pass, aber die Höhendifferenz von Macugnaga aus beträgt stolze 1546 Meter. Für jene, die sich diese nicht mehr zumuten wollen oder können, besteht eine Seilbahn vom Dorf bis beinahe zur Passhöhe hinauf. Es lohnt sich, den Anstieg sehr früh zu starten, denn wir befinden uns einmal mehr in einem Südhang. Oben am Pass kondensieren zudem die aufsteigenden feuchtwarmen Luftmassen sehr schnell zu dichten Wolken, welche die enorme und einmalige Sicht auf die Ostwand des Monte Rosa verhindern könnten.

Wir steigen vom breiten Talboden mit seinen Hotels und Restaurants, wo ausgezeichnete Spaghetti serviert werden, zunächst durch Wald, von der Alpe Bill (Mittelstation der Bahn) jedoch in offenem Weidegelände sehr regelmässig hinauf zum Rifugio unterhalb des Übergangs (die dortige Polenta ist weiterum bekannt) und schliesslich zum Monte Moropass, wo eine vergoldete Madonna den Überblick auch bei Nebel behält. Wir steigen hinunter in das Becken von Mattmark. Diesem Stausee folgen wir bis an sein Ende und steigen von der imposanten Dammkrone ins Tal bis Saas Almagell und weiter bis Saas Fee, wo die Tour ihr hoffentlich glückliches Ende findet, warum nicht bei einer gemütlichen Raclette?

T4	Rund 10 Std.	▲ 1668 m	▼ 1183 m

Routencharakter und Schwierigkeit T4   Zwischen der Passhöhe und dem Tälliboden führt der Weg durch schräge Steinplatten. Dort sind zwar fixe Seile installiert, dennoch kann die Traverse bei Schnee oder Eis (manchmal bis in den Juli hinein) ein grösseres Obstakel bilden (evtl. Schwierigkeiten zwischen T4 und WS).

Monte Moro: Bergstation der Seilbahn und Monte Rosa

Zeit Rund 10 Std.
Macugnaga – Monte Moropass, 4½ Std.
Monte Moropass – Mattmark, 2½ Std.
Mattmark – Saas Fee, 2¾ Std.

Ausgangspunkt Macugnaga. 1307 m. Mit Bahn von Brig, Locarno oder Mailand nach Domodossola, von dort per Bus durch das Valle Anzasca bis Macugnaga. Azienda di Promozione Turistica, I- 28876 Macugnaga, Tel. 0039/0324 65 119.

Endpunkt Saas Fee. 1792 m. Die Perle der Alpen… von Viertausendern optisch vollständig eingeschlossenes Gletscherdorf, Wanderparadies und bedeutendes, (noch) schneesicheres Wintersportzentrum (man verzeihe den Lokalchauvinismus…). Postauto nach Stalden, Visp und Brig, Fahrplanfeld 145.10. Tourist Office, bei der Post, 3906 Saas Fee, Tel. 027 958 18 58.

Karten 1349 Monte Moro, 1329 Saas.

Verschiedenes Unterkunft und Verpflegungsmöglichkeit unterwegs: Alpe Bill, Rifugio G. Oberto vor dem Pass (Tel. Hütte 0039/0324 65 544), Mattmark, Saas Almagell, Bodmen. Dennoch kann die Tour zur Durststrecke werden, falls die Bahn nicht fährt, dann ist in der Regel auch die Restauration in der Hütte auf der italienischen Seite nicht in Betrieb. Diesbezüglicher Kommentar eines durstigen amerikanischen Touristen: «It's a long way from Macugnaga to Mattmark…»

Sehenswürdigkeiten Dammkrone des Mattmark-Stausees, sehr eindrückliche, mit vielen Opfern gebaute Gewichtssteinmauer. Gute Illustrationen (Hinweistafel beim Restaurant), welche die komplexen Mechanismen der Stromgewinnung darstellen.

Die Route Macugnaga – Monte Moro – Saas Fee. Wie schon erwähnt, lohnt sich auch hier ein sehr früher Aufbruch, um die kühlen Temperaturen des Morgens optimal ausnützen zu können. Wie gesagt, alles Südhang! Wir verlassen Macugnaga Staffa (1307 m) in Richtung Chiesa Vecchia, die wir links umgehen. Kurz vor dem Tannbach steigen wir rechts (N) hinauf. Bei der Weggabelung zu Beginn der eigentlichen Steigung gehen wir rechts durch Wald, vorbei an einem Alphaus, dann sehr steil über einen Felsriegel in einen flacheren Wald, in dem wir die Alpe Bill (1700 m, Mittelstation der Seilbahn) erreichen, 1¼ Std. Auf einer Weide gehen wir kurz rechts der Seilbahn, darauf wendet sich der Weg nach rechts (E) zur Alpe Sonobierg (1926 m). Kurz vor diesem «Sonnenberg» wenden wir uns wieder links und gelangen über den P. 2071 unter der Seilbahn hindurch in steinigere Gefilde. Am Schluss des Aufstiegs sehen wir die Endstation der Seilbahn und das Rifugio G. Oberto (2810 m), 3 Std. von Alpe Bill. Nun nach rechts (E) durch Felstrümmer hinauf zum Monte Moropass (2853 m), ¼ Std. Bei klarer Sicht unvergesslicher (und auf dieser Tour zugleich letzter) Blick auf den Monte Rosa und seine riesige Ostwand. Wer die Seilbahn benutzt, kann sich diesen langen Anstieg sparen ...

Wir steigen nun über Geröll oder Schneefelder ab zu den eigenartig gebänderten Felsen, die wir schräg queren. Im Frühsommer kann hier der Schnee und evtl. Eis zu Schwierigkeiten führen, obwohl die heikelsten Stellen mit Seilen gesichert sind. Bald jedoch gelangen wir auf die weiten, flachen Weiden des Tälliboden, 1 Std. Zunächst links des Bachs, wir überqueren ihn beim P. 2327. Nun rechts auf Weiden in ½ Std. über Innere Bodmen zur Distelalp (2224 m) und damit zum Stausee Mattmark. Für jene, die schon ab Mattmark das Postauto nehmen möchten, empfiehlt sich nun der Weg links (W) des Sees, wo man durch zwei Tunnel in 1 Std. zum Restaurant Mattmark gelangt. Postauto nach Saas Almagell – Saas Grund (Fahrplanfeld 145.15). Für jene, die zu Fuss nach Saas Almagell oder Saas Fee weiter möchten, ist der Weg rechts (E) des Sees vorteilhafter. Auf diesem wird die Dammkrone (2203 m) ebenfalls in 1 Std. erreicht. Dieser mittlere Abschnitt (2 ½ Std.) ist «obligatorisch», der Rest ist wie erwähnt «fakultativ»!

Nun steigen wir dem rechten (E) Talhang entlang über Chrizegge hinunter zur Strasse, die wir zwei Mal überqueren. Nun weiter am Hang durch Buschwerk über P. 1963 hinunter zur Eiu Alp (1930 m) und durch den Eiu Wald

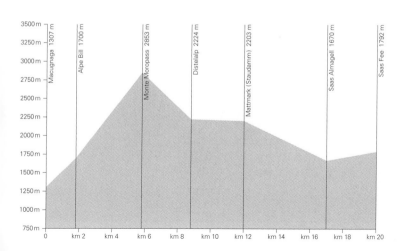

oberhalb der Strasse bis Guferschmatte, wo wir die Saaser Vispa überqueren. Nun links (W) des Bachs rechts am Auffangbecken von Zer Meiggeru (1738 m) vorbei (hier stand einmal ein schönes Dörflein gleichen Namens), kurz auf der Strasse an der Kapelle vorbei, wo die Namen der Toten des schrecklichen Lawinenabbruchs in Mattmark von 1965 in Stein gemeisselt wurden, dann wieder auf Spazierweg links des Bachs bis Saas Almagell (1670 m), 1¾ Std. Von dort verkehren Postautos nach Saas Grund (Fahrplanfeld 145.15) und weiter nach Stalden, Visp und Brig (Fahrplanfeld 145.10). Wir lassen uns aber die Gelegenheit nicht nehmen, die Tour am Ausgangspunkt zu beenden, oder? Auf dem grossen Spazierweg gelangen wir nämlich durch schattigen Wald leicht steigend über Bodme in 1 Std. nach Saas Fee (1792 m). Bravo! Sie haben mit oder ohne Benutzung der «Abkürzungen» eine sehr schöne sportliche Leistung vollbracht und dabei erst noch viel erlebt, gelernt und erfahren!

Die goldene Madonna auf dem Monte Moropass (Tour 137)

Matthias Zurbriggen, Weltenbummler

Die Anden, die Südalpen Neuseelands, die Vulkankegel Ostafrikas, Tien Shan in Kirgisien und der Himalaya, das sind heute Bergsteigerziele, die mittels bunter Kataloge einer sehr mobilen Gesellschaft angeboten werden. Eine Reise zum Aconcagua oder zum Mt. Cook wird heute in wenigen Wochen vollzogen, und es gibt Leute, die sich beinahe jedes Jahr eine solche gönnen. Trotzdem gibt es auch heute, im Zeitalter der schnellen Verbindungen und der beinahe unbegrenzten Mobilität kaum jemanden, der alle jene Berge gesehen hat, die Matthias Zurbriggen schon vor 100 Jahren eroberte.

Matthias Zurbriggen wurde 1856 in Saas Fee geboren. Bereits zwei Jahre später wanderten seine Eltern, die in wirtschaftliche Not geraten waren, über den Monte Moropass nach Pestarena aus. Dieses Dorf liegt etwas unterhalb von Macugnaga und war bekannt für seine Goldmine, wo der Vater Lorenz Arbeit fand. Aber bereits 1863 traf die Familie ein sehr harter Schlag. Lorenz Zurbriggen kam bei einem Grubenunglück ums Leben. Seine Frau und die zahlreichen Kinder mussten sich fortan mit Gelegenheitsarbeiten durch das Leben schlagen. Das war die harte Schule von Matthias Zurbriggen, der später – auf vielen abenteuerlichen Umwegen – auf die Bergsteigerei kam und Bergführer wurde. Durch seine Exploits in den Alpen wurde er in der Szene der britischen Eroberer der Alpengipfel bald eine bekannte und beliebte Grösse. Sein Führerbuch zeigt Einträge von Fitzgerald, Vines, Workman, Conway, Charles Bruce und Whymper. Der Bezwinger des Matterhorns schrieb darin 1894 folgende schmeichelnden Worte: «I strongly recommend him to others.»

Mit verschiedenen dieser Auftraggeber reiste Matthias in der Weltgeschichte herum. Es gelang ihm dabei die Besteigung einer ganzen Reihe von Bergen: Mt. Sefton (Neuseeland), Pioneer Peak (Himalaya), Khan Tengri (Tien Shan), Mt. Kenia und Kilimanjaro (Ostafrika), Chimborazo (Ecuador), Tupungato (Argentinien/Chile). Diese Besteigungen erfolgten in den Jahren 1892 bis 1902. Die Reisen zum Fuss jedes Berges dauerten oft mehrere Monate, sie stellten da-mals alleine schon risikoreiche, beschwerliche Abenteuer dar. Die Krönung seiner Laufbahn als Bergführer war jedoch eindeutig die Erstbesteigung des Aconcagua (6959 m) am 14. Januar 1897, die höchste Spitze Südamerikas und gleichzeitig der höchste Berg ausserhalb Asiens. Matthias Zurbriggen realisierte diese Besteigung im Alleingang, nachdem Fitzgerald vorher aufgeben musste. Mattia del Ponte, wie er in seiner neuen Heimat Italien auch genannt wurde, war nun ein sehr bekannter Mann und ein sehr begehrter Bergführer.

Dennoch endete sein Leben äusserst tragisch und auf eigenartige Weise: Nach 1907 kehrte er dem Bergführerberuf abrupt den Rücken und liess sich in Genf nieder. Über die wahren Beweggründe dieser drastischen Lebensveränderung und die letzten zehn Jahre seines Lebens in einer für ihn eigentlich fremden städtischen Umgebung ist leider praktisch nichts bekannt. Er verfiel dem Alkohol und starb 1917 in Genf, völlig verarmt und verwahrlost. Seine Kinder wanderten nach Amerika aus.

Heimkehr

IX   Tour Fletschhorn

Auf den Spuren des Grossen Stockalper

Das Fletschhorn, einer der höchsten 3000-er der Alpen, kommt immer wieder in die Schlagzeilen, weil ihm gerade sieben Meter bis zum Viertausender fehlen, lächerliche sieben Meter nur, aber eben genug, um die höchste Krone der Alpen zu verpassen. Seine beiden Nachbarn, Weissmies und Lagginhorn, sind aber Viertausender. Wenn man das Dreigestirn von Saas Fee aus betrachtet, so wirkt das Lagginhorn als steiler, breiter und abweisender Berg, das Weissmies als ein «weisser Wal», der nach Luft schnappt. Das Fletschhorn jedoch ist ein eher unscheinbarer Gipfel, dessen Felsspitze, einem Kragen gleich, von Gletschern umschlungen wird. Beobachtet man jedoch diese Berge von Simplon aus, so überragt das Fletschhorn seine Kumpanen in jeder Beziehung. Besonders eindrücklich wirkt von dort die mächtige, vergletscherte Nordwand, aus welcher der gefährliche Rossbodegletscher hervorquillt. Auf dieser Tour umwandern wir das Dreigestirn von Saas Almagell aus im Gegenuhrzeigersinn.

Die einzelnen Etappen sind aufgrund der Topographie und der Verfügbarkeit von Unterkünften etwas unterschiedlich lang. Anstrengende Tage mit Passüberschreitungen werden von eher gemütlichen Höhenwanderungen eingerahmt. Die ganze Umrundung des Fletschhorns dauert fünf Tage.

Die Tagesetappen

141   Saas Almagell – Almagellerhütte SAC
Gemütlich müde werden

142   Almagellerhütte SAC – Zwischbergen
Wenn der Süden im Osten liegt
Goldrausch in Gondo

143   Zwischbergen – Simplon Dorf
Auf den Spuren des Grossen Stockalper
Nihil solidum nisi solum

144   Simplon Dorf – Gspon
Und unter uns die höchsten Rebberge
Die önologische Haute Route

145   Gspon – Saas Almagell
Der Walserweg am Lärchenwald

Etappe 141

Gemütlich müde werden

Natürlich können wir die Tour um den Fast-Viertausender Fletschhorn an irgend einem Punkt der Route beginnen. Wir können im Sinne lamaistischer Tradition den Berg auch im Uhrzeigersinn umschreiten. Die folgenden Beschreibungen der Tour Fletschhorn folgen dem Grundsatz, eher gemütliche Abschnitte mit strengeren Tagen einzurahmen. Wir beginnen also in Saas Almagell und steigen auf dem wunderschönen Weg hinauf in die jüngste Hütte des SAC, der Almagellerhütte, die 1984 – also 121 Jahre nach der Gründung unseres Clubs im Bahnhofbuffet Olten – den Alpinisten und Wanderern zur Verfügung gestellt wurde.

| T2 | Rund 4 Std. | ▲ 1224 m | ▼ 0 m |

Routencharakter und Schwierigkeit T2   Der Weg ist sehr schön angelegt und gut ausgebaut, im untersten Teil warten sogar zementierte Abschnitte auf uns...

Zeit Rund 4 Std.
Saas Almagell – Almagelleralp, 1 ½ Std.
Almagelleralp – Almagellerhütte SAC, 2 ¼ Std.

Ausgangspunkt   Saas Almagell. 1660 m. Postauto ab Brig und Visp nach Saas Grund, Fahrplanfeld 145.10. Postauto ab Saas Grund, Fahrplanfeld 145.15. Saastal Tourismus, Dorfplatz, 3905 Saas Almagell, Tel. 027 958 66 44 oder 027 957 36 53.

Endpunkt   Almagellerhütte SAC. 2894 m. Koordinaten 644 000 / 106 400. SAC Sektion Niesen, 3700 Spiez. Tel. Hütte 027 957 11 79.

Karte   1329 Saas.

Saastal: Felsen weichen dem Wasser, nur der Schatten bleibt

Verschiedenes   Verpflegungs- und Übernachtungsmöglichkeit unterwegs: Berghotel Almagelleralp.

Sehenswürdigkeiten   Wasserfall des Almagellerbachs oberhalb von Saas Almagell, grossartige Sicht auf die Mischabelgruppe.

Die Route   Vom Dorfplatz wenden wir uns zum Dorfteil Zum Berg (1670 m). Dort beginnt der steile Aufstieg in den alten Lärchen des Spisswalds, über den Spissgrabe und in flacheres Gelände. Nach etwa 1 Std. erreichen wir Chüelbrunnji (2053 m). Wir überqueren die Brücke und steigen links (N) des Almagellerbachs in ½ Std. über die Alp Stafel zur Almagelleralp (2194 m).

Jetzt folgen wir dem gut ausgebauten und gut markiertem Weg im Talboden bis zum P. 2354. Nach dem Steg steigen wir am linken (N) Hang gemächlich empor ins Wysstal. Der Weg ist hervorragend angelegt und wirkt trotz der Steilheit des Geländes nicht ermüdend. Plötzlich sehen wir die schmucke Hütte über uns, die wir in 2 ¼ Std. von der Almagelleralp gemütlich (und eventuell doch etwas müde?) erreichen.

Variante   Zwischen der Alp Stafel und der Almagelleralp zweigt ein unscheinbarer Weg in den linken (N) Hang und führt über das Rottal oberhalb von Giw ebenfalls in gut 2 Std. zur Hütte.

Chüelbrunnji kann auch von Furggstalden (1901 m) her über den «Erlebnispfad» erreicht werden, ¾ Std. T4.

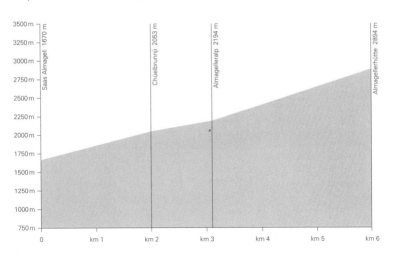

Im Zwischbergental

Etappe 142

Wenn der Süden im Osten liegt

«Führt der Weg zu deinem Haus durch tiefe Schluchten und über hohe Pässe, so besuchen dich nur die schlimmsten Feinde oder die besten Freunde...» Für kein anderes Tal im Wallis dürfte dieses tibetische Sprichwort besser zutreffen als das einsame Zwischbergental. Eingezwängt zwischen dem Weissmies und der Gondoschlucht, wird es von schroffen Bergen und steilen Flanken eingerahmt. Kein Tal des Wallis, vielleicht der ganzen Schweiz, liegt so abseits und so verlassen, scheint so wenig berührt von den Turbulenzen unserer Zeit. Und selbst die Ironie des Zufalls will es, dass unser heutiges Ziel selbst im Walliser Telefonbuch auf der allerletzten Seite zu finden ist.

Unsere Tour führt uns über den sehr hohen Zwischbergenpass, durch wilde Fels- und Gletscherlandschaft in liebliche Alpweiden und schliesslich in herrliche Lärchenwälder hinunter. Das Zwischbergental liegt auf der Alpensüdseite, was im unteren Teil aufgrund der üppigeren Vegetation schnell klar wird. Obwohl wir von der Almagellerhütte in Richtung Osten marschieren, gelangen wir schliesslich in den Süden.

T5	6 bis 7 Std.	▲ 374 m	▼ 1909 m

Routencharakter und Schwierigkeit T5   Kurz nach dem Pass müssen heikle Blockhalden und ein kleiner, mit Spalten durchsetzter Gletscher bewältigt werden. Der Abstieg über die Steilstufe oberhalb der Gmeinalp führt auf schmalem Pfad durch steile Grashalden.

Zeit 6 bis 7 Std.
Almagellerhütte SAC – Zwischbergenpass, 1 ½ Std.
Zwischbergenpass – Gmeinalp, 3 ¼ Std.
Gmeinalp – Zwischbergen, 2 Std.

Zwischbergenpass: darüber das Weissmies

Ausgangspunkt Almagellerhütte SAC. 2894 m. Koordinaten 644 000 / 106 400. SAC Sektion Niesen, 3700 Spiez, Tel. Hütte 027 957 11 79.

Talort Saas Almagell. 1660 m. Postauto ab Saas Grund, Fahrplanfeld 145.15. Postauto ab Brig und Visp nach Saas Grund, Fahrplanfeld 145.10. Saastal Tourismus Saas Almagell, Dorfplatz, 3905 Saas Almagell, Tel. 027 958 66 44.

Endpunkt Zwischbergen. 1359 m. Zwischbergen ist einer der «abgelegensten» Weiler der Schweiz, wie der Name sagt, buchstäblich eingeklemmt zwischen den Bergen. Die Siedlung hat eine bewegte Geschichte, was die nachfolgende Abhandlung über den Goldrausch zu illustrieren versucht. Heute beherrschen die Landwirtschaft, der Tourismus und der Gewinn der «Weissen Kohle» (Elektrizität) den Tagesablauf der meisten Zwischberger, von denen heute nur wenige im eigenen Dorf überwintern. Taxi Béatrice Squaratti, 3901 Zwischbergen, Tel. 027 979 13 79, wenn keine Antwort: Gondo Tel. 027 979 13 59 oder 079 519 01 52. Übernachtung: Rest. Zwischbergen, 3901 Zwischbergen, Tel. 027 979 13 79.

Einfachster Abstieg ins Tal Nach Gondo. 855 m. Von Zwischbergen (1359 m) kann man bequem im Taxi oder zu Fuss auf dem Stockalperweg in 1½ Std. zum Postauto nach Gondo gelangen.

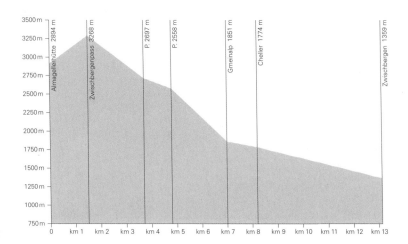

Talort   Gondo. 855 m. Gondo wird auch Ruden genannt, eine stark itali-
enisch geprägte Grenzsiedlung in einer eindrücklichen Schluchtlandschaft,
mit dem grossartigen Stockalperturm (auch Haus zum Heiligen Antonius
genannt) als Wahrzeichen im Zentrum. Das Dorf wurde durch die Unwetter
vom Oktober 2000 stark in Mitleidenschaft gezogen. Postauto nach Simplon
und Brig, Fahrplanfeld 145.40.

Karten   1329 Saas, 1309 Simplon.

Verschiedenes   Keine Verpflegungsmöglichkeit unterwegs.

Sehenswürdigkeiten   Führungen durch die Goldminen von Gondo. Informationen bei Rolf Gruber, 3906 Gondo, Tel. 027 979 20 09 und 079
469 54 36.

Die Route   Almagellerhütte SAC – Zwischbergen. Von der Almagellerhütte
zunächst auf einem Weg im Gras, dann auf runden Felsen zu einer Gabelung kurz vor dem Grat. Wir gehen links zu einer kleinen Lücke (3243 m),
auf deren Ostseite sich ein gähnender Abgrund offenbart. Nun links (N) über
Blöcke dem Grat entlang zum Zwischbergenpass (3268 m), 1 ½ Std.
Nun nach rechts (E) absteigend in einen Geröllkessel, den man in einem
Bogen nach links durchschreitet. Einige Schneefelder sind zu queren. Nun
geht es hinunter zu einem Steinmann auf der linken (N) Seitenmoräne des
Zwischbergengletschers. Wir steigen sofort durch Moränenschutt hinunter zum Gletscher, ca. ¾ Std., und bleiben an dessen linkem (N) Rand. Vorsicht: einige schmale Spalten! Man folgt dem Gletscher während rund
¾ Std. und verlässt diesen danach nach links auf die Seitenmoräne,
Frühstücksplatz (Steintisch und – bänke!) kurz vor P. 2697. Jetzt nach links
in ein kleines Seitentälchen und auf einem Höhenweg zur Zibelenflue. Unterhalb P. 2558 führt der Weg über eine felsige Steilstufe (Stahlseile). Auf
kleinem Weg über die Weide hinunter zum Färich unterhalb Galki bei
P. 2160, ca. 1 Std. vom Frühstücksplatz. Man wendet scharf nach rechts (W)
und gelangt auf kleinem Pfad an steiler Halde hinunter zum Zwischber-
genbach. Diesem folgt man knapp ¾ Std. bis zu einer Gruppe von verfallenen Steinhäusern, Gmeinalp (von den Einheimischen auch Butimia
genannt, 1851 m). Es folgt ein flaches Wegstück von ½ Std. über den
Schönboden bis zu den Alphäusern von Cheller (1774 m).
Auf dem Fahrweg vorbei an einem kleinen Stausee. Hier wird das Tal enger.
Wir steigen knapp oberhalb des Bachs hinunter zum Lawinentobel bei
P. 1616. Nach zwei Kehren bei P. 1555 links Abzweigung « Simplon Dorf».
Wir bleiben auf dem vertrauten Fahrweg und gelangen leicht absteigend
in 1 ½ Std. nach Zwischbergen (1359 m) folgt, 1 ½ Std. von Cheller.

Varianten   Beim Frühstücksplatz unterhalb des P. 2697 kann man auch nach rechts (SW) auf einem kleinem Pfad der Moränenkrone folgend direkt über Mürlini zur Gmeinalp absteigen, etwa 1 ½ Std.

Abstieg vom Zwischbergenpass: Pizzo d'Andolla und Portjenhorn (Tour 142)

Goldrausch in Gondo

Wer von Zwischbergen auf dem Stockalperweg rechts des Grossen Wassers nach Gondo hinunterschlendert, dem werden einige Ruinen auffallen, die sich bei Hof offenbaren. Am rechten Talhang, vor dem Bielgrabe, finden sich im Wald weitere Mauerreste. Alle diese Gebäude sind Zeugnisse eines einmaligen Goldrausches, der das untere Zwischbergental während Jahrhunderten prägte.

Vermutlich waren es die alten Römer, die – goldhungrig, wie sie waren – hier mit dem Abbau von Golderz begannen. Das Goldbergwerk von Gondo umfasst über 20 stillgelegte Galerien, Schächte und Stollen. Weitere Goldgrabungen wurden im Buchenwald auf der linken Talseite und nördlich von Gondo versucht, allerdings mit weniger Erfolg als beim Bielgrabe. Im Mittelalter wurde weitergegraben, doch die Überlieferungen sind spärlich und leider sehr lückenhaft. Im 17. Jahrhundert legte Kaspar Jodok von Stockalper seine Hand auf die Mine und organisierte mit seiner unnachahmlichen Tatkraft einen beinahe industriell anmutenden Abbau. Darüber gibt sein «Liber Montis», sein ausführliches Rechnungsbuch eindrücklich Auskunft. Dieses einmalige, in acht verschiedenen Sprachen verfasste Dokument liegt übrigens im Stockalperarchiv in Brig. Stockalper liess die Grube vom «Erzknab» und Meister Peter Gretz ausbauen. Dieser stiess auf sehr stark goldhaltige Adern, womit das Sprichwort «Wer schon hat, dem wird gegeben» bestätigt wurde. Im Jahr 1676 feierte man offenbar ein richtiges Goldjahr, das durch folgende präzise Eintragungen im Rechnungsbuch bezeugt wird: «1 Kugel Golt für 20 Pfund, eine für 59 Reichspfund, 3 Stück Golt für 10 ½ Dublonen, 3 wysse Stuck wägend 2 ½ Pistolen und 1 wyss Stuck wigt 1 Pistole 31 Gran, hat pur Gold gegeben 1 ½ Pistole.» Gretz berichtet ferner «100 Liv. gesybert Erz mache 50 Gran Golt in 12 Stunden». Als am 9. September 1676 «15 Kugel im Gewicht von 20 Pistolen», am 3. Oktober «wyss Kugeln für 19 Pistolen» und am 25. Oktober «für 26 Pistolen» zu Tage gefördert waren, da hielt es die «Schaubare Grossmächtigkeit», wie Stockalpers barocker Titel als Landeshauptmann lautete, nicht länger in Brig. Er machte unverzüglich eine «Visitatz» des so erfreulich erfolgreichen Betriebes. Im nächsten Sommer schreibt Gretz, «haben 100 Centner Erz geriben, bis an das Scheiden gewaschen und alles bey der Müly für uns praeparirt. Jeden Centner pro eine halbe Krone, und überdies einen Centner Raw Erz bey den Gruben».

Nach dem Grossen Stockalper begann eine sehr bewegte Geschichte, die Konzessionen wechselten häufig, es waren vor allem Italiener und Franzosen, die sich für den Goldsegen in Gondo interessierten. Nach 1842 erneuerte die Familie Stockalper die Konzession nicht mehr, und von nun an stürzten sich die Franzosen vehement in die Goldadern.

Sie hatten grosse Projekte, doch oft fehlten ihnen das Betriebskapital und die nötigen Fachkenntnisse. Zudem wurden nun Maschinen und Elektrizität eingesetzt, die den Abbau unterstützten. Über 500 Mann arbeiteten zeitweise im Bergwerk. Daneben manifestierte sich der Goldrausch in einem exzessiven Lebenswandel im Dorf an der Grenze. Das Direktionsgebäude, «Maison Blanche» genannt, war ein prunkvoller Bau mit einem glanzvollen Spiegelsaal. Bälle und überbordende Festivitäten waren an der Tagesordnung. Während in den Gruben gesprengt wurde, knallten in Gondo Champagnerkorken. Am 17. Mai 1897 kam das abrupte Ende. Der Goldgehalt des Erzes sank plötzlich um mehr als die Hälfte, die «Mines d'Or d'Helvétie, Siège administratif à Paris» ging sang- und klanglos in Konkurs. Der Betrieb wurde gleichentags eingestellt.

Unser nächstes Ziel: Simplon Dorf (Tour 143)

Etappe 143

Auf den Spuren des Grossen Stockalper

Der Simplonpass ist mit 2003 Metern über Meer der niedrigste Weg über die Schweizer Hochalpen. Die Römer massen ihm jedoch nicht jene Bedeutung zu, die ihm zusteht. Grund dafür war die furchterregende Gondoschlucht, welche die sanfte und weite Passlandschaft im Süden brutal abschliesst. Der Unternehmer, Wirtschaftspolitiker und Weltmann Kaspar Jodok Stockalper erkannte jedoch die Bedeutung dieser Nord-Süd-Verbindung und liess den mittelalterlichen Passweg auf eigene Kosten ausbauen. Er umging die Gondoschlucht, indem er den Saumweg von Gstein über die Furggu ins Zwischbergental und von dort nach Gondo hinunter anlegte. Diesem «Stockalperweg», wollen wir heute teilweise folgen.

Von Zwischbergen steigen wir steil hinauf zum breiten Einschnitt zwischen Guggilihorn und Seehorn. Dieser wird Furggu genannt. Über den Rücken des Feerbergs gelangen wir wieder steil hinunter nach Gstein-Gabi und von dort eher gemütlich nach Simplon Dorf, das starke italienische Akzente aufweist.

T2	3 bis 4 Std.	▲ 740 m	▼ 627 m

Routencharakter und Schwierigkeit T2   Keine nennenswerte Schwierigkeiten. Zwischen Gstein-Gabi und Simplon Dorf beeindrucken die zahlreichen Verkehrswege aus verschiedensten Epochen.

Zeit 3 bis 4 Std.
Zwischbergen – Furggu, 1 ½ Std.
Furggu – Simplon Dorf, 2 Std.

Ausgangspunkt   Zwischbergen. 1359 m. Taxi ab Gondo, Béatrice Squaratti, 3901 Zwischbergen, Tel. 027 979 13 79. Wenn keine Antwort: Gondo Tel. 027 979 13 59 oder 079 519 01 52.

Bei Simplon-Dorf: Weissmies und Lagginhorn

Talort   Gondo. 855 m. Postauto ab Brig, Fahrplanfeld 145.40.

Endpunkt   Simplon Dorf. 1460 m. Ein herrliches Passdorf mit viel Geschichte und einem starken italienischem Einschlag, der sich in den Steinhäusern (eigentlich vermauerte Holzhäuser) und einer sehr lauschigen Gasse
namens «Stuzji» manifestiert. Postauto nach Brig, Fahrplanfeld 145.40. Verkehrsbüro, 3900 Brig, Tel. 027 921 60 30.

Karte   1309 Simplon.

Verschiedenes   Verpflegungsmöglichkeit unterwegs in Gstein-Gabi.

Sehenswürdigkeit   Ecomuseum Simplon. Ecomuseum, Alter Gasthof,
3907 Simplon Dorf, Tel. 027 979 10 10. Einmalige Dokumentation der Entwicklung des Passwegs über den Simplon, als Zentrum des eigentlichen
Ecomuseums (Landschaft und Stockalperweg). Das Museum befindet sich
im wunderschön renovierten «Alten Gasthof», dessen uralte Lärchenbalken
die Räume mit einem wohltuenden Geruch aus der alten Zeit erfüllen.

Die Route   Zwischbergen – Simplon Dorf. Von Zwischbergen (1359 m)
geht es zunächst gemütlich über Weide zu einem Seitenbach. Danach steigt
der Weg bei Aegerte sehr steil an der Kapelle Gruppul vorbei zur Sommer-
siedlung Chatzhalte (1637 m) hinauf. Jetzt dem Waldrand entlang und
über Wiese hinauf zu einem Fahrweg, den man bei Bifigjini (1825 m) erreicht. Jetzt weniger anstrengend auf die breite Passhöhe, Furggu (1872 m),
1 ½ Std.

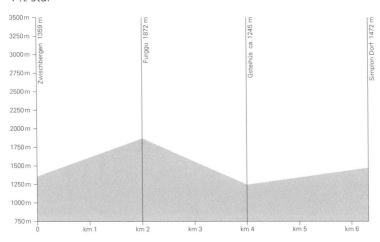

Abstieg auf gelb markiertem Weg über den Feerberg. Nach einem kurzen Waldstück kommen wir an einer kleinen Kapelle vorbei, jetzt wird der Weg etwas steiler und führt über Weide und einzelne Waldstreifen hinunter zum Gsteihüs und zur Brücke über die Laggina. Kurz der Nationalstrasse entlang, bei Gstein links haltend wieder auf dem Stockalperweg (braune Wegweiser) in flacheres Gelände. Unter der Brücke der Nationalstrasse hindurch auf die alte Napoleonstrasse und dieser folgend nach Simplon Dorf (1460 m), 2 Std.

Varianten   Von der Furggu (1872 m) führt ein kleiner Pfad in 2 Std. durch den Seehaltuwald, vorbei am kleinen See (2027 m) hinauf zum Seehorn (2438.8 m). Tiefblick in die dramatische Schlucht von Gondo. Rückkehr auf dem gleichen Weg in 1¼ Std. und Fortsetzung der Tour nach Simplon Dorf gemäss Beschreibung. Total 3¼ Std., Schwierigkeit T3.

Nihil solidum nisi solum

Kaspar Jodok Stockalper (1609-1691) war nebst Georg Supersaxo und Matthäus Schiner wohl die bedeutendste historische Gestalt, welche das Wallis hervorgebracht hat. Als gerissener Unternehmer mit enormem Weitblick brachte er es zu grossem Reichtum, als gewandter Politiker befand er sich an den obersten Schalthebeln der Macht, als Weltmann und Mäzen prägte er das architektonische Erscheinungsbild vieler Orte. Trotzig steht die hohe Stockalpersuste (das Alte Spittel) auf dem Simplon, in Gondo wird das Dorfbild vom «Haus zum Hl. Antonius» geprägt, einem aus mächtigen Steinquadern erbauten, massigen Rast- und Lagerhaus. Der Stockalperpalast in Brig gehört zu den eindrücklichsten Baudenkmälern der Schweiz; dessen Zwiebeltürme erinnern an Vorbilder aus dem Süden und machen Brig zu einem Vorposten der Toskana.

«Nihil solidum nisi solum» – nichts ist sicherer, als der Boden – dies war der Leitspruch des Grossen Stockalper. Seine Vorfahren sind im 14. Jahrhundert aus Mailand nach Brig gekommen. Anton Olteri kaufte die Stockalp am Simplon und nahm danach den Namen Stockalper an. Kaspar Jodok Stockalper erkannte den Wert des Simplonpasses sehr schnell und liess den alten Weg, der im Mittelalter bereits Bedeutung erlangt hatte, auf eigene Kosten zu einem breiten Saumweg ausbauen. Er versah die Route mit Stützpunkten, wie das Rasthaus Taferna, das Spittel knapp unterhalb der Passhöhe und den massiven Stockalperturm in Gondo. Aus der Aufsicht über die Warentransporte über den Simplon schlug er ebenso Kapital wie aus den Wirren des Dreissigjährigen Krieges. Er vermittelte Söldner nach hüben und drüben und erwarb das sehr lukrative Salzmonopol. Gleichzeitig unterhielt Stockalper aufgrund seiner Kenntnisse in verschiedensten Sprachen ein bedeutendes Netz von Handelsbeziehungen, zudem war er im Bergbau (Eisen, Kupfer, Gold) sehr aktiv. Sein Tatendrang und sein Wagemut waren aussergewöhnlich, und fast alles, was er anfasste, brachte Geld ein. Dieses investierte er, seinem Leitspruch folgend, vor allem in Grundstücke. Seine steile politische Karriere, die ihn bis auf die Stufe der «Schaubaren Grossmächtigkeit» des Landeshauptmanns führte, fand 1678 ein jähes Ende. Eine üble Intrige des Landadels, der sich bei Stockalper zunehmend verschuldete, brachte ihn ins Gefängnis. Ein Jahr später musste der «Roi du Simplon», wie er am Hofe Louis XIV. in Paris genannt wurde, sogar über «seinen» Pass vor seinen Widersachern nach Domodossola fliehen. Schliesslich kehrte er 1685 nach Brig zurück und starb dort 1691 geachtet, geehrt und hochbetagt.

Nach dem Grossen Stockalper brach der Passverkehr stark ein, der Simplon verfiel in einen Dornröschenschlaf. Kein geringerer als Napoleon Bonaparte wurde zum nächsten Förderer der kürzesten Passroute zwischen Paris und Mailand. Er liess zwischen 1800 und

1805 die erste Strasse «pour faire passer le canon» über einen Hochalpenpass bauen. Der Ingenieur, der mit dieser äusserst schwierigen Aufgabe betraut wurde, hiess Nicolas Céard. Sein grossartiges Bauwerk flösst auch heute noch Ehrfurcht und Staunen ein. Die Strasse war dermassen genial angelegt, dass die heutige wintersichere N9 weitgehend dem Trassee der Kaiserstrasse folgt – und diese deshalb auf weiten Strecken unter sich begraben hat.

Das «Stutzji» in Simplon Dorf (Tour 143)

Und unter uns die höchsten Rebberge

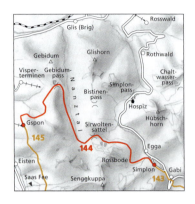

Auf der vierten Tagesetappe unserer Tour rund um das Fletschhorn verlassen wir Simplon Dorf und seine Steinhäuser nach Westen und gelangen auf einem herrlichen Bergweg an den Schauplatz verschiedener Katastrophen. Zunächst sehen wir oberhalb Egga den Ort des berühmten Gletschersturzes des Rossbodegletschers. Heute sind die Narben verheilt, und der Lärchenwald hat das Terrain wieder begrünt. Nach dem Wyssbodehorn gelangen wir zum Sirwoltesee, der Ende September 1993 anlässlich des grossen Unwetters zum grössten Teil seine Fesseln sprengte und seine Wasser mit Getöse ins Tal entliess. Nach dem Sirwoltesattel gelangen wir ins einsame Nanztal. In diesem folgen wir einer langen Suone bis zum Gebidumpass. Von diesem breiten Pass sehen wir hinunter in die Weingemeinde Visperterminen und wandern schliesslich hinunter nach Gspon.

T3	Rund 8 Std.	▲ 1352 m	▼ 931 m

Routencharakter und Schwierigkeit T3   Zwischen Wyssbodehorn und Sirwoltesee teilweise T4.

Zeit Rund 8 Std.
Simplon Dorf – Rossbodestafel, 1 ½ Std.
Rossbodestafel – Sirwoltesee, 2 Std.
Sirwoltesee – Gebidumpass, 2 ½ Std.
Gebidumpass – Gspon, 1 ¾ Std.

Ausgangspunkt   Simplon Dorf. 1460 m. Postauto ab Brig oder Gondo, Fahrplanfeld 145.40. Verkehrsbüro, 3900 Brig, Tel. 027 921 60 30.

Endpunkt   Gspon. 1893 m. Hoch über dem Saastal gelegene, kleine Siedlung, die mit einer Seilbahn in zwei Sektionen von Stalden über Staldenried erreicht werden kann.Seilbahn nach Stalden, Fahrplanfeld 2270. Pension

Sirwoltesee: langer Tag, aber prächtige Gegend

Alpenblick, 3933 Gspon, Tel. 027 952 22 21. Pension Mosji, 3933 Gspon, Tel. 027 952 22 34.

Einfachster Abstieg ins Tal   Nach Stalden. 779 m. Die leise Seilbahn bringt sie in wenigen Minuten über Staldenried zum Bahnhof von Stalden-Saas.

Talort   Stalden. 799 m. Brig-Visp-Zermatt-Bahn, Fahrplanfeld 140. Verkehrsverein, 3922 Stalden, Tel. 027 952 15 12.

Karten   1309 Simplon, 1289 Brig, 1308 St. Niklaus.

Verschiedenes   Keine Verpflegungsmöglichkeit unterwegs.

Sehenswürdigkeit   Ecomuseum Simplon, 3907 Simplon Dorf, Tel. 027 978 80 86 (Landschaftsmuseum und Stockalperweg).

Die Route   Simplon Dorf – Gspon. Wir verlassen Simplon Dorf und seine schöne Bäckerei nach NW auf dem Stockalperweg. Nach dem Dorfstutz wandern wir im Lärchenwald bis zum Weiler Egga (1588 m). Wir wenden uns nun nach links und betreten die alte Gletschermoräne. Von dieser sehen wir hinab zum Schauplatz eines grossen Gletschersturzes, heute steht dort wieder ein schöner Lärchenwald. Zwischen den Kehren der Alpstrasse gelangen wir hinauf zum Rossbodestafel (1922 m), 1½ Std.

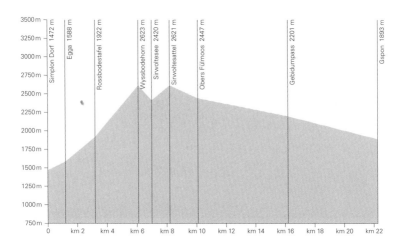

Nach den Alphütten steigen wir steil hinauf zum Galu, queren fast flach den Wysse Bode und gewinnen anschliessend auf einem luftigen Grat schnell an Höhe. Vom Wyssbodehorn (2623 m, schöne Rundsicht auf die Passlandschaft des Simplon) steigen wir steil über Wegspuren, Felsblöcke und eventuell Schneefelder zu den Überresten des Sirwoltesees (2420 m), dessen Wasser zum grossen Teil anlässlich des Unwetters im September 1993 den Moränendamm durchbrachen und im Tal des Ritzibachs grosse Verwüstungen verursachten. Gut 2 Std. vom Rossbodestafel.
Entlang der zerborstenen Moräne gelangen wir zu einem zweiten See und erreichen in ½ Std. auf einem schönen Weg über Bergmatten den Sirwoltesattel (2621 m). Nun steigen wir ab ins Nanztal, wo viele Kühe, Schafe und Ziegen zu sömmern pflegen, und erreichen auf der Alp Zigera etwas südlich des P. 2483 den Höhenweg, dem wir nach links (S) zu den Seelein beim Oberen Fulmoos folgen, knapp ¾ Std. Von hier sehen wir im Talausschnitt das Dorf Mund, wo der berühmte Safran kultiviert wird. Jetzt in der Talrundung zum Schwarzbach, dessen Wasser zum grossen Teil in der Suone Heido gefasst sind. Dieser Wasserleitung folgen wir während 1¼ Std. über gut vier Kilometer, dann stehen wir auf dem breiten Gebidumpass (2201 m). Von hier bietet sich ein Abstecher zum Gebidumsee oder den Chrizerhorlini (2297 m) an.
Weit unter uns rauscht die Vispa und an deren steilen Hängen sehen wir die höchstgelegenen Weinberge Europas, wo auch der beliebte Heida-Gletscherwein wächst. Jetzt wenden wir uns nach links und steigen langsam über Sänntum zum Sitestafel (2150 m), von dort durch den Sitegrabe zum Sädolti (2153 m) und über den Graben des Beiterbach nach Gspon (1893 m), 1¾ Std.

Variante   Diese lange Etappe kann man auch einfacher in zwei Tagen bewältigen: Zunächst wandert man auf dem Stockalperweg (braune Wegweiser) in 3½ Std. zum Simplonpass (2003 m) und übernachtet dort.
Am nächsten Tag steigt man in 1½ h hinauf zum Bistinepass (2417 m) und wendet sich entweder auf dem Höhenweg nach links und schreitet das Nanztal aus, oder steigt hinunter zur Brücke über die Gamsa bei Mättwe (1826 m) und auf dem Alpweg hinauf zum Gebidumpass (2201 m), 2¾ Std. Von dort weiter auf der Hauptroute nach Gspon.

Die önologische Haute Route

Zu einem guten Essen gehört auch ein gutes Glas Wein. Das Wallis hat genug davon. Die alten Römer haben den Weinbau nach Kräften gefördert, dennoch waren es vermutlich nicht sie, die den Rebbau im Wallis eingeführt hatten. Es gibt Hinweise, wonach bereits vorher eine gewisse Weinkultur bestand. Aber die Römer haben diese Tendenzen natürlich durch die Einfuhr fremder Rebsorten tatkräftig unterstützt. Die Hauptanbaugebiete befinden sich im Mittel- und Unterwallis, auf den Südhängen nördlich der Rhone. Aber auch bis ins Vispertal hinein finden wir grössere Anbaugebiete. Die Rebberge rund um Visperterminen, wo bis zu einer Höhe von 1250 Meter über Meer Weintrauben kultiviert werden, gelten als die höchstgelegenen Europas.

Eine der bekanntesten weissen Rebsorten im Wallis ist der Gutedel (Chasselas). Seine Herkunft ist nicht ganz klar, eventuell wurde er aus Frankreich, vielleicht sogar aus Ägypten eingeführt. Diese kräftige Rebe besitzt Blätter mit einem fünflappigen, leicht gewellten Rand. Der Gutedel ist bekannt für den leichten, fruchtigen Wein, der im Wallis (und ausschliesslich im Wallis!) Fendant genannt wird. Bei den roten Trauben müssen wir natürlich zunächst den Blauburgunder (Pinot Noir) und den Gamay erwähnen. Der Pinot Noir stammt, wie der deutsche Name verrät, aus dem Burgund. Man vermutet, dass heimkehrende Söldner diese Rebe zum ersten Male ins Wallis brachten. Der Blauburgunder bevorzugt kalkhaltige Böden, in der Regel wird er vor den anderen Rebsorten reif und wird zuerst gelesen. Die kleinen, dicht gewachsenen Trauben sind von schöner, dunkelvioletter Farbe. Der Pinot Noir ist bekannt für seine reiche Fülle, seinen fruchtigen Abgang. Von Pinots aus gewissen Lagen kann man auch behaupten, sie seien «feurig». Der Gamay stammt aus Frankreich, ist ebenfalls frühreif und trägt mittelgrosse Trauben. Der Gamay ist weniger voll und leichter, als der Pinot Noir. Im Wallis wird der Gamay deshalb nur selten allein zu Wein verarbeitet, sondern er dient als Mischkomponente für den Dôle. Der Dôle (frz. la dôle) besteht aus mindestens 51 Prozent Pinot Noir, der Rest aus Gamay. Erreichen die Trauben einen gewissen Oechslegrad nicht, so wird daraus der Goron gekeltert. Was wäre ein Hüttenabend ohne Goron? Er ist dort kaum zu ersetzen.

Nebst den Klassikern Fendant und Dôle finden wir eine Menge Spezialitäten in hoher Qualität. Wenn Sie weniger ausgetretene Pfade beschreiten und Ihren Tisch, respektive Ihre Gläser mit Neuem bereichern möchten, dann probieren Sie einfach eine der folgenden Alternativen. Als Aperitif steht ihnen der kräftige, fast «salzige» Arvine oder der markig-samtige Ermitage zur Verfügung. Der Johannisberg (Sylvaner) gedeiht hervorragend und mengenreich auf den trockenen, kieselhaltigen Böden, sogar auf Schuttkegeln, und passt auch gut zum Spargel. Als Dessertweine drängen sich der Amigne, der

Malvoisie (Pinot gris oder Grauburgunder) oder der Muscat auf. Der Dôle Blanche, ein aus roten Trauben gewonnener Weisswein, passt eigentlich zu jeder gediegenen Mahlzeit. Auf unserer heutigen Tour haben wir einen Blick auf die hohen Rebberge des Vispertals geworfen, wo – besonders in Visperterminen – der trockene und strenge Heida kultiviert wird. Er wird aus Savagnin oder Traminertrauben gekeltert und als «Gletscherwein» vermarktet.

«Le blanc en buvant, le rouge en mangeant», sagt der Winzer. Die Palette der Rotweinspezialitäten ist ebenso eindrucksvoll. Probieren wir zunächst einmal einen reinen Pinot Noir, dessen Hauptanbaugebiete zwischen Sierre und Salgesch zu finden sind. Dieser rubinrote, wuchtige Wein passt sehr gut zu Fleisch, Wild und Käse. Zwar kann er jung getrunken werden, aber das Altern bringt ihm viel Würde. Ebenfalls aus Blauburgunder wird der Œil-de-Perdrix gekeltert. Seine Rosé-Farbe erhält er durch die kurze Gärung an der Maische. Der Œil-de-Perdrix passt sowohl als Aperitif, zur Vorspeise, zur Hauptmahlzeit oder sogar als Dessertwein, ein richtiger Allrounder also. Der Syrah fällt durch seinen leichten Tanningehalt auf und gibt einen sehr kräftigen, fruchtigen Wein ab. Der Anbau von Syrah wurde in der letzten Zeit sehr gefördert. Heute ist er weniger selten und eine echte Alternative zum Pinot Noir. Der Cornalin oder Landrote ist ein herber Wein mit viel Gerbstoffen, der sehr gut altert, er hat nach wie vor viele Liebhaber. Der rote Humagne ist mit dem weissen Humagne nicht verwandt. Die Walliser Weinbauern betrachten ihn als eine rein einheimische Rebsorte. Es handelt sich um einen sehr robusten Wein, der einige Jahre Lagerung verdient. Besonders zu den Wildspezialitäten passt er hervorragend. A votre santé und guten Appetit!

Etappe 145

Der Walserweg am Lärchenwald

Die letzte Etappe der Tour um das Fletschhorn führt auf einem grossartigen Höhenweg von Gspon nach Saas Almagell, dem Ausgangspunkt, zurück. Im Saastal wird er ganz einfach «Gsponer» genannt. Dieser Weg wurde teilweise schon im 13. Jahrhundert von den Walsern benutzt, die auf ihren Wanderungen aus dem Oberwallis neue Siedlungsgebiete suchten und fanden. Sie hinterliessen unterwegs zahlreiche heute noch sichtbare Spuren.

Von Gspon steigen wir zuerst zur Walsersiedlung Oberfinilu auf und bewegen uns dann ohne grosse Höhendifferenzen an der oberen Grenze des Lärchenwaldes auf rund 2200 Metern über Meer. Oberhalb von Saas Balen steigt der Weg langsam hinauf zum Chrizbode und quert die steile Flanke unterhalb des Weissmies, um schliesslich jäh ins Almagellertal und danach nach Saas Almagell zu führen. Die Ausblicke auf die Saaser Berge und die Mischabelgruppe bleiben unvergesslich.

T3	8 bis 9 Std.	▲ 607 m	▼ 830 m

Routencharakter und Schwierigkeit T3   Zwischen Chrizbode und Saas Almagell führt der Weg teilweise am Steilhang entlang, ist jedoch mit Geländerseilen gut abgesichert.

Zeit 8 bis 9 Std.
Gspon – Chrizbode, 4¾ Std.
Chrizbode – Saas Almagell, 3½ Std.

Ausgangspunkt   Gspon. 1893 m. Seilbahn ab Stalden und Staldenried, Fahrplanfeld 2270. Pension Alpenblick, 3933 Gspon, Tel. 027 952 22 21. Pension Mosji, 3933 Gspon, Tel. 027 952 22 34.

Oberfinilu: Walsersiedlung am Walserweg

Talort Stalden. 799 m. Bahn ab Brig, Visp und Zermatt, Fahrplanfeld 140. Verkehrsverein, 3922 Stalden, Tel. 027 952 15 12.

Endpunkt Saas Almagell. 1660 m. Postauto nach Saas Grund, Fahrplanfeld 145.15. Postauto ab Saas Grund nach Visp und Brig, Fahrplanfeld 145.10. Saastal Tourismus, Dorfplatz, 3905 Saas Almagell, Tel. 027 958 66 44 oder 027 957 36 53.

Karten 1308 St. Niklaus, 1309 Simplon, 1329 Saas.

Verschiedenes Verpflegungsmöglichkeit unterwegs: Obere schwarze Wald, Färiga, Heimischgartu, Chrizbode, Almagelleralp.

Sehenswürdigkeiten Grossartige Bergsicht, alte Lärchenbestände, Gemsen und Steinböcke.

Die Route Gspon – Saas Almagell. Von der Bergstation der Seilbahn Stalden-Staldenried-Gspon kurzer Abstieg bis zum Dorf Gspon und flach meist im Wald bis Bord. Jetzt auf Weide leicht steigend bis Oberfinilu (2039 m), 1 Std. Nach dem Graben der Mäslowina einer alten Suone entlang bis zum P. 2187. Weiter durch Wald bis Obere schwarze Wald (2191 m), ¾ Std., Schnitzerei von Alfons Imseng, hervorragender Kräutertee. Es folgt ein beinahe flaches Wegstück über eine Blockhalde, zwei kleine Gräben und Weide bis Färiga (2271 m) ½ Std. Kurzer Abstieg zum Mattwaldbach und über das Rotgufer hinauf zur Ebene des Siwibode (2244 m),

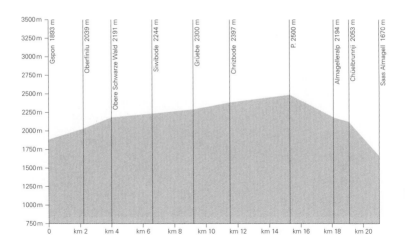

½ Std. herrliche Rundsicht! Es geht kurz weiter durch Wald, einer Suone entlang, durch Felsplatten bis zum Linde Bode (2230 m), ½ Std. Hier zweigt rechts ein Weg ab, der über Heimischgartu nach Saas Grund führt (2 Std.). Wir gehen aber links hinauf durch Wald und später durch Baumkrüppel, über den Fellbach zur Alp Grüebe (2300 m), stattliche Steinhäuser. Von hier etwas steigend bis zum P. 2453, dann in grobem Geröll flacher bis P. 2449 und von dort in einer Schlaufe bis zum Chrizbode (2397 m), 1 ½ Std., Seilbahn nach Saas Grund.

Auf dem Bergblumenpfad über Mälliga leicht steigend zum P. 2479. Man quert den steilen, mit Lawinenverbauungen versehenen Geröllhang und gelangt unvermittelt auf eine Fahrstrasse. An deren Ende flach auf ca. 2500 m dem Hehbord entlang bis zur Kurve, die ins Almagellertal führt. Abstieg in steiler Weide zur Almagelleralp (2194 m), 2 ¼ Std. Abstieg über Stafel zur Brücke bei Chüelbrunnji und durch den Spissgrabe und den Spisswald nach Saas Almagell (1660 m), 1 ¼ Std.

Varianten, Alternativen Die Tour kann von Linde Bode in Richtung Saas Grund abgekürzt werden. Eine weitere «Abkürzung» besteht in Chrizbode in Form der neuen Seilbahn.

Fast am Ziel: Saas Grund von oben (Tour 145)

X Tour Blinnenhorn

Rund um den Grossen Kalten Berg des Goms

Wie bei den vorangegangenen Rundtouren, umrunden wir auch mit dieser Tour ein regional bedeutsames Bergmassiv. Zwar gehört das Blinnenhorn mit seinen «bescheidenen» 3378,8 Metern Meereshöhe nicht zu den Giganten der Walliser Alpen. Erstaunlich jedoch ist die trotz der relativ geringen Höhe grossartige Vergletscherung und Grösse dieses Berges, der gleichzeitig die Grenze zu Italien bildet. In Italien nennt man das Blinnenhorn übrigens Corno Cieco. Ein Teil der Rundtour führt durch das dem Wallis so nahe stehende Pomatt oder Val Formazza. Besondere Sehenswürdigkeiten sind vor allem die reich ausgestatteten Kirchen in den Gommer Dörfern, von denen viele die alemannische Endung auf -ingen tragen.

Es handelt sich um eine der leichteren Rundtouren dieses Buches. Die Etappen sind mit wenigen Ausnahmen eher beschaulich, die Höhendifferenzen sind gut zu bewältigen. Für die Umrundung des Blinnenhorns sind fünf Tage einzuplanen.

Die Tagesetappen

151 Binn – Eggerhorn – Chummehorn – Reckingen
Der gelbe Schreck im Rappetal
Ein Dorf als Schmuckstück: Ernen

152 Reckingen – Distelsee – Capanna Corno-Gries CAS
Distelblätter sind stachelig bewimpert
Von alten Zwanzigernoten und kratzenden Wollköpfen

153 Capanna Corno-Gries CAS – Griespass – Rifugio Eugenio Margaroli CAI
Unter der kalten Zunge des Blinnenhorns

154 Rifugio Eugenio Margaroli CAI – Albrunpass – Binntalhütte SAC
Kelten, Römer, Alemannen, Walser – und viele andere

155 Binntalhütte SAC – Binn
Bozu und Goggwärgji
Alles Aberglaube...

Etappe 151

Der gelbe Schreck im Rappetal

Wir beginnen die Tour Blinnenhorn gleich mit einer der längsten, aber gleichzeitig szenichsten Etappen. Vom Binntal überschreiten wir zwei Kämme und gelangen dadurch ins Goms. Unterwegs durchqueren wir eines der eigenartigsten Täler des ganzen Wallis, das Rappetal. In der Form eines Bumerangs bildet es ein sehr gleichmässiges V-Tal, das durch die enorme Steilheit und den damit verbundenen Lawinenzügen zur reinen Graslandschaft schottischen Typus geworden ist. Das Wasser dieses Tales fliesst in Richtung Mühlebach und Ernen, zwei Gemeinden, die man unbedingt besuchen sollte.

Von Binn (Schmidigehischere) steigen wir durch Wald und Weide zum herrlichen Aussichtspunkt des Eggerhorns. Von dort folgt ein Abstieg in das Rappetal. Unten angekommen, dürfen Sie nicht verzweifeln, denn der Wegweiser bei Z'Mühbach nennt eine Stundenzahl nach Reckingen, die einen den Schreck durch die Glieder fahren lässt. Trotzdem gehen wir weiter, überqueren das Chummehorn und gelangen schliesslich durch das sehr romantische Blinnental nach Reckingen.

T3	8 bis 9 Std.	▲ 1762 m	▼ 1836 m

Routencharakter und Schwierigkeit T3   Durchwegs schöne und gute Wege, ausser im oberen Rappetal, wo sich die Route zum Chummehorn zeitweise in den ausgedehnten Schafweiden verliert.

Zeit 8 bis 9 Std.
Binn – Eggerhorn, 2¾ Std.
Eggerhorn – Chummehorn, 2¾ Std.
Chummehorn – Reckingen, 3 Std.

Chummehorn: am Ende des Rappetals

Ausgangspunkt   Binn. 1400 m. Bahn ab Brig, Göschenen und Andermatt nach Fiesch, Fahrplanfeld 610. Bus ab Fiesch nach Binn, Fahrplanfeld 610.15. Verkehrsverein Binntal, 3996 Binn, Tel. 027 971 45 47.

Endpunkt   Reckingen. 1326 m. Bedeutender, mit vielen historischen Gebäuden durchsetzter Ort im Obergoms. Bahn ab Brig, Göschenen und Andermatt, Fahrplanfeld 610. Verkehrsverein Reckingen, 3998 Reckingen, Tel. 027 974 12 16.

Karten   1270 Binntal, 1250 Ulrichen.

Verschiedenes   Keine Verpflegungsmöglichkeit unterwegs.

Sehenswürdigkeit   Regionalmuseum Graeser-Andenmatten, 3996 Binn, Tel. 027 971 46 20. Sehr schöne Sammlung von Gebrauchsgegenständen, einmalige, lokalspezifisch ausgerichtete Mineraliensammlung.

Die Route   Binn – Eggerhorn – Chummehorn – Reckingen. Wir haben bereits auf der Haute Route bemerkt, dass die Zeitangaben im Bereich Binntal etwas grosszügig geraten sind. Lassen Sie sich also von diesen gelben Tafeln nicht allzusehr ins Bockshorn jagen! Ein früher Aufbruch empfiehlt sich von Binn (Schmidigehischere, 1400 m). Wir gehen am Hotel Ofenhorn vorbei und nehmen einen Feldweg, der uns an einem Wasserreservoir vorbei in den steilen Lärchenwald hineinführt. Auf einem herrlichen Waldweg gewinnen

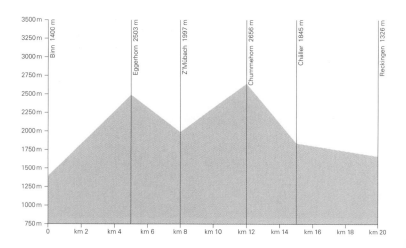

wir im Zickzack schnell an Höhe, dabei überqueren wir sieben Mal die Alpstrasse, welche zur Aebnimatt hinaufführt. Nach 1¾ Std. erreichen wir so über Meili (2020 m) den P. 2128, Sattulti genannt. Sehr schöne Rundsicht. Jetzt in steilen Grashalden in 1 Std. zum Eggerhorn (2503.1 m), ausserordentlich schöne und umfassende Rundsicht.

Nun wenden wir uns vom Eggerhorn über die Schafgale nach links auf einem fallenden Hangweg ins Rappetal. Vorbei an den P. 2375, 2331 und 2177 gelangen wir in den Talgrund, überqueren den Steg über den Milibach und schon stehen ¾ Std. später fassungslos vor dem gelben Wegweiser bei Z'Mühbach (1997 m). Dort lesen wir: Reckingen 6½ Std.! Nur nicht den Mut verlieren, zum Glück stimmt das nicht. Wir nehmen nun den Weg links (N) am Hang, der langsam an Höhe gewinnt. So gelangen wir zu den zerfallenen Alphütten von Rappe (2292 m). Nun steigen wir auf Wegspuren und über das Gras schräg (NE) hinauf, bis wir bei etwa 2600 m (knapp unterhalb P. 2616) auf den grossen Weg treffen, der von der breiten Ärnergale herkommt. Nun bleiben wir auf dieser Höhe und wandern über Helsewang direkt zum Pass (2656 m) unterhalb des Chummehorn (2754 m), 2 Std. Sicht auf die felsige Westflanke des Blinnenhorns.

Jetzt steigen wir ab ins Blinnetal. Zunächst folgen wir dem Weg nach links (NE), gehen hinunter zum Hellbach und gelangen über ein Geröllfeld zum P. 2324. Von dort sehr steil auf einem schmalen Rücken in den Talboden, den wir bei Altstafel (1972 m) erreichen. Dort wenden wir uns nach links (N) talaus über Hangelööb (1861 m) und Chäller (1845 m) zum Steg über die Blinne. Nun rechts (E) des Bachs zur schön gelegenen Alp Lärch (1781 m), 1¾ Std. Wir nehmen nun den Fahrweg und steigen gemächlich hinunter in die Waldzone, gelangen nach Salzgäbi (1521 m). Danach, beim P. 1494 verlassen wir den bequemen Weg und steigen an der Kapelle Staalen vorbei nach Stadle, passieren den Dorfteil Uberrotte (1317 m) und gelangen schliesslich nach Reckingen (1326 m), 1¼ Std.

Gipfel T4 Chummehorn. 2754 m. Dieser Aussichtsgipfel kann ohne weiteres noch «mitgenommen» werden. Dafür schreitet man vom Pass (2656 m) nach Norden über den Grashang direkt zum Gipfel, knapp ½ Std. Zurück auf dem gleichen Weg in ¼ Std.

Ein Dorf als Schmuckstück: Ernen

Von einem dichten Mischwald aus Tannen und Lärchen umgeben, steht Ernen auf einer kleinen Anhöhe südlich des noch jungen Rotten. Es kämpfte im Mittelalter mit Münster um die Vorherrschaft im Goms. Heute gilt es als eines der schönsten Dörfer der Schweiz.

Ernen war zunächst ein wichtiger Etappenort auf dem Weg zur Grimsel, zur Furka, zum Albrun- und zum Griespass. Später entwickelte es sich zum Sitz des bischöflichen Meiers. Dieses Verwaltungsamt wurde in der Regel an Familien aus dem Landadel verpachtet. Bekannt war Ernen zudem lange Zeit als Sitz des Hochgerichts, davon zeugen heute noch die makabren Reste des Galgens, die man auf dem Weg nach Mühlebach erkennen kann.

Ernen und die Nachbargemeinde Mühlebach waren auch die Heimat bedeutender Walliser. Walther uf der Flüe (Supersaxo) war Bischof von Sion, Georg Supersaxo (1450 bis 1529) bedeutender Politiker und Matthäus Schiner (1465 bis 1522) Bischof, Kardinal und Staatsmann. Die persönlichen Beziehungen zwischen den Zeitgenossen Georg Supersaxo und Matthäus Schiner stellen eines der grössten Dramen der Walliser Geschichte dar. Georg Supersaxo war zunächst väterlicher Mentor des jungen Schiner, später sein erbittertster und konsequentester Feind.

Was haben Prag und Venedig mit Ernen gemeinsam? Beide dieser bildschönen, baulich äusserst kompakten und einheitlichen Städte profitieren vom Vorteil, von modernen Kriegen, der uneingeschränkten und fatalen Zerstörungswut des «Wirtschaftswunders» und vom Verkehr weitgehend verschont geblieben zu sein. Dasselbe gilt für Ernen. Was für ein Dorf! Ein wahres Schmuckstück der Alpen. Die Erner fällten in ihrer jüngeren Geschichte einige Entscheide, die zunächst als zukunftsfeindlich und konservativ gewichtet wurden. Die Bevölkerung wollte vor gut 130 Jahren um keinen Preis Gemeindeland für den Bau der neuen und wirtschaftlichen Aufschwung versprechenden Kantonsstrasse abtreten. Die Strasse wurde deshalb von Lax auf dem nördlichen Ufer des Rotten nach Fiesch und Fürgangen gebaut. Heute kann diese ablehnende Haltung als ein ausserordentlicher Glücksfall für die Erhaltung eines einmaligen Dorfbildes gewertet werden. Wäre die Strasse auf dem Erner Ufer gebaut worden, hätte das alte Dorf kaum eine reelle Überlebenschance gehabt, es wäre buchstäblich «wegentwickelt» worden.

Das Dorf besteht praktisch ausschliesslich aus behäbigen, grossen, terrassenlosen Walliserhäusern, die meisten davon wurden im 16. und 17. Jahrhundert erbaut und sind durch die liebevolle Pflege der Einwohner bis heute sehr gut erhalten geblieben. Ein Rundgang durch die herrlichen Gassen lässt Erinnerungen an frühere Zeiten lebendig werden.

Ernen hat zwar den « Fortschritt » verpasst, profitiert aber heute enorm davon, denn die Sehnsucht nach solchen kompakten Zeugen aus ferner Zeit scheint eher zu wachsen, was die Beliebtheit des Dorfes als Ausflugsziel unterstreicht. Ernen hat den Wakkerpreis erhalten, der intakte und gepflegte Dorfbilder honoriert, zudem hat es sich in letzter Zeit mit dem « Festival der Zukunft », einem sehr erfolgreichen Musikfestival mit Konzerten und Meisterkursen, einen internationalen Ruf verschafft. Das Verkehrsbüro Ernen, 3995 Ernen, Tel. 027 971 15 62 kann die Daten der nächsten Veranstaltung nennen. Einen Zwischenhalt in Ernen, zum Beispiel vor Beginn oder nach der Tour rund ums Blinnenhorn, können wir uneingeschränkt empfehlen.

Distelblätter sind stachelig bewimpert

Distelbode, Distel, Distelsee, Distelgrat, Hinnerdistel, Vorderdistel – es erwartet uns offenbar ein wahrhaft stacheliger Weg! Wir setzen unseren Bogen nördlich des Blinnenhorns fort und besuchen dabei drei sehr abgelegene kleine Täler im oberen Goms: das Merezetal oder Merezebach und das tief eingeschnittene Lengtal, das uns zum Aegenetal und damit zum Nufenen bringt. Es handelt sich hier um steile und sehr karge Täler.

Von Reckingen steigen wir über den sogenannten Schlapf in das Tal des Merezebachs, an dessen Ende wir einen kleinen Pass zum Distelsee überqueren. Wir wandern das Lengtal hinunter und gelangen zur Passstrasse des Nufenen, der wir hinauf bis zum Passo del Corno folgen. Nun folgt nur noch ein kurzer Abstieg zur heutigen Herberge, der Capanna Corno-Gries CAS.

T3	7 bis 8 Std.	▲ 1859 m	▼ 847 m

Routencharakter und Schwierigkeit T3   Die Route folgt mehrheitlich guten Alp- und Wanderwegen. Einzig der Aufstieg vom Merezebach zum Distelsee könnte bei schlechter Sicht Probleme bieten. Dort ist ein wenig Orientierungsvermögen gefragt.

Zeit 7 bis 8 Std.
Reckingen – Distelsee, 3 ¾ Std.
Distelsee – Capanna Corno-Gries CAS, 3 ½ Std.

Ausgangspunkt   Reckingen. 1326 m. Bahn ab Brig, Göschenen und Andermatt, Fahrplanfeld 610. Verkehrsbüro Reckingen, 3998 Reckingen, Tel. 027 974 12 16.

Endpunkt   Capanna Corno-Gries CAS. 2338 m. Koordinaten 674 610 / 146 650. CAS Sezione Bellinzona e Valli, 6500 Bellinzona, Tel. Hütte 091 869 11 29.

Im Obergoms: der junge Rotten zieht vorbei

Einfachster Abstieg ins Tal   Nach All'Acqua. 1614 m. Von der Capanna Corno-Gries (2338 m) hinunter zur Alp Corno (2204 m) und zur Nufenenpassstrasse, die wir bei Alpe Cruina (2002 m) erreichen, 30 Min. Nun mit dem Postauto (Fahrplanfeld 610.51) nach All'Acqua, oder zu Fuss in 1¼ Std.

Talort   All'Acqua. 1614 m. Postauto nach Airolo oder Ulrichen, Fahrplanfeld 610.51. Verkehrsbüro Airolo, 6780 Airolo, Tel. 091 869 15 33.

Karten   1250 Ulrichen, 1270 Binntal, 1271 Basòdino, 1251 Val Bedretto.

Verschiedenes   Auf der beschriebenen Route sind keine Verpflegungsmöglichkeiten vorhanden, jedoch etwas abseits auf dem Nufenenpass (2478 m): Rest. Nufenenpasshöhe, 3988 Ulrichen, Tel. 027 973 15 13.

Sehenswürdigkeit   Wir befinden uns im Land der Disteln, auf dem Weg werden wir viele Arten dieser stacheligen Alpenblume antreffen. Auf dem Seenplateau am Distelsee lohnt es sich, etwas zu verweilen.

Die Route   Reckingen – Distelsee – Capanna Corno-Gries CAS. Von Reckingen (1326 m) gehen wir zum Rotten hinunter, überschreiten die Holzbrücke und gelangen in den Dorfteil Uberrotte. Nun wenden wir uns in Richtung Rotmatte und Stadle. Dort nehmen wir links den Fahrweg, der uns am Waldrand zur Brücke (1435 m) über den Löwwibach bringt. Nach der Brücke gehen wir kurz nach rechts, treffen auf einen weiteren Weg, der nach links (N) in Richtung Äbmete führt. Beim ersten Haus auf ca. 1500 m

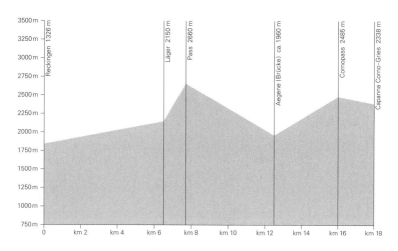

gehen wir nach rechts noch, queren im Wald drei Mal den Fahrweg und gelangen zum P. 1755 im Flur namens Holz. Nun folgen wir dem Fahrweg nach links (NE) und gelangen im Wald in das Tal des Merezebachs, Chäller (1846 m), 1 ½ Std. Wir bleiben rechts (W) des Bachs und steigen über Distelbode (1863 m) und vorbei an Handegg (1960 m) zu einer Talstufe, auf der Läger (2150 m) liegt. Nun wenden wir uns nach links (NE) und steigen auf Wegspuren zwischen Öuchum und Mittleri Berge hinauf zu einem Pass (2660 m), SE vom Brudelhorn. Darunter liegt der Distelsee (2587 m), 2 ¼ Std.

Wir verlassen den schönen See und erreichen über eine Kuppe weitere, kleinere Seen und die Alp Hinnerdistel (2480 m). Nun steigen wir steil ab über Vorderdistel (2320 m) ins eindrückliche Lengtal, dem wir bis kurz vor Lengtalstafel (2088 m) folgen. Dort wechseln wir auf die rechte (S) Seite des Bachs und kommen dort zur Alp Tüechmattestafel (2086 m), 1 Std. Nun steigen wir direkt zur Brücke ab, die den Bach vom Griessee überspannt, dabei kürzen wir die Kehren des Fahrwegs ab. Kurz dahinter findet sich die Station einer Materialseilbahn, die vom Bochtelhorn herunter kommt. Wir gehen weiter zur Nufenenpassstrasse, der wir ein kurzes Stück über P. 1994 bis kurz vor den P. 2035 folgen. Dort nehmen wir einen kleinen Weg, der nach rechts in Kehren über den Graben des Stocklamme zum P. 2327 führt. Dort treffen wir auf ein Strässchen, dem wir nach rechts (S) kurz folgen. Danach zweigen wir nach links ab und steigen bis zum Kreuz bei Mändeli, wo wir den Griessee in seiner ganzen Grösse bewundern können, 1 ½ Std. Wir folgen dem Weg an seinem östlichen Ufer und kommen über den P. 2464 zu einem Tal von links (E), dort steigen wir kurz weglos durch Geröll auf und gelangen auf den Weg, der vom Griespass her kommt. Und schon stehen wir auf dem Cornopass/Passo del Corno (2485 m), ¼ Std. Links des länglichen Sees (2477 m) steigen wir ins Val Corno hinunter und erreichen in ¾ Std. die Capanna Corno-Gries CAS (2338 m).

Gipfel T4   Brudelhorn. 2790.9 m. Diesen schönen Aussichtsberg können wir vom Pass (2660 m) oberhalb des Distelsees in knapp ½ Std. auf einem Weglein erreichen, das dem SE-Grat des Berges entlangschleicht. Abstieg auf der gleichen Führe, ¼ Std.

Von alten Zwanzigernoten und kratzenden Wollköpfen

Die Pflanzen in den Alpen haben es nicht einfach. In den Bergen gilt folgender Rhythmus: neun Monate Winter, drei Monate kalt. Niedere Temperaturen bewirken, dass sich der Wachstums- und Lebensprozess stark verlangsamt. Diese Langsamkeit wird noch extremer in schattigen Lagen, in grosser Höhe und in Gebieten, die lange von Schnee bedeckt bleiben. Die Temperaturen in den Bergen sind sowohl im tiefen als auch im hohen Bereich extrem. Ständig bedrohen Frost, Hitze und Trockenheit die Existenz der Pflanzen, dieser Stress ist auf südlichen oder exponierten Lagen noch extremer. Die Luft ist zudem sehr trocken, und sie hält noch eine zweite Drohung bereit: den Wind. Dieser kann auf exponierten Graten oder in Lagen mit ständigen thermischen Winden den Wuchs der Pflanze nachhaltig beeinflussen. Durch die frühe und kompakte Schneedecke und durch die niedrigen Temperaturen im Frühling und Herbst wird die Vegetationszeit der Alpenpflanzen sehr kurz gestaltet. Der Sommer in den Bergen ist deshalb äusserst kompakt, aber intensiv. Zu diesen schlechten Standortmerkmalen kommen noch die Gefahr von Rutschen, Lawinen, Steinschlag, Überschwemmungen und die zusätzliche Bodenbeschädigung durch Vieh und Wild. Durch Hanglagen ist die Speicherkapazität der Niederschläge sehr limitiert, dazu kommen schlechte Voraussetzung für die Humusbildung und deshalb auch Nährstoffmangel.

Wenn wir uns auf den alpinen Wanderwegen bewegen, so sollten wir diese deshalb wenn immer möglich nicht verlassen, um nicht auch noch durch unser Tun diese labilen Pflanzenstandorte zu beeinträchtigen. Erfreuen wir uns aber der reichen Flora, die uns ein Bergsommer offeriert.

Die meisten Alpenpflanzen sind eigentlich Eisbergen nicht unähnlich. Was man sieht, ist nur ein Bruchteil des Ganzen. Der mit Abstand grösste Teil der Pflanze befindet sich aufgrund der geschilderten unwirtlichen Verhältnisse unter der schützenden Decke von Humus und Gestein. Eine Ausnahme bilden da teilweise die Distelgewächse, die sich etwas höher über den Boden vorwagen und sich mit anderen Mitteln gegen die Unbill der Natur und gegen den Appetit der Tiere schützen. Wer kennt nicht die ganz alte Zwanzigernote? Eine Silberdistel *(Carlina acaulis)* war darauf abgebildet. Diese stachelige, bis 20 Zentimeter grosse und Blüten bis 12 Zentimeter Durchmesser tragende Pflanze gehört zu den bekanntesten Vertreterinnen der Distelarten. Ihre silbernen Blüten sind zwischen Juli und September zu sehen.

Links und rechts der alpinen Wege sehr häufig zu sehen sind die Stacheligen Kratzdisteln *(Cirsium spinosissimum)*, die bis 50 Zentimeter hoch werden. Meist mehrere

Blütenköpfe werden von gelblichen, stacheligen Kronenblättern umgeben, während die restlichen Blätter bleichgrün gefärbt sind. Während die Silberdistel eher trockene Standorte vorzieht, ist die Stachelige Kratzdistel an feuchteren Lagen anzutreffen (Weiden, Uferlagen, Lägerstellen). Die sehr zahlreichen feinen und festen Stacheln schützen diese relativ grosse und auffällige Pflanze vor hungrigen Paarhufern.

Eine der grössten und schönsten Disteln ist die Wollköpfige Kratzdistel *(Cirsium eriophorum)*. Sie kann bis eineinhalb Meter hoch werden und findet sich in der Regel auf Höhenlagen zwischen 1000 und 2000 Meter über Meer. Allerdings handelt es sich um eine sehr seltene Pflanze. Als besonderes Merkmal dient die purpurrote bis blauviolette Blüte, die von einer spinnwebig beharten Krone gestützt wird. Auf der Wanderung von Reckingen ins Lengtal, vorbei an den vielen Fluren, die ihren Namen tragen, werden wir sicher einige Vertreter dieser stacheligen Familie antreffen.

Unter der kalten Zunge des Blinnenhorns

Auf unserer Tour ums Blinnen-horn wenden wir uns nach Süden, ins Val Formazza, oder Pomatt, wie es die Walser nennen. Zwar berührt unsere Route die netten Walserdörfer nicht direkt, sie wären aber einen Umweg wert. Das Walsertum in Norditalien ist einerseits im Niedergang begriffen, andererseits sind die Bestrebungen, das Walser Volkstum zu erhalten, gerade in diesen Tälern wesentlich stärker als zum Beispiel im Wallis. Im Routentext ist auf einen Ab-stecher nach Zumstäg hingewiesen.

Von der Capanna Corno-Gries CAS steigen wir zunächst zurück zum Passo Corno, überqueren anschliessend den Griespass. Dabei kön-nen wir die erstaunlichen Dimensionen der «kalten Zunge» unseres Berges bewundern. Danach steigen wir zum Lago Morasco ab, des-sen mächtige Dammkrone wir als Steg benutzen. Nun erklimmen wir noch den Passo di Nefelgiù, bevor wir das pittoresk gelegene Rifugio Margaroli am Lago Vannino erreichen.

T3	6 bis 7 Std.	▲ 910 m	▼ 1054 m

Routencharakter und Schwierigkeit T3 Es sind keine grossen Schwie-rigkeiten zu erwarten, ausser bei schlechter Sicht am Griespass, wo ein gewisser Orientierungssinn gefragt ist.

Zeit 6 bis 7 Std.
Capanna Corno-Gries CAS – Lago Morasco, 2¾ Std.
Lago Morasco – Rifugio Margaroli CAI, 3½ Std.

Ausgangspunkt Capanna Corno-Gries CAS. 2338 m. Koordinaten 674 610 / 146 650. CAS Sezione Bellinzona, 6500 Bellinzona, Tel. Hütte 091 869 11 29.

Passo di Nefelgiù: kurz vor dem Abstieg zum Rifugio Margaroli CAI

Talort   All'Acqua. 1614 m. Postauto von Ulrichen oder Airolo, Fahrplanfeld 600.51. Verkehrsbüro Airolo, 6780 Airolo, Tel. 091 869 15 33. Zustieg zur Hütte von All'Acqua via Alpe Cruina (Postauto), 2¾ Std. von All'Acqua, 1 Std. von Alpe Cruina.

Endpunkt   Rifugio Eugenio Margaroli CAI. 2194 m. Koordinaten 671 250 / 137 500. CAI Club Alpino Italiano, Tel. Hütte 0039/0324 63 155 oder 63 054.

Einfachster Abstieg ins Tal   Nach Ponte/Zumstäg. 1286 m. Von der Hütte am Nordhang links (N) des Torrente Vannino über Cra della Dighetta in die Waldzone hinunter. Vorbei am Sagersboden (1722 m, abgebrochene Seilbahn, Neubau geplant) hinunter in den Talboden des Val Formazza (Pomatt) und nach Ponte/Zumstäg (1286 m), 1½ Std.
Ab Sagersboden kann man auch auf angenehmem Weg nach N über die schönen Dörfer Canza/Früttwald (1412 m) im Talboden, dann nach S über Brendo/Brend nach Ponte/Zumstäg gelangen, etwa 1 Std. länger.

Talort   Ponte/Zumstäg. 1286 m. Walsersiedlung, Zentrum des Pomatt, nette Gasthäuser und Hotels. Bus nach Baceno/Bätsch und Domodossola. Bahn ab Domodossola nach Brig (Fahrplanfeld 100.3) oder Locarno (620). Azienda di Promozione Turistica, I-28863 Ponte Formazza, Tel. 0039/0324 63 059.

Karten   1251 Val Bedretto, 1271 Basòdino, 1270 Binntal.

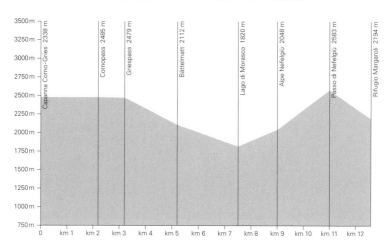

Verschiedenes   Keine Unterkunft- oder Verpflegungsmöglichkeit direkt an der Route, aber etwas abseits davon: Rifugio Città di Busto CAI, auf dem Gemsboden, Tel. 0039/0324 63 092.

Sehenswürdigkeit   Stark von Gletscher geformte hochalpine Landschaft mit einigen Installationen zur Stromgewinnung. Die Walsersiedlungen Riale/Kehrbächi, La Frua/Frütt, Canza/Früttwald, Grovella/Gurfelen, Brendo/Brend, Ponte/Zumstäg, Valdo/Wald und S. Michele/Tuffalt sowie die Cascata del Toce/Tosafälle sind eigentlich auch einen kurzen Besuch wert.

Die Route   Capanna Corno-Gries CAS – Rif. Margaroli CAI. Wir kehren der Capanna Corno-Gries CAS (2338 m) den Rücken und steigen auf dem netten Weg durch das Val Corno hinauf auf den Passo del Corno/Cornopass (2485 m), 1 Std. Nun etwas schräg nach links (SW) fast flach hinüber zum Griespass (2479 m), ¼ Std., Landesgrenze. Nun steigen wir sehr steil hinunter ins Valle del Gries, dessen Boden wir bei Bättelmatt (2112 m) erreichen. Wir folgen der Alpstrasse hinunter bis zu einer Brücke über den Rio del Gries und nehmen einen Wanderweg rechts (S) davon, der uns in einigen Kehren zu den Talstationen der Materialseilbahnen beim P. 1823 führt. Nun auf dem Strässchen rechts (S) des Lago Morasco (1865 m) bis zu einem Punkt etwa 200 m vor der Dammkrone, 1½ Std.
Hier zweigt ein bezeichneter Weg nach rechts (S) ab und führt in Serpentinen zum Boden oberhalb des Sees und damit zum Strässchen, das von Furculti heraufkommt. Diesem Fahrweg folgen wir nach rechts (W). Wir lassen den See aber nicht aus dem Gesichtsfeld entgleiten und gehen rechts (NW) des P. 1983 auf einen Höhenweg, der uns zur Alpe Nefelgiù (2048 m) geleitet, 1¼ Std. Nun steigen wir ins Vallone di Nefelgiù, zunächst über Matten, dann auf Weg rechts der Talmitte zwischen den eindrücklichen Geröllhängen zum Passo di Nefelgiù (2583 m), 1½ Std. Jetzt steigen wir direkt ab, folgen rechts (W) des Bachs einem Weg bis zur Alpe Vannino und zum Rifugio Margaroli CAI (2194 m), die auf einer runden Kuppe nördlich der Staumauer des Lago Vannino steht, ¾ Std.

Variante   Vom Lago Morasco (1815 m) können wir auch nach Riale/Kehrbächi (1731 m), ¾ Std. absteigen und von dort links (E) des Bachs zu den Tosafällen, ½ Std. oder weitergehen kurz auf der Strasse, meist jedoch auf Wanderweg im Talgrund, bis Ponte/Zumstäg (1286 m), 1¼ Std. Unterkunft im Albergo Schneehendli, gut ¼ Std. oberhalb der Tosafälle (Tel. 0039/0324 63 200), oder in einem der Walserdörfer im Talboden. Die Tour Blinnenhorn erreicht man durch den Aufstieg zum Rifugio Margaroli wieder (siehe Tour 154).

Etappe 154

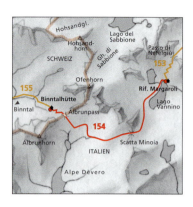

Kelten, Römer, Alemannen, Walser – und viele andere

Nun befinden wir uns bereits südlich des Blinnenhorns, und es bleiben gerade noch zwei angenehme Tage, um unseren Ausgangspunkt wieder zu erreichen. Dabei gibt es zwei Hürden zu überwinden, diese aber gerade am heutigen Tag. Während die Scatta Minoia eher einen weniger wichtigen Übergang darstellt, bildet der Albrunpass einen historisch äusserst bedeutsamen Pass, der schon seit Urzeiten benutzt wurde. Steinzeitliche Spuren für eine Benutzung sind ebenso vorhanden wie solche der Kelten, Römer, Alemannen und schliesslich der Walser, die im Pomatt ihre ersten Siedlungen gründeten.

Von der Alpe Vannino steigen wir zunächst zur Scatta Minoia auf, von dort gilt es über eine grosse Alp zum Albrunpass hinüberzuqueren. Der Abstieg von dort ist aber nur äusserst kurz, denn die Binntalhütte SAC liegt nur wenige Meter unterhalb des Passes.

T3	4 Std.	▲ 592 m	▼ 519 m

Routencharakter und Schwierigkeit T3   Gute Wege in sehr alpiner Landschaft.

Zeit 4 Std.
Rif. Margaroli – Albrunpass, 3 ½ Std.
Albrunpass – Binntalhütte SAC, ½ Std.

Ausgangspunkt   Rifugio Margaroli CAI. 2194 m. Koordinaten 671 250 / 137 500. CAI Club Alpino Italiano, Tel. Hütte 0039/0324 63 155 oder 63 054.

Talort   Ponte/Zumstäg. 1286 m. Bahn ab Brig (Fahrplanfeld 100.3) und Locarno (620) nach Domodossola. Bus ab Domodossola und Baceno/Bätsch nach Ponte/Zumstäg. Azienda di Promozione Turistica, I-28863 Ponte

Binntalhütte: behagliche Bleibe

Formazza, Tel. 0039/0324 63 059. Zustieg zur Hütte von Ponte/Zumstäg (1286 m) am östlichen Talhang hinauf nach Sagersboden (1772 m). Bald verlässt man den Wald, gelangt auf das Weideland und steigt am rechten (N) Hang hinauf bis zur Hütte, Rifugio Eugenio Margaroli CAI (2194 m), 2½ Std.

Endpunkt Binntalhütte SAC. 2267 m. Koordinaten 665 650 / 136 280. CAS Section Delémont, 2800 Delémont, Tel. Hütte 027 971 47 97.

Einfachster Abstieg ins Tal Nach Binn. 1400 m. Siehe Tour 155.

Talort Binn. 1400 m. Bus nach Fiesch, Fahrplanfeld 610.15. Verkehrsverein Binntal, 3996 Binn, Tel. 027 971 45 47.

Karte 1270 Binntal. Für den Hüttenweg ab Ponte/Zumstäg benötigt man zusätzlich 1271 Basòdino.

Verschiedenes Keine Verpflegungsmöglichkeit unterwegs.

Sehenswürdigkeit Historische Verkehrswege am Albrunpass, eindrückliches Landschaftsbild der Alpe Devero (Naturpark).

Die Route Rifugio Margaroli CAI – Binntalhütte SAC. Vom Rifugio Margaroli CAI (2194 m) starten wir im Gegenuhrzeigersinn um den Lago Vannino, einen der ältesten Stauseen der Alpen. An einem Steilhang steigt der

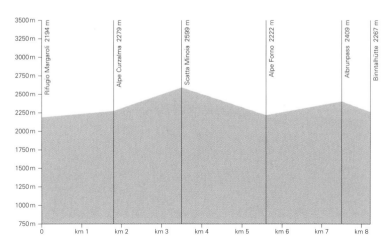

Weg hinauf, unter der Alpe Curzalma (2279 m) hindurch in ein Hoch-moorgebiet. Geradeaus sehen wir die Punta della Scatta, wir gehen links (SE) davon auf Wegspuren hinauf und sehen rechterhand den Einschnitt des Passes, den wir über Geröllfelder erreichen, Scatta Minoia (2599 m), 1½ Std. Hier befindet sich eine kleine, unbewartete Schutzhütte des CAI: Bivacco Conti. Abstieg nach rechts durch das Geröll, dann folgt eine Kurve nach links (W) und wir steigen an einem kleinen See vorbei in ein kleines Tälchen, dem wir bis zur Alpe Forno inferiore folgen. Bei der Hütte nach rechts über den Rio d'Àrbola und hinauf auf eine flache Weide rechts (E) des P. 2340. Dort treffen wir auf einen Höhenweg, der uns zum Hauptweg führt, auf diesem gelangen wir in einigen kleinen Kehren zum Albrunpass (2409 m), 2 Std.

Vom Pass steigen wir in ½ Std. zur Binntalhütte SAC (2267 m) ab.

Etappe 155

Bozu und Goggwärgji

Diese letzte Etappe unserer Tour rund ums Blinnenhorn zeigt uns das Binntal mit seiner ganzen Pracht und Schönheit, öffnet uns die geheimnisvollen Winkel dieser Landschaft, Häuser und Stadel, die als Wohnung dienen und im Dienst der Landwirtschaft stehen – aber auch dann und wann, vor allem in Neumondnächten, von Sagengestalten, Geistern und unerlösten Seelen benutzt werden...

Der Rückweg nach Binn führt uns mehrheitlich durch den Talgrund, dabei kommen wir an herrlichen Siedlungen vorbei: Rippje, Fäld, Holzehischer, Giesse, Schmidigehischere. Bitte versuchen Sie, vor Einbruch der Nacht an Ihr Ziel zu gelangen...

T3	3 Std.	▲ 0 m	▼ 867 m

Routencharakter und Schwierigkeit T3   Was immer Sie auch heute erleben und sehen werden, beachten Sie es nicht zu stark – gehen Sie Ihres Wegs...

Zeit 3 Std.
Binntalhütte SAC – Fäld, 2 Std.
Fäld – Binn, 1 Std.

Ausgangspunkt   Binntalhütte SAC. 2267 m. Koordinaten 665 650 / 136 280. CAS Section Delémont, 2800 Delémont, Tel. Hütte 027 971 47 97.

Endpunkt   Binn. 1400 m. Bus nach Fiesch. Fahrplanfeld 610.15. Bahn ab Fiesch nach Brig, Andermatt, Göschenen, Fahrplanfeld 610. Verkehrsverein Binntal, 3996 Binn, Tel. 027 971 46 20.

Karte   1270 Binntal.

Verschiedenes   Verpflegungsmöglichkeit unterwegs in Fäld.

Wilere: ein beschaulicher Weiler im Binntal

Sehenswürdigkeit   Regionalmuseum Graeser-Andenmatten, 3996 Binn, Tel. 027 971 46 20. Mineralienexkursionen des Verkehrsvereins.

Die Route   Binntalhütte SAC – Binn. Von der Binntalhütte SAC (2267 m) geht es hinunter über das Oxefeld zu einer Talstufe unterhalb der Alp Blatt. Durch Buschwerk und einzelne Lärchen gelangen wir zur Brücke bei Chiestafel (1958 m). Nun auf dem Fahrweg rechts (N) der Binna an der Alp Freicht (1883 m) vorbei zum Brunnebiel (1843 m). Nun im Wald bis zu den Heiwmeder und über den Lehmbach nach Fäld (1547 m, auf alten Karten und Wegweisern auch noch Hochdeutsch « Imfeld » buchstabiert). Sehr typische, originelle Siedlung mit herrlichen Walliserhäusern, 2 Std.
Wir nehmen nun den Fahrweg bis zum Fäldbach, überschreiten diesen und schon nähern wir uns Holzehischer (1508 m). Nun ist es nicht mehr weit bis Binn (1400 m), 1 Std.

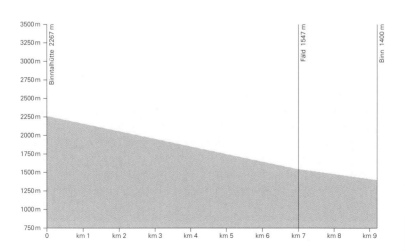

Alles Aberglaube...

Der Aberglaube spielte auch im alten Wallis eine sehr grosse Rolle. Vor der Aufklärung und der technischen Revolution glaubte man an Gott, aber auch sehr stark an Geister, Kobolde und Fabelwesen. Der Aberglaube und die daraus resultierende Panik sind ein Produkt menschlicher Verunsicherung. Es gibt – vor allem in den Bergen – durchaus Phänomene, die sich ein wenig gebildeter Mensch einfach nicht erklären kann und die er deshalb in den dunklen Bereich des Übersinnlichen und Übernatürlichen stellt, lediglich versucht, die Zeichen zu erahnen. Jedem von uns sind sicher schon Dinge passiert, die auch wir uns trotz unseres Bildungsstandes und der gängigen naturwissenschaftlichen Erkenntnisse einfach im Moment nicht ganz schlüssig erklären konnten. Natürlich gibt es danach – danach! – immer eine Erklärung. Ist diese aber nicht etwa dazu da, unser Gewissen zu beruhigen? Erfinden wir nicht einfach diese klugen Schlüsse? Oder ist es das schlechte Gewissen, das uns in der Not Dinge sehen und erklären lässt, die gar nicht stattfanden? Das Neue, in Verbindung mit der Angst, blockiert nämlich die Sinne und schaltet das rationale Denken weitgehend aus. Der Instinkt allein beherrscht in solchen eigenartigen Situationen unser Handeln, das Denken wird praktisch automatisch auf Sparflamme gedrosselt – oder gänzlich verunmöglicht.

Das Binntal ist in dieser Beziehung ein beinahe unheimliches Tal, ein in der Vergangenheit oft und sehr lange hermetisch abgeschlossenes Refugium. Dort spielten der Aberglaube und die als Erklärung daraus resultierenden Sagen eine wichtige Rolle, diese unheimlichen Geschichten waren deshalb ein wichtiger Bestandteil des sozialen Lebens, sie wurden an den langen Winterabenden am warmen Specksteinofen von Generation zu Generation weitervermittelt, während draussen die Winde heulten.

Klopfen an den Wänden, hallendes Lachen, am Boden schleifende Ketten, bleichende Gebeine – des Nachts! – alles ist möglich im Binntal. Ist es alles Aberglaube? Wohl kaum... Es gibt dunkle Geschichten von Menschen, die in Erdspalten oder im Schnee verschwunden sind, von der Erde sozusagen aufgenommen wurden. Deren unerlöste Seelen stifteten in der Folge Unruhe, sie erschienen jenen, die sich sicher glaubten. Es gibt Geschichten von Geisterwesen, die den Menschen das Leben durch ihre unkonventionellen und meist mit närrischem Lächeln oder höhnendem, schallendem Gelächter begleiteten Interventionen noch viel schwerer machten, als es war. Es gibt Geschichten von ganzen Menschengruppen, die in einem abgelegenen Stadel dem verbotenen Tanz frönten, die dadurch bestraft wurden, dass sie immer und immer wieder tanzen mussten, derweil ihre Seelen nie zur Ruhe kommen werden. Deshalb, wenn wir durch das Binntal wandern und in der Dämmerung unvermittelt – plötzlich – in einem abgelegenen Stadel Licht

– Kerzenlicht! – erblicken und alte Weisen ertönen, die uns ganz und gar fremd erscheinen, wenn uns Gestalten in alten Gewändern begegnen, die dorthin strömen, sich im Rhythmus dieser nie gehörten Musik drehen möchten... Zurückhaltung, es ist nicht alles Sage und Aberglaube. Und doch: Sagen und Aberglaube sind meistens nur die Ausgeburt eines kollektiven schlechten Gewissens.

Herbstliche Impressionen

Literaturhinweise

Arnold Peter	Gondo-Zwischbergen, Gondo 1968
Arnold Peter	Simplon – Zur Geschichte des Passes und des Dorfes, Brig 1984
Bacher Angela	Pomatt – una valle, una communità, una lingua, Formazza, 1983
Bacher Anna Maria	Z Kschpel fam Tzit, Pomatter Walsergedichte, Verbania 1988
Bacher Anna Maria	Litteri un Schattä/Luci e ombra, Visp 1992
Bacher Anna Maria	Z'Zit vam Schnee, Chur 1994
Bätzing Werner	Grande Traversata delle Alpi GTA, Teil Nord, Oldenburg 1992
Biner Hermann	Hochtouren im Wallis, SAC Bern 1994
Brandt Maurice	Walliser Alpen 1, SAC Bern 1999
Brandt Maurice	Walliser Alpen 2, SAC Bern 1999
Brandt Maurice	Walliser Alpen 3, SAC Bern 1993
randt Maurice	Walliser Alpen 4, SAC Bern 1993
Brandt Maurice	Walliser Alpen 5, SAC Bern 1993
Brandt Maurice	Walliser Alpen 6, SAC Bern 1994
Bumann Peter	Der Verkehr am Simplon, Visp 1974
Curdy Philippe, u.a.	Ein Felsabri auf 2600 m. ü.M. am Fusse des Matterhorns (in «archäologie der schweiz» 21-1998-2)
Dolder Willi und Ursula	Das Wallis, Köln 1993
Fibicher Arthur	Walliser Geschichte, Sion 1983
Follonier Jean u.a.	Vins du Valais, Lausanne 1977
Fux Christian	Wallis, Rundwanderungen im Bann der 13 Sterne, Berne 1994
Gonthier Albert	Wanderführer durch die Region Evolène, 1992
Gurtner Martin	Karten lesen, L+T/SAC Bern 1998

Hauri Roger	Panoramen und Karten des Schweizer Alpen-Club, SAC Bern 1997
Imesch Ludwig	Geschichte der Walser, Brig 1977
IVS	Saumpfade, Basel 1994
Kalbermatten W., Zurbriggen André	Matthias Zurbriggen, Saas Almagell 1997
Kundert Remo, Volken Marco	Hütten der Schweizer Alpen, SAC Bern 1998
Landolt Elias	Unsere Alpenflora, SAC Bern 1992
Lehner Peter, Julen-Lehner Annemarie	Fund eines bewaffneten Mannes aus dem 16. Jh. im Eis des Theodulgletschers bei Zermatt, 1990
Liniger Hans	Prähistorische Schalen- und Bildsteine ob Zermatt und Zmutt, Basel 1978
Metzker Philippe	Randonnées alpines: Suisse romande, CAS Berne 1998
Metzker Philippe	Wandern alpin: Hüttenwege und Passübergänge, SAC Bern 1996
Mortarotti Renzo	I Walser nella Valle d'Ossola, Domodossola 1979
Reinhardt Volker	Handbuch der historischen Stätten: Schweiz und Liechtenstein, Stuttgart 1996
Rizzi Enrico	Geschichte der Walser, Chur 1993
Sandoz Jean-Pierre	Die Sarazenen durchqueren die Alpen, Stäfa 1993
Schmid Hans	Wanderführer Ossola-Täler, München 1995
Siegrist Dominik	Pässe-Spaziergang, zwischen Uri und Piemont, Zürich 1996
Trego Gert	Der Grosse Walserweg, Oldenburg 1993
Wanner Kurt	Unterwegs auf Walserpfaden, Chur 1989
Wick Peter	Der Gletschergarten Dossen bei Zermatt, Zermatt 1988
Zermatten Maurice	Wallis, Lausanne 1968
Zinsli Paul	Walser Volkstum, Frauenfeld 1986

Ortsverzeichnis